本书获贵州省教育厅青年科技人才成长项目"资源型城市现代旅游产业体系构建研究"（黔教合KY字[2022]053号）、贵州省基础研究计划（自然科学类）项目"山区旅游经济溢出效应的空间边界及'非线性'传导机理研究"（黔科合基础-ZK[2023]一般444）、贵州省哲学社会科学创新团队"资源型城市旅游产业化研究团队"（CXTD2023010）、贵州省高校哲学社会科学实验室建设项目"贵州三线工业遗产资源活化利用与旅游形象构建实验室"（黔教哲[2023]08号）、贵州省哲学社会科学创新工程项目、六盘水师范学院2011协同创新中心"乌蒙山旅游产业协同创新中心"联合资助。

中国旅游智库学术研究文库

山地省区
县域旅游经济增长效应研究：
以贵州省为例

刘安乐　明庆忠 ◎ 著

华中科技大学出版社
http://press.hust.edu.cn
中国·武汉

图书在版编目(CIP)数据

山地省区县域旅游经济增长效应研究：以贵州省为例/刘安乐，明庆忠著．
—武汉：华中科技大学出版社，2024.6
ISBN 978-7-5772-0907-4

Ⅰ.①山… Ⅱ.①刘… ②明… Ⅲ.①县—旅游经济—经济发展—研究—贵州 Ⅳ.①F592.773

中国国家版本馆CIP数据核字（2024）第105422号

山地省区县域旅游经济增长效应研究：以贵州省为例　　　　刘安乐　明庆忠　著
Shandi Shengqu Xianyu Lüyou Jingji Zengzhang Xiaoying Yanjiu：yi Guizhou Sheng Wei Li

策划编辑：胡弘扬
责任编辑：贺翠翠
封面设计：原色设计
责任校对：刘　竣
责任监印：周治超

出版发行：华中科技大学出版社（中国·武汉）　　电话：(027) 81321913
　　　　　武汉市东湖新技术开发区华工科技园　　邮编：430223

录　　排：孙雅丽
印　　刷：武汉市洪林印务有限公司
开　　本：710mm×1000mm　1/16
印　　张：14
字　　数：225千字
版　　次：2024年6月第1版第1次印刷
定　　价：79.80元

本书若有印装质量问题，请向出版社营销中心调换
全国免费服务热线：400-6679-118　竭诚为您服务
版权所有　侵权必究

前　　言

　　旅游增长与经济发展二者之间的关系一直是学者们关注并讨论的热点话题，国内外学者对于旅游导向型经济增长假说（TLGH）具有较高认同。基于这一理论假说，越来越多的国家和地区将旅游产业作为地区经济发展的重要驱动要素。发展旅游产业作为山区经济发展和巩固脱贫成果重要手段的实践已被国家所认同。在乡村振兴战略和其他国家战略向山区进一步延伸背景下，山地省区（本书所称省区，是指省级行政区）县域单元成为旅游资源开发和发展旅游产业的主要场域，因此应关注山地省区县域旅游经济增长效应的理论与实践研究。目前旅游经济增长效应研究已形成大量成果，但关于空间溢出效应的理解依然有待深化，特别是旅游经济增长空间溢出机理、空间衰减规律、传导路径与非线性机制等有待进一步系统思考。本书在分析"空间结构演化"基础上，从"空间溢出效应""中介传导效应"和"门槛效应"三个方面对旅游经济增长效应进行研究，以增加旅游经济增长空间溢出效应的研究深度；以典型山地省区贵州省为例，从实证视角验证经济外部性和地理学第一定律，以弥补山地省区县域旅游经济增长空间溢出边界问题研究的不足；从本地传导和空间传导两个视角识别县域旅游经济增长效应传导介质及其中介效应，揭示山地省区县域旅游经济增长效应非线性机制，为旅游产业助力乡村振兴提供依据，为贵州省乃至其他类似典型山地省区建设一流山地旅游目的地提供参考。

研究得出的主要结论如下：

(1)"空间结构演化""空间溢出效应""中介传导效应"和"门槛效应"是山地省区县域旅游经济增长效应研究的基本理论构架。将县域旅游经济增长效应研究的理论框架划分为空间结构演化(是什么)、空间溢出效应规律(有何特征)、传导路径与非线性机制(内在机理)三大研究板块；进一步提炼出了县域旅游经济增长的空间结构演化模式、独特性、空间溢出的形成与动力、空间溢出的时空异质性、空间溢出的衰减规律、传导路径、门槛机制七大研究问题；提出县域旅游经济增长效应的五大研究假设。

(2)典型山地省区贵州省县域旅游经济增长空间结构演化经历了"单核多点"结构到"双核多点"结构再到"极-轴"结构的转变；旅游接待能力、产业结构水平、社会消费水平、政府投资、旅游资源和交通条件是典型山地省区贵州省县域旅游经济增长的主要影响因子。第一，贵州省88个县区(本书所称县区，是指县级行政区)旅游经济增长水平整体偏低且差异明显，旅游经济增长水平与其地理区位条件和旅游资源条件密切相关。时间上，贵州省县域旅游经济增长总体向好且呈现出较为明显的阶段性特征。空间上，贵州省旅游经济增长非均衡性特征显著且有显著的层级性。空间结构演化上，贵州省县域旅游经济增长空间结构经历了从"单核多点"(贵阳市核心)结构向"双核多点"(贵阳市和凯里市—雷山县双核)结构再向"极-轴"(贵阳市发展极、贵阳市—遵义市发展轴)结构的转变过程。第二，影响因子作用强度和地位依次为：核心因子(旅游接待能力)＞主要因子(产业结构水平、社会消费水平、政府投资)＞其他因子(旅游资源、交通条件)。在政府调控和市场引导下，县域旅游经济增长表现出更加明显的政策指向和市场指向特征。

(3)典型山地省区贵州省县域旅游经济增长对本地(直接效应)和邻近地区(空间溢出效应)经济发展水平都存在正向影响且表现出时空异质性。SPDM双重固定效应及偏微分分解检验表明：县域旅游经济增长对本地和邻近地区经济发展水平均存在正向影响。具体为：县域旅游经济增长单位量增加会促进本地经济发展水平提升20.22%，促进邻近县区经济发展水平提升16.05%；间接效应低于直接效应，这与贵州省县域旅游经济增长发展过程相关。基于GTWR模型的检验结果显示：2010—2020年县域旅游经济增长效应呈增强态势，空间分布以正向效应为主，负向效应县区较少且主要是贵州省西部和西南部的部分县区。

(4)典型山地省区贵州省县域旅游经济增长的空间溢出效应随地理距离增加呈倒"U"形曲线,存在行政边界分割和地形阻隔的约束效应。贵州省县域旅游经济增长空间溢出系数曲线呈现先增后减的倒"U"形变化规律。进一步分析发现:90 km是贵州省县域旅游经济增长空间溢出的最小溢出边界,350 km是贵州省县域旅游经济增长空间溢出的最优溢出边界,450 km是贵州省县域旅游经济增长空间溢出的最大溢出边界。行政边界和地形阻隔依然是山区县域旅游经济增长空间溢出效应的约束条件。

(5)就业机会、城乡收入差异和财政收入是典型山地省区贵州省县域旅游经济增长的主要中介条件。县域旅游经济通过增加就业机会、抑制城乡居民收入差异、增加财政收入实现对经济发展的贡献,但是中介机制之间尚未形成链式效应。

(6)在不同旅游经济增长阶段和社会消费水平、政府投资约束下,典型山地省区贵州省县域旅游经济增长效应存在非线性关系,"锦上添花"效应显著。县域旅游经济增长对区域经济发展水平的影响以门槛值(0.0037、0.5191)为界呈现出"弱抑制—促进—抑制"的双重门槛效应。在社会消费水平门槛条件下,县域旅游经济增长效应存在"先弱后强"的非线性关系,即当人均社会消费超过门槛值(15212.3593元)时,县域旅游经济增长效应系数迅速增加。进一步研究发现:低于社会消费水平门槛值的研究样本占总样本的89.76%且主要分布在除了中心城区以外的县区,表明贵州省县区整体人均社会消费水平较低。在政府投资门槛条件约束下,县域旅游经济增长对区域经济发展水平存在"U"形门槛效应。当旅游投资达到一定规模(固定投资大于40.6318亿元)时,山地省区县域旅游经济增长效应才表现出正向作用。在旅游经济增长水平较低的山地省区县域,旅游经济增长对区域经济发展水平的影响效应尚不能发挥"雪中送炭"作用,更多表现出"锦上添花"效应。

本书创新之处主要有:

(1)从"空间结构演化""空间溢出效应""中介传导效应"和"门槛效应"视角构建山地省区县域旅游经济增长效应研究框架,拓展了旅游经济增长效应理论的广度与深度,厘清了旅游经济增长效应空间溢出规律、传导路径、增长的非线性关系;在研究内容上增强了TLGH在山地省区县域旅游经济增长效应上的解释力;证实了空间溢出衰减规律,验证了经济外部性和地理学第一定律;从本地传导和空间传导两个视角识别了县域旅游经济增长效应传导介质及其中介效应,检验了县域旅游经济增长效应的多重非线性机制。

(2)选择典型山地省区——贵州省为实证检验案例,研究聚焦典型山地省区及县域空间尺度,弥补了山地省区关注的不足,并将尺度细化至县域,相关研究成果揭示了贵州省10多年来旅游产业发展及其对区域经济影响的规律,对贵州省乃至同类地区协同发展形成了针对性指导价值。

(3)将管理学、经济地理学、区域经济学、空间计量经济学等多学科研究工具与方法组合应用于县域旅游经济效应研究之中。

目录

第一章 绪论 /1

第一节 研究背景 /2
第二节 国内外相关研究动态及评述 /5
第三节 研究理论与现实意义 /24
第四节 研究目标与研究内容 /26
第五节 研究方法与技术路线 /29

第二章 核心概念与研究的理论基础 /32

第一节 核心概念的界定与解释 /32
第二节 研究的理论基础及在本书的应用 /41

第三章 山地省区县域旅游经济增长效应研究框架构建 /48

第一节 研究框架构建的总体思路 /48
第二节 山地省区县域旅游经济增长模式及影响因素 /50
第三节 山地省区县域旅游经济增长空间溢出与空间衰减规律 /53
第四节 山地省区县域旅游经济增长传导路径与非线性机制 /57
第五节 研究的框架 /63

第四章　山地省区县域旅游经济增长效应评价模型与案例选择　/65

　　第一节　旅游经济增长评价及影响因素　/65
　　第二节　空间溢出效应及其空间衰减边界评价　/70
　　第三节　传导路径与门槛机制评价　/76
　　第四节　研究数据来源及处理说明　/82
　　第五节　案例选择与尺度安排　/86
　　第六节　研究区域概况与旅游发展　/87

第五章　贵州省县域旅游经济增长时空演化及其影响因素　/95

　　第一节　县域旅游经济增长水平测度　/96
　　第二节　县域旅游经济增长时序演化特征　/102
　　第三节　县域旅游经济增长空间结构演化特征　/106
　　第四节　县域旅游经济增长影响因素分析　/113
　　第五节　本章小结　/118

第六章　贵州省县域旅游经济增长空间溢出效应及空间衰减边界　/121

　　第一节　县域旅游经济增长和经济发展水平空间自相关检验　/122
　　第二节　县域旅游经济增长的空间溢出效应检验　/128
　　第三节　旅游经济增长空间效应的异质性检验　/138
　　第四节　县域旅游经济增长空间溢出的空间衰减规律检验　/147
　　第五节　本章小结　/151

第七章　贵州省县域旅游经济增长效应传导路径与门槛机制　/155

　　第一节　县域旅游经济增长对区域经济发展水平的传导路径检验　/155
　　第二节　县域旅游经济增长对区域经济发展水平的门槛效应检验　/166
　　第三节　本章小结　/172

第八章　研究结论、启示与展望　　　　　　　　　　　　　　　/175

　　第一节　研究结论　　　　　　　　　　　　　　　　　　/175
　　第二节　相关讨论与政策启示　　　　　　　　　　　　　/178
　　第三节　研究创新之处　　　　　　　　　　　　　　　　/182
　　第四节　研究展望　　　　　　　　　　　　　　　　　　/182

参考文献　　　　　　　　　　　　　　　　　　　　　　　　/185

后记　　　　　　　　　　　　　　　　　　　　　　　　　　/208

第一章
绪论

山区是巩固拓展脱贫攻坚成果和实现乡村振兴的重点地区。旅游产业以其综合性强、就业需求大、就业门槛低、带动发展的特点，可以为山区居民带来稳定的收入、扩大本地就业、改善山区经济发展结构，为山区实现经济高质量发展培育内生性发展动力，对中国经济发展特别是对山区经济持续增长、巩固拓展脱贫攻坚成果和促进乡村振兴具有重要意义。

旅游经济增长与区域经济发展二者关系一直是学者们关注并讨论的话题，基于二者关系的理论探究，学者们形成了多种假说(Khan, 1995; Lee, 1995; Forsyth, 1995; Palmer, 2003)，国内外研究学者对于旅游导向型经济增长假说(TLGH)具有较高认同。基于这一理论假说指导，旅游产业在国民经济中的地位和作用日益突出，越来越多的国家和地区将旅游产业作为地区经济发展的重要驱动要素，中国当然也不例外。回顾改革开放40余年中国旅游产业的发展历程，旅游实现了从事业向产业的转变，旅游在不同发展时期为我国经济发展做出了重要贡献。

县域作为压实乡村振兴的最基本单元，是开展乡村旅游资源开发和实施乡村旅游的主要场地，既有研究和实践已经证实发展县域旅游是实现乡村产业兴旺的重要方式，因此推进县域旅游资源开发和旅游经济发展必然成为实现乡村振兴的重要路径之一。因此，关注山区县域旅游经济增长对区域经济发展影响的理论与实践研究具有重要意义。

第一节 研究背景

一、研究背景

（一）发展旅游产业是山区县域巩固脱贫成果的重要手段

贫困是人类发展历程中需要持续解决的重要问题，区域旅游持续减贫话题受到全世界各个国家和地区的广泛关注，在中国中西部地区旅游已成为巩固脱贫成果的重要力量。据有关数据统计，2011年以来，至2017年中国通过乡村旅游带动了1000万人以上贫困人口脱贫致富，占贫困人口的比重超过10%；到2020年，通过旅游产业引导贫困地区脱贫的人口高达17%。旅游产业已经被世界各国和地区列为推动区域经济发展和持续减贫的重要产业。

当前中国已经全面消除了绝对贫困，然而相对贫困依然存在。山区和贫困地区在空间上具有显著的重叠性，山区因发展条件受限，现代化经济发展相对滞后，但具有适宜旅游发展的资源条件和气候环境。旅游产业以其综合性强、就业需求大、就业门槛低的特点，可以为山区居民带来稳定的收入和扩大本地就业。旅游产业与其他产业的关联可以极大地改善山区经济发展结构，推动山区经济发展模式的改善，为山区巩固脱贫成果和实现经济高质量发展培育内生性发展动力，是山区经济发展和巩固脱贫成果的重要手段。据贵州省人民政府官网介绍，贵州省大力加强山地旅游基础设施建设，不断丰富山地旅游业态，持续打造"山地公园省·多彩贵州风"品牌，得益于山地旅游发展，发展山地旅游产业成为贵州省助力脱贫攻坚的重要样板。

（二）发展县域旅游成为山区实现全面振兴的重要路径

山区是我国农村分布较广、产业基础较差、经济发展较为脆弱的地区，也是实现乡村振兴的重点地区。党的十九大报告首次明确提出实施乡村振兴战略，这是我国改革开放进入新时代缩小城乡差距的一个重要机遇，也是解决当前农村社会经济发展问题的一个现实选择。特别是进入新时代以后，随着国家新的发展理念的贯彻实施，国家战略向山区进一步延伸，中国山区、半山区的地位进一步提高。山区依托自身优势大力发展绿色生态产业、现代农业产业、观光休闲产业、文化康养产业等现代产业实现产业兴旺，有利于突破乡村振兴战略实施的关键短板。县域作为压实乡村振兴的最基本单元,发展山区县域经济关系着整个国民经济的发展。同时,山地县域旅游资源富集,是进行旅游资源开发和发展旅游产业的主要场地(张子昂,2016),必将成为新时期中国经济高质量发展的重要支撑,有力助推中国实现乡村振兴。既有研究和实践已经证实发展县域旅游是实现乡村产业兴旺的重要方式(于法稳,2020)。因此,推进县域旅游资源开发和旅游经济发展必然成为实现乡村振兴的重要路径之一。

(三)山区县域旅游经济发展问题值得进一步关注

从1978年现代旅游产业起步至今,旅游产业已经成为国家战略性支柱产业。2019年,中国旅游总收入达到6.63万亿元,旅游总收入占GDP的比重整体呈上升趋势,旅游产业作为国民经济战略性支柱产业的地位不断强化。同时,中国旅游消费已经呈现出由城市旅游向山地旅游、生态旅游和乡村旅游转变的态势,山区县域作为上述旅游业态的主要阵地,必将迎来新的发展。然而,我们也关注到中国较长一段时间的以"城市为中心"的旅游开发路径导致涵盖广大乡村和山区的县域旅游发展的关注不足(徐冬,2018)。山区县域旅游市场主体整体处于"小"(小微企业和个体户为主)、"散"(分散不聚集)、"弱"(融资难)状态,且旅游产业本身容易受到外界环境影响而出现波动,导致山区县域旅游经济增长促进经济发展的效能被极大地压缩。因此,关注山区县域旅游经济增长对经济发展影响的理论与实践研究具有重要意义。

(四)旅游经济效应的空间溢出和空间边界有待探究

新区域经济学认为,区域经济发展在空间上表现出非连续的异质性特征且遵循空间邻近效应,即区域经济发展存在外部性问题。旅游产业是一个以综合性、关联性和流动性为主要特征的产业形态,旅游经济效应不仅表现为对区域经济和产业链条的累积增长效应,还通过旅游要素流动实现对周边地区的溢出效应。同时,由于旅游产业发展天然的空间异质性特征,区域旅游经济的空间溢出效应已得到学界认可(吴玉鸣,2014;赵磊,2014;黄潇莹,2014;徐菁,2021;舒波,2022;王凯,2022),并成为被广泛关注的热点话题。然而,由于旅游经济统计标准难以统一,研究规范尚不成熟,已有一些研究成果对旅游经济的空间溢出效应存在与否及其大小等问题展开讨论,并在旅游经济研究圈内达成旅游经济存在空间溢出效应的共识。根据地理学第一定律,地理要素的影响会随着地理距离的增加而减小,表现出一定的地理衰减规律,这在生产性服务业、金融业、创新科技等产业和领域得到证实(余泳泽,2016;袁华锡,2019;郑威,2019;张益,2022)。旅游经济是流动性较强的现代服务业,其县域尺度的实证检验研究还需丰富和完善,特别是有关旅游经济增长对经济发展水平的空间溢出效应的空间边界探测问题是旅游经济增长效应研究领域特别薄弱的环节。旅游经济增长的空间溢出效应是否存在地理边界,溢出的空间边界有多远,空间衰减扩散有何特征,这些问题依然需要进一步探究。

(五)山区旅游经济增长的传导路径和非线性关系有待阐释

目前,旅游导向型经济增长假说(TLGH)在国内外得到了比较多的认同(Khan,1995;Lee,1995),这一点在中国各级政府出台的旅游业发展规划中得到证实,也比较符合中国以国内旅游推动区域产业发展的客观事实。基于"乘数效应"的研究假说,在现有旅游经济增长对区域经济发展的传导机制研究中,绝大多数学者较少考虑不同时空约束环境下旅游经济增长效应的非线性关系。山区旅游经济发展具有较强的资源指向性和政府投资指向性(刘安乐,2021),交通、经济、人力资本、信息技术等客观因素也会导致山区旅游经济发展在时空上的不平衡,进而导致旅游经济效应在时空上的异质性问题,这就意味着山区旅游发展对区域经济的影响存在非线性门槛特征,且基于全国尺度的研究证实了这一问题(赵磊,2016)。然而,山区县域旅游经济增长对经济发展水平影响的中间传导路径有哪些、中介机制有何特征,山区县域旅游经济增长对经济发展水平的影响是否存在非线性门槛机制等问题依然需要进一步探索。

二、研究问题的提出

本书聚焦"典型山地省区县域旅游经济增长效应研究——以贵州省为例"这一研究命题开展理论构建和实证研究,将围绕"**山地省区县域旅游经济增长有何特征,影响因素是什么;山地省区县域旅游经济增长对区域经济发展水平的影响有多大,是否存在空间衰减边界,通过何种路径实现中介传导;不同约束传导条件下县域旅游经济增长对区域经济发展水平的影响效应是否存在非线性门槛**"等问题展开探索,以期在现有理论的基础上实现知识的溢出和理论的拓展,同时为山地省区旅游经济高质量发展的空间协同治理提供理论指导。

第二节 国内外相关研究动态及评述

从1845年近代旅游诞生至今,旅游业取得了巨大的发展,特别是铁路和飞机等快速交通的普及,使得以流动和关联为特征的旅游经济,逐步受到重视和关注。第二次世界大战后,全球经济全面复苏,旅游产业也进入快速发展的历程,旅游经济增长及其对区域经济影响的研究明显增多(杨友宝,2016)。与国外旅游发展历程不同的是,中国近现代旅游始于资本市场的兴起,具有现代经济意义的旅游则与中国改革开放同步。将旅游作为一门经济产业来研究则始于20世纪80年代初。中国对旅游经济或者旅游产业的相关研究大概经历了如下几个阶段。

20世纪80年代是旅游产业地位和概念初步认知阶段,此时的研究大多是基于国外理论的中国化阐释。基于相关文献数据库检索,刘世杰、王立纲(1980)阐述了增加外汇、货币回笼、扩大就业等在国民经济中的地位和作用,并就发展旅游事业提出建议。也有学者从产业经济发展规律视角探究了旅游产业发展客观规律(徐和平,1980)。1980年12月,北京召开了中国第一次全国旅游经济理论研讨会,这次会议上就旅游经济研究的对象和范围、旅游经济在国民经济中的地位和作用、旅游经济发展方向和办好旅游事业等问题展开了充分的讨论,可以说这次会议开启了中国旅游经济学术研究的序幕(佚名,1981)。随后黄云龙(1984)以秦皇陵兵马俑的正式开放事件为研究案例,就西安地区如何强化旅游经济效应提出了具体策略。这一时期在旅游发展战略、旅游行业管理、国际旅游市场开拓、旅游资源和旅游法规等方面形成了较多研究成果。

20世纪90年代开始,中国旅游经济研究进入了理论初步探索时期。1990年,第五次全国旅游经济理论研讨会提出了"适度超前"战略,指出了未来发展目标及其基本对策。随后中国旅游产业快速发展,旅游经济相关的学术研究围绕旅游经济水平测度、影响因素初步分析等主题形成了较多研究成果。1998年中央经济工作会议将旅游业确定为国民经济新的增长点,旅游经济产业地位也得到了认可和确立,旅游经济相关研究进入一个全新发展阶段。

为了理清旅游经济效应研究历程,本书提出进一步的研究方向和研究命题。通过对国内外以旅游经济增长、旅游经济效应(影响)等为主题的文献收集、整理和归纳,根据本书研究主题,本节主要从旅游经济增长、旅游经济增长效应测度、旅游经济增长空间溢出效应、旅游经济增长效应的传导与非线性机制四个方面对已有文献展开梳理与评价。

一、旅游经济增长研究

(一)旅游经济增长评价研究

20世纪50年代后,伴随旅游产业成长趋势加快,关于旅游产业对区域经济增长影响的研究呈加速之势,较有代表性的有德国学者克拉普特于1954年出版的《旅游消费》、意大利学者意特罗伊西于1955年出版的《旅游及旅游收入的经济理论》。国内外学术界对旅游业的内涵界定存在差别,因此对旅游经济的评价方法和评价指标皆有所不同。国外大多基于本国国民账户体系(SNA)及相关标准产业分类(SIC)中与旅游相关的标准,对旅游经济部门及其组成要素进行详细的分类,包括后来联合国倡导建立的旅游卫星账户(TSA)等(Ivanov,2007),这些体系的建立为国际旅游经济增长评估研究带来了很多便捷条件,同时也使得国际上对旅游经济增长的评价主要从产业结构和组织的研究开始,更多的旅游经济学者的研究兴趣在于对具体旅游部门(如酒店和航空等跨国企业、旅游中介组织、旅游景区)的实证评估(Dunning和McQueen,1982a;Wanhill,2006;Aksu,2007;Hsieh和Lin,2010;Ashrafi,2013)。在具体的研究方法上大多采用DEA效率模型、SFA随机前沿模型或Super_SBM超效率模型等。除了产业部门发展效率的研究,相关研究还涉及区域旅游产业增长效率的研究(Hadad,2012;Botti,2009;Assaf,2015)。随着可持续发展理念的不断深化,旅游学者越来越关注旅游经济发展质量的问题,认为旅游发展过程中要注重自然环境保护,还要避免冲击当地的社会文化,以保持其可持续性的发展(Lozano-Oyola,2012)。在这一理念下,有学者通过构建旅游可持续发展评价指标体系对区域旅游发展的质量进行综合评价,如Lozano(2012)、Wenbin(2018)分别以西班牙和中国张家界为案例进行了实证研究。同样,关于旅游产业发展的贡献、影响因素等问题的研究也有一些成果,如Vanhove(2011)认为旅游收入、就业人数、税收贡献、国际支付平衡、地区经济结构改善、旅游企业激励对经济发展具有重要贡献。

而中国尚未建立TSA测算方法,现有研究都是基于国家统计局的二次汇总数据展开。因此,本部分主要介绍中国20世纪80年代以来旅游经济增长评价研究进展。

改革开放以来,随着旅游产业特别是入境旅游业的迅速发展,20世纪80年代末到90年代初,中国众多地区将旅游产业作为支柱产业、先导产业或者经济增长点来培育,旅游产业在中国国民经济建设中的地位日益显著。特别是在1998年,旅游业作为国民经济增长点的产业地位在中央经济工作会议被确定,有关区域旅游经济发展水平的研究日益受到重视。通过对中国知网、万方、维普和其他互联网资料检索,发现我国目前有关区域旅游经济增长及发展水平的综合评价研究较为丰富,研究方法较为多元,研究尺度跨度较大。大多研究基本遵循构建旅游产业综合评价指标体系,综合运用多种评价方法,基于不同尺度区域(中国省域、城市群或区域、城市等)对其旅游经济发展水平进行评价。整体上看,中国旅游经济发展水平及其空间格局研究早期主要集中于全国层面的探讨;2000年以后,有关典型省级区域和重要地理单元(如长三角、东北三省、长江经济带等)尺度的研究开始增多,城市和县域研究尺度旅游经济讨论则主要始于2010年后并集中在中国主要的旅游城市(如黄山市、丽水市、丽江市等)。具体研究如下。

1. 全国层面理论研究与案例研究

张凌云等(1985)综合运用首位度指数、变异系数、竞争力指数等,借鉴区位指向和部门指向等概念分析中国旅游经济差异的时空演化特征及空间结构特征,并从区位论的角度提出将我国旅游地开发分为资源型、客源型(市场型)和混合型三种布局模式的观点(张凌云,1985)。为了解中国旅游经济发展水平及其空间差异,汪德根(2001)、郭利平等(2001)、李敏等(2005)、陆林等(2005)尝试构建旅游经济发展水平评价指标体系,利用顺位得分法、多元统计分析法、因子分析法等方法对中国旅游经济时空分异格局进行探究。随着研究深入,中国旅游经济省际差异是否存在空间关联的问题摆在当时学者面前,王凯等(2007)、宋慧林(2010)等则运用计量经济学研究方法和探索性空间数据分析(ESDA)方法证实了这一疑问,并提出了优化协调策略。此外,入境旅游相关研究也逐步增多,如曾军等(2006)、乌铁红等(2009)采用数理统计方法对1995—2005年中国省际、三大地带间入境旅游经济差异特征及演变特征进行分析。为了揭示中国入境旅游经济和国内旅游经济区域发展的省内差异、省际差异、地带差异变化特征及其对全国的贡献率,汪德根等(2011)引入二阶段嵌套泰尔系数分解方法,以2000—2008年为观察检验期,考察了中国旅游经济区域差异空间格局及其内在原因。在改革开放30年之际,陈怡宁等(2010)通过对1985—2010年中国旅游经济研究脉络、特征的梳理、分析与总结,提出了将中国旅游经济发展划分为起步、深入发展和创新发展等阶段。

2010年后,中国旅游经济进入大众旅游时代,计量经济学、新经济地理学、演化地理学的理论与研究方法以及ArcGIS、SPSS、DEA等研究工具开始逐步运用到旅游经济研究之中。刘佳(2012)、赵磊(2014)、张广海(2014)等运用因子分析法、区位熵、主成分分析法测算了省级区域旅游经济发展指数,结合马尔科夫和空间马尔科夫转移矩阵法以及ArcGIS软件探索中国省际旅游经济时空演变动态特征。候利莉(2016)、王倩等(2020)均尝试通过多角度构建综合评价体系,分别对中国旅游经济高质量和韧性的时空变化特征及影响因素进行分析。程金龙(2018)通过对1999—2016年长时间序列的旅游经济发展的时空演变特征分析,将中国区域旅游经济的地域类型划分为需求水平约束型、供给水平约束型、支持力水平约束型、保障力水平约束型四种类型,并提出了相对应的发展模式与建议。此外,基于空间关联和产业效率的旅游经济评估及空间差异研究也有不少成果。王俊等(2017)运用修正的万有引力模型分析了中国区域旅游经济发展的空间网络结构。王胜鹏等(2020)、张鹏杨等(2021)借助修正的数据包络分析(DEA)模型和超效率SBM模型测算中国大陆旅游业发展效率,并对其时空特征和区域差异进行分析。

2. 省级案例研究

省级尺度的案例研究相较于全国尺度而言相对较晚,许春晓(1998,2001)以湖南省旅游业发展历程的阶段现象为依据,发表了湖南省旅游经济空间格局相关的研究文章,掀开了省级尺度旅游产业研究的序幕,但一段时间内关注省级层面旅游经济增长水平的相关研究依然不足。随着中国旅游产业开发不断加深,特别是到2009年后,有关省级尺度的旅游经济发展水平相关研究逐步增加。随着时间推移,相关研究案例总体呈现出从沿海等经济较为发达的地区逐步扩展到中西部旅游资源优越的地区,进一步全面扩展到全国其他地区。这一研究顺序的变化与中国各地区旅游产业的发展脉络和产业发展差异密切相关。

整体上看,省级尺度的研究主要表现出两个特征:第一,其阶段特征整体上与全国尺度的研究基本同步,但是省级尺度的研究在2009年以前相对较少,2010年后相对较多,因此在研究方法的使用上较为成熟,也表现得更为规范化,旅游研究空间关联性和新的研究方法日益成熟;第二,省级尺度的研究主要集中在沿海经济较为发达的地区,浙江省、山东省、江苏省等地区较多,其他地区相对较少。

通过对相关文献数据整理,发现有关浙江省(张海霞,2006;庄汝龙,2014;马仁锋,2015;胡朴,2016)、山东省(于振海,2016;刘佳,2017;刘兆德,2019;樊亚东,2019)、江苏省(陈智博,2008;谢磊,2017)等沿海地区的研究成果较早出现且相对较为集中,相关研究大多集中于旅游经济区域差异及其原因的探究,大多研究结论均指出区域旅游经济发展存在不均衡现象,这一现象可能与基础设施、区位条件、产业机构、产业结构密切相关。其中,比较有代表性的研究有:马仁锋(2015)采用标准差、变异系数、泰尔指数等测度浙江省旅游经济发展的总体趋势、市际整体差异,以及旅游地带内及带间差异,研究发现浙江省存在"资源诅咒"的现象。徐冬(2018)综合运用空间变差函数、马尔科夫链和地理探测器模型,从县域尺度对浙江省65个县域旅游经济效应的空间格局演变过程和主导要素进行诊断,揭示了县域旅游效率空间分异的影响机理。布乃鹏(2020)采用模糊集定性比较分析法(fsQCA),基于山东省各区域旅游经济数据,探寻了山东省旅游产业发展的最优组态,进而提出了城市旅游发展的促进路径和阻碍路径。还有一些学者选择国内旅游收入、外汇收入、旅游总收入和人均旅游总收入为测量代理指标,对江苏省旅游经济时空间差异特征及其影响因素进行了探究(陈智博,2008;谢磊,2017)。

此外,骆培聪(2010)、方应波(2014,2017)分别探究了福建省和广东省各区域旅游经济水平的地区差异。随着国内旅游和国际旅游大众化和规模化的快速推进,更多学者对山西省(李元青,2008;苏建军,2009)、湖南省(邹家红等,2009)、陕西省(刘佳,2010)、安徽省(孙娟,2014;胡文海,2015)等中西部省份旅游经济增长的时空差异特征及其影响因素开展了相关研究。后来有学者进一步丰富和完善了旅游经济发展水平评价指标体系。基于相关性系数和空间错位理论,张洪等(2015)研究发现旅游资源与旅游经济发展水平呈正相关,与旅游经济增长速度呈弱负相关;旅游资源优势度等级与旅游经济发展水平等级存在空间错位现象。近年来,高速铁路开通带来的旅游经济效应不断显现,中部地区高铁开通背景下的旅游经济时空演化特征研究也受到关注(胡珊,2019;郑群明,2020;补声荣,2020)。伴随着西南地区旅游经济快速增长,四川省(杨霞,2012)、云南省(王峰,2014;王永成,2018)、重庆市(王昕,2010)

等区域的旅游经济增长和发展水平相关研究得到关注。此外,有关新疆维吾尔自治区旅游经济增长的时空格局特征研究也有不少研究成果(韩春鲜,2009;冯迎,2017)。

3.重要区域研究

随着中国对重点区域国家战略的实施,城市群、经济带(区)等重要经济或者自然单元的研究受到学者关注。曹芳东(2012)、宓科娜(2014)分别使用探索性空间分析(ESDA、Getis-OrdG)和半变异函数估计法、首位度分析对长江三角洲旅游经济空间聚集和空间异质性格局进行了探究。龚艳(2016)运用DEA旅游效率测算模型从静态和动态两个视角分析了长江经济带11个省级区域旅游发展的效率差异及动态演化特征;王兆峰(2019)则探究了长江经济带旅游生态效率及其与旅游经济的互动关系。王凤娇(2016)、关伟(2017)分别选择京津冀、东北三省展开研究。近年来,国家政策开始对贫困山区倾斜,山区旅游经济发展研究开始受到关注。曹苗苗(2019)、唐业喜(2021)分别以大别山片区、武陵山片区为例探究了山区旅游经济空间差异及其影响因素。陶维荣(2020)运用修正引力模型、社会网络分析及GIS等方法,对湖南武陵山片区34个县域旅游经济联系网络结构特征、演化过程及发展模式进行了探讨。因县域旅游相关的统计资料相对不足,县域尺度的旅游经济增长与经济发展水平研究成果相对较少(张莉,2016;徐冬,2018)。

(二)旅游经济增长的影响因素相关研究

1.国外有关旅游经济增长影响因素的研究

有关旅游经济发展影响因素或者驱动机理的研究一直受到学者关注。在国外,旅游经济发展的影响因素研究大多围绕旅游产业发展的支撑条件展开。大多研究认为区域旅游产业发展的影响因素主要包括区域产业发展的环境、旅游企业发展的激励政策两个方面。Heng和Low(1990)选择新加坡为研究案例,研究指出旅游从业人员的质量、旅游产业投资水平和旅游基础设施完善程度影响了旅游业经济的发展;Dwyer和Forsyth(1998)基于澳大利亚Cruise地区的研究则发现,旅游产业发展政策的完善能够有效提升旅游对当地经济发展的促进作用,产业政策是旅游经济发展的限制性因素;Ramukumba等(2012)进一步运用方差分析法,通过计量分析,发现从业人力资源的培训、市场环境的政策引导和金融的支持力度等因素可以有效改善旅游产业的服务质量,进而刺激旅游企业发展。

此外,也有学者关注到政治环境与旅游产业发展的关系,一项来自捷克斯洛伐克的政治变革与旅游产业发展的实证检验研究表明,政治变动增加了国际旅游流动的可能性,限制了当地入境旅游产业的发展,进而导致旅游对当地经济发展水平的贡献率大大降低(Vladimír Baláz,1995)。在区域经济发展水平对旅游经济发展影响的探究中,大多数学者均认为两者之间存在长期协整关系(Oh,2005;Lee 和 Chang,2008;Po 和 Huang,2008)。旅游业作为服务型产业,因其较强的产业依附性,旅游经济更多地受到总体经济形势的影响(Holzner,2011),产业发展环境是其持续发展的重要影响因子,旅游发展不仅容易受到国内发展环境的影响,全球或者区域性的突发事件(包括战争、经济危机、公共卫生事件等)对旅游也会造成强烈的冲击。这一结论引发众多旅游研究者的思考,大多数学者都建议政府部门要强化和维护好旅游产业发展的宏观环境,如建立公共危机应急预案、优化入境和国内旅游业投资环境,以便更好地应对危机事件对旅游业的冲击(Boukas 和 Ziakas,2013)。

2.国内有关旅游经济增长影响因素的研究

在中国,目前旅游经济影响因素研究主要集中在旅游经济增长的影响因素探究、具体影响因子对旅游经济影响的专题研究两个方面。早期旅游经济影响因素的研究更多基于客观现实和逻辑推理从定性的视角来探究。随着经济学原理和统计方法的不断引入,旅游经济影响因素的研究开始选择用经济学的计量方法,试图通过计量模型探寻旅游经济增长的内在机制。

1)旅游经济增长的影响因素探测研究

这一方面主要集中于不同研究尺度的旅游经济(包括入境旅游、国内旅游)影响因素的探究。在全国研究尺度上,宁士敏(2000)等较早分析内外部社会经济因素对旅游经济的影响。陆林等(2005)、唐晓云(2007)基于中国31个省级区域旅游经济特征的分析,提出了旅游空间分异的影响因素及发展对策。乌铁红等(2009)、周玉翠(2010)运用 SPSS 软件对入境旅游经济多个时间断面的影响因子进行了定量探究。黄秀娟(2009)进一步利用计量经济学模型,得出整体上中国旅游产业的经济增长主要来自资本和劳动要素的增长的研究结论。左冰(2011)通过对20世纪90年代至2010年间的影响中国旅游经济增长的诸要素及其贡献度分析,进一步证实中国旅游经济增长依赖于要素投入驱动。陈锦龙等(2011)基于国内和入境旅游两个方面数据验证了省际旅游业与其影响因子的空间趋同效应。赵磊(2014)基于1999—2009年历史数据的实证分析验证了类似的研究结论。

随着计量经济模型和空间经济地理学理论的不断引入,旅游经济影响因素的探究更加细致。戈冬梅(2012)运用空间计量模型发现,区域经济发展水平对中国总体旅游、国内旅游和入境旅游均有影响,旅游上层设施、人力资源、旅游基础设施等对入境旅游收入影响不显著。毛润泽(2012)基于面板计量模型进一步通过分区回归分析,得出区域经济水平、基础设施、产业结构等对中国旅游经济发展的影响存在区域差异,继而提出要强化分类指导建议。汪德根等(2011)、刘佳等(2012)分别运用二阶段嵌套泰尔系数分解方法、多元线性回归模型,分析了相关因素对旅游经济的作用,进一步总结了中国旅游经济时空格局的形成机理。随着中国旅游经济开始从规模扩张向高质量发展不断推进,更多影响因子被纳入研究范畴。吴媛媛(2018)指出旅游经济时空格局演进与经济发展水平、旅游资源禀赋、旅游服务设施、交通条件、信息化程度等密切相关。程金龙(2018)运用地理探测器方法筛选出影响中国区域旅游经济发展水平的主导因素,其主要包括旅游业总收入、旅行社总数、星级饭店从业人数、城镇居民人均可支配收入等。近年来,部分学者对中国区域旅游业发展效率的影响因素进行探究(王胜鹏,2020)。此外,彭倩(2014)、方琰(2015)、王钙镁(2019)、王新越(2020)、高维全(2020)等选择长江三角洲、长江经济带、中国主要旅游城市和海岛县(区),综合运用OLS、SEL、SEM、GWR等研究方法对区域旅游经济发展的动力因子进行了实证探究。

2)具体因子对旅游经济影响的专题研究

这一方面主要有旅游资源对旅游经济的影响、生态环境与旅游发展、交通对旅游经济的影响、文化资本对旅游经济的影响、城镇化与旅游发展等几个专题领域。其中,旅游经济发展水平与旅游资源禀赋的相互关系及其影响因素是重要的研究主题之一。目前,大多数学者对旅游资源是旅游经济发展水平的基础性影响要素这一结论有较高认同(黄秀娟,2009;韩春鲜,2009;周玉翠,2010;刘佳,2012;彭健,2016)。随着旅游经济快速发展,不少学者发现旅游资源促进旅游经济发展,但同时存在空间错位现象,一旦利用和发展不当甚至可能面临"资源诅咒"问题(王玉珍,2010;张洪等,2015;常建霞等,2020)。面对旅游资源—旅游经济空间错位带来的旅游经济发展效率下降和"资源诅咒"问题,洪学婷等(2020)提出了文化资源利用与保护的补偿机制;杨宇民等(2021)则从人口规模和交通环境影响的视角分析中国城市二者的空间错位现象,划分了其空间错位类型,并提出各类型区的优化策略。

旅游发展不可避免地引发了一系列的环境问题,有关旅游经济发展与生态环境耦合协调发展的研究也受到广泛关注。国内学者基于全国(郭晓东,2014),上海市(崔峰,2008)、安徽省(刘定惠,2011)、四川省(曹兴华,2018)、河南省(李坤杰,2019)、云南省(赵书虹,2020)等省级区域,以及大连市(王辉,2006)、西安市(庞闻,2011)、桂林市(杨主泉,2014)等不同尺度的案例研究取得较多研究成果。近年来,随着资源型城市转型发展,有关资源型城市旅游发展与生态文明建设研究受到关注(杨承玥,2020;郭向阳,2020)。

交通基础设施对旅游经济的影响也有较多研究关注。张广海(2015)以中国31个省级区域历史面板数据为研究样本,构建计量研究模型,探究了中国交通基础设施对区域旅游经济发展的影响。章逸扬(2016)、郭伟(2020)、柴海燕(2020)等则探究了高速交通网络(高铁和高速公路)对旅游经济发展水平及其空间分异的影响。有关交通与旅游经济发展的协调耦合关系也受到广泛关注,并形成较多研究成果(刘安乐,2017,2018;郭向阳,2017;陆保一,2020)。

此外,城镇化对旅游的影响及二者的相互关系一直受到学者广泛关注。余凤龙(2014)、杨宏斌(2018)、宋艳(2020)等基于实证分析,梳理了中国城镇化进程对旅游经济发展的影响。随着旅游经济发展和新型城镇化的不断推进,旅游与城镇化的相互影响研究也受到学者关注(王少华,2019;王新越,2019;郭晓东,2015)。值得提出的是,伴随着文化和旅游融合的不断深入,有关文化资本对旅游经济发展影响的研究也逐渐增多。刘改芳(2017)分析了文化资本对地区旅游经济差异的贡献。王韵迪(2018)对文化资本存量时空差异及其对广东省旅游经济发展的影响进行了分析。此外,苏建军等(2017)探究了要素禀赋结构升级对旅游经济发展的影响。

总之,目前有关旅游经济发展水平的影响因素的探测更加趋近客观实际,旅游经济增长的影响因素探测基本达成共识;为了更加细致地分析相关要素对旅游经济的影响,较多的专题研究形成了大量有价值的研究成果。总体来看,旅游经济影响因素的既有研究已经实现从最初的现象描述、辩证探讨及原因探究转向补偿机制、优化策略的探究上来,研究方法和手段呈现出科学化、计量化发展态势,既有研究成果为本书关于山区旅游产业发展的经济效应研究提供了重要研究理论和现实资料支撑。

(三)旅游经济增长研究评述

通过对国内外各级研究尺度的旅游经济增长相关研究的梳理,现有研究有如下特征。

1.有关旅游产业属性及其内涵方面

国内外学术界有关旅游产业属性的争论和讨论均是基于研究者观察视角而提出的,因旅游业自身的综合性,其能否被称为"产业",相信学术性探究和争论依然会继续下去。直到今天,有关旅游产业的范畴和统计边界问题依然是需要持续研究的命题。抛开其学术本质的讨论,旅游业作为一个产业形态,对社会经济发展的影响已经在政府政策和社会经济生产中确立和广泛存在,这是不可否认的事实。

正是基于这样一个事实,笔者认为将来旅游产业或者旅游经济研究应该更多地聚焦于旅游产业范畴的精细化界定和产业统计边界的改进,从而更加真实地认识旅游业或旅游经济的本质属性及其对区域经济的影响。**因此,可以说探究旅游经济效应问题是当今旅游经济研究理论构建的需要,也是解决区域旅游经济空间协同治理、推动区域经济高质量发展的需要。**

2.从研究内容和技术手段上看

国内外相关研究较为丰富,国外旅游经济增长理论与实践研究为中国相关研究奠定了一定的理论和方法支撑,中国有关旅游经济增长(产业属性、评价和影响因子等)的研究表现出显著的旅游事业和经济双重属性,以及旅游研究起步晚、发展快的特征。

从研究内容上看,国外研究受其对旅游产业认知影响,更多关注旅游对本地关联产业、产业环境和服务关系的影响,以及旅游产业部门的绩效。而在中国,旅游经济研究虽然是在国外旅游经济研究基础上展开的,但是大多研究范式表现出显著的地理空间色彩,研究主题表现出显著的地方产业结构调整和战略实施服务意识。从中国旅游经济发展的客观实际出发,发现中国相关研究大致呈现出旅游经济测度与现状描述、旅游经济空间分异规律探索两个阶段。这一界限大概以2009年《国务院关于加快发展旅游业的意见》文件的出台为界。前期研究更多注重对全国及各省(市、区)旅游经济发展水平的综合测算,以及旅游经济发展差异大小及其可能存在的原因的描述与展示。可以说这一时期的研究充分展示了1978年以来中国旅游经济发展的客观面貌,指出了中国各省(市、区)在入境旅游和国内旅游方面存在的时空差异,以及中国旅游经济发展存在空间上不均衡的客观现实,开始探究了旅游经济开发的影响因素及策略,一定程度上为稳固旅游经济在国民经济中的地位和促进中国旅游经济产业发展做出了重要贡献。然而限于当时统计局限,测度指标上更多采用旅游外汇收入或者国内旅游收入等单一指标,虽有文章开始注意到单一指标的问题并开始使用多个指标测度旅游经济综合发展水平,但是未能实现较大突破,既有研究中均有所妥协。在研究方法上也存在类似问题,全国尺度的研究早期表现出定量为主和定性为辅的特征,受制于当时旅游学科研究引入计量经济理论与方法的不足,早期研究成果在研究方法上多采用标准差、极差、变异系数等简单指标,研究技术手段相对单一,但是早期研究手段与技术也呈现出逐步成熟发展的态势。

2010年以后,在"把旅游业培育成国民经济的战略性支柱产业和人民群众更加满意的现代服务业"指挥棒下,中国旅游经济进入快速发展阶段,旅游经济发展规模快速扩大,我国旅游经济发展相关研究的系统思考特征更加明显。研究内容在前期基础上更加关注旅游经济的空间关联、空间结构演变等,有关影响因素的探究研究也更加深入。在研究方法上,受地理学和经济学等学科研究范式影响,更多采用定量研究方法,逐步引进泰尔系数、基尼系数、主成分分析法、因子分析法、熵值法、旅游效率测算模型等更加系统的研究方法,探究技术逐步向计量科学转移,较多研究开始转向空间计量研究,空间相关分析、Tobit回归分析方法、社会网络分析方法、万有引力模型、马尔科夫转移矩阵法、地理探测器等研究技术和方法逐步被应用,ArcGIS、Ucinet、SPSS等统计和空间分析研究软件广泛应用。

对比来看,后一阶段中国旅游经济发展格局及其差异研究采用更加复杂和科学的研究技术和手段,研究范式也更加科学规范,研究问题在全国、省级区域、城市群和产业带等不同区域尺度的旅游经济发展的空间关联及空间结构问题上取得新的进展。在肯定成绩的同时,在核心问题上,2010年以后中国旅游经济发展差异及其影响因素研究依然基于中国旅游经济非均衡性的客观事实进行了更加精细的阐释,**在旅游经济增长的理论构建上并未实现重大突破,一定程度上"实证研究火热,理论研究不足"的问题较为突出**。笔者通过对旅游经济客观现实的观察,发现上述现象与中国旅游经济发展阶段和中国现代旅游产业属性的客观实际有密切关联。

随着旅游高质量转型发展不断推进,山区旅游经济发展面临着规模扩展和发展质量转型的双重压力,**总结山区旅游经济增长及其影响因素一般特征,尝试探测山区旅游经济增长效应空间传导机理及空间治理的理论构建可以弥补当前旅游研究理论探究的不足,因此有关山区旅游经济增长效应的理论与方法探究也将成为下一阶段的重要研究方向。**

3.从研究尺度的选择和未来研究方向上看

国外研究更多聚焦本地旅游经济或者多个国家或地区之间的国际影响,这可能与西方较为开放的资本市场有关。在中国,由于一直以来经济发展重心的城市取向,学界对于西部山区县域旅游的研究还重视不够(黄震方,2015)。目前,已有研究更多专注于中东部地区宏观尺度旅游经济增长时空分异规律的探讨,中微观特别是山区县域单元的研究相对不足。县域旅游经济作为中国行政区划中重要的基层研究单元,是中国旅游经济发展的基础。县域旅游经济发展规模的大小和质量的高低,一定程度会影响中国乡村振兴的全面实现。当前中国旅游进入高质量发展阶段,但区域旅游经济发展不均衡问题依然存在,1978年以来我国旅游建设的重心一直集中在以城市为中心的城市群、经济带等区域,乡村旅游或者县域旅游更多被作为城市旅游经济的附属而存在,县域旅游经济的发展并没有受到其应有的重视和关注(马晓龙,2010)。

总之,目前中国已经全面进入乡村振兴的新时期,县域是压实乡村振兴战略的基层行政管理单元。与此同时,山区的乡村振兴是中国实现全面建设社会主义现代化国家和中华民族伟大复兴中国梦的重要控制性工程,旅游作为山区巩固脱贫攻坚成果和实现乡村振兴的重要力量,发展县域旅游经济是助推新时期山区县域经济转型发展的重要途径。因此,山区县域旅游经济效应及空间治理研究必将成为中国区域旅游经济发展和研究的新方向和新领域。

二、旅游经济增长效应测度研究

旅游经济增长效应是指旅游业对旅游目的地国家或者地区在经济发展方面所产生的作用及影响。旅游业是一种复合型服务型经济产业,旅游经济增长效应探究从其进入经济研究的视野,就和"创汇、增收、国民经济增长"等命题密切相关。关于旅游经济增长效应的研究文献,早期主要集中探讨旅游业收入的经济贡献,最初思想主要来源于McKinnon(1964)的"旅游创汇说"。然而,旅游经济与区域经济发展的关系如何、旅游经济增长效应大小测算及对社会经济作用的评估等是学界、产业界普遍关心的问题。为了解决这一问题,国内外旅游学界先行者围绕旅游经济增长效应测算等方面展开了一系列理论和案例探究。

(一)旅游经济增长效应测算研究进展

所谓旅游经济增长效应,或称旅游经济产业关联效应,就是指旅游对本地经济和其他产业产生的带动作用的集合。从量化的角度来看,旅游经济产业关联效应的评估基本上是基于旅游乘数效应的概念展开的。国内外学者对旅游经济产业关联效应的评估产生很大的兴趣,并构建了较多的测度研究模型和方法,其中比较有效的有凯恩斯乘数模型(Keynesian income multiplier model)(Archer,1973)、投入-产出(I-O)分析(Frechtling,1999)、一般均衡(CGE)模型(Dwyer,2004)以及计量经济和统计模型(econometric and statistical models,ESM)(Surugiu,2013)。Sinclair和Sutcliffe(1989)运用真实数据测算出西班牙马拉加省GNP的乘数值为0.72,但是发现在旅游旺季和其他时期,旅游乘数效应值存在较大差异。不可否认的是,凯恩斯乘数模型计算简单,但是不能反映旅游经济发展的动态效应。Zhou(1997)等研究发现I-O分析和CGE检验结果存在比较显著的差异,其中I-O分析测算的美国夏威夷游客消费的影响系数比CGE检验的影响系数更大。Akkemik(2012)和Atan(2012)综合运用社会核算矩阵(SAM)和I-O分析证明了国际与国内旅游业作用的差异及贡献份额的阶段性变化。此外,加拿大、澳大利亚、美国、土耳其、德国、瑞士等国家编制了旅游卫星账户统计方案,基于TSA的研究可以更加精确地测算结果。综上所述,无论是凯恩斯乘数模型、投入-产出分析还是CGE模型,均给旅游经济效应的测量提供了一种方法,并在较多的国家和地区展开了广泛的运用和测量(Heng和Low,1990;Dwyer等,2006;Blake,2005)。此外,还有研究采用协整分析和Granger因果检验开展探究,但研究结果会因模型差异而产生不同的结果。例如,Gunduz和Hatemi-J(2005)以土耳其为例,使用入境旅游人数、实际GDP和实际汇率3个变量,证实了旅游发展促进经济增长假说(TLGH);但是Katircioglu(2009)使用相同变量得到了相反的结论。既有研究发现:在不同发展阶段和发展地区旅游经济增长效应存在差异(Seghir,2015;Antonakakis,2015;Krstić,2017;Alina,2020;Wu,2020;Juan,2021)。总之,既有研究方法和模型为旅游经济增长效应的测算提供了一个可行工具,测算结果可以为决策者提供有益的帮助。

中国尚未建立起 TSA 统计标准,因此研究均基于旅游经济统计指标展开。冯宗苏(1987)通过研究指出因旅游产业的复杂性和流动性,旅游实际就业规模远远超过旅游就业统计数字,导致旅游经济效应评估被低估。邢树坤和黄泮光(1990)提出旅游统计与其他产业统计具有交叉性,旅游统计口径难以确定。面临旅游经济效应评估的现实困难,实现科学的旅游经济效应评估摆在学者和业界面前。准确测算旅游经济效应,需要建立科学的评价指标体系(罗明义,2001)。在实践案例检验方面,宫浩兴(1989)基于西安地区旅游经济发展的实践,测算了西安地区旅游经济效应的大小及作用,并对未来的经济效益预测进行了初步探索。陆林(1991)以黄山为研究案例,从旅游接待国际游客数和旅游消费水平两个方面对黄山国际旅游经济效益现状及问题进行了分析。刘住(2001)通过对已有的经济效应评估方法进行对比分析,认为传统的经济效应分析方法在评估旅游经济效应上存在适用有限性。为此,其提出一种"线性规划"的研究方法,并选择潜山县(现潜山市)进行验证研究。另外,学者在研究中发现旅游产业分类和代理指标的选择会带来不同的研究结果,其中比较有代表性的观点是将旅游产业划分为核心旅游业、直接相关旅游行业和旅游综合相关行业等类别,且发现不同产业类别的就业效应差异较大,进一步研究发现入境旅游者可以带来更多的就业机会(石培华,2003)。当然,也有学者研究发现在特定的发展阶段旅游产业发展与经济增长的关系可能不显著。杨勇(2006)利用改革开放以来中国居民旅游消费支出与经济增长的历史数据,对二者之间的发展关系进行了检验,研究指出在其观察的时间区间内中国旅游业的发展与经济增长不存在稳定的因果关系,并将这一现象的原因归结为中国旅游经济产业发展处于初级阶段。

无论是在数据获取还是方法适用上,旅游经济产业关联效应的评估都存在不可避免的现实困难,但是关于旅游对区域经济影响的正负及大小问题一直是国内学者想要探明的科学命题。笔者通过对改革开放以来国内关于旅游经济产业关联效应研究成果的梳理和整理发现,一方面目前中国旅游经济产业关联效应研究大多对其正向效应进行评估,也开始出现一些关于旅游经济效应不经济或者旅游经济效应产生条件的思考。其中,颜醒华(1997)通过对旅游生产的表现形式和特征的分析,从旅游规模经济概念要遵循的要点出发,提出旅游规模经济的产生是内在经济协作和外部经济的关联共同作用的结果,同时指出旅游经济规模效应既存在正向效应也可能出现不经济现象。另一方面,对于使用何种技术手段评估旅游经济效应,形成了较为热烈的讨论。师守祥(2007)在其研究中明确不认同"旅游业乘数"的概念,指出旅游经济存在乘数效应,但它不是旅游业的专有特征。面对学者的质疑,张世满(2007)虽然认同乘数效应,但是认为评估可能存在偏误,因此他提出了一个折中的方案:为准确评价旅游产业的地位,避免高估旅游消费贡献,可以采用乘以消费转移系数来调整。在TSA研究方面,赵丽霞(2004)认为TSA方法是国家账户体系有机延伸,是创建"具有统计意义"的旅游产业的关键。随后有学者详细介绍了国外TSA研究及应用情况,为国内学界开展TSA研究及应用起到了重要引领作用(葛宇菁,2007)。虽然旅游经济研究学者对乘数效应的内涵、应用方式等还有待深入探索,但是利用乘数效应分析旅游经济的影响成为当时一种比较有效的方法。宋慧林等(2007)从旅游经济效应评价及其方法的角度对旅游经济效应研究的相关研究成果进行了梳理。左冰等(2008)采用生产函数法对中国旅游业经济增长进行了测算,研究发现中国旅游业的增长方式属于典型的(劳动)要素驱动型。朱承亮等(2009)等进一步发现资本是驱动我国省域旅游产业发展的主动力之一,并有研究发现中国餐饮住宿行业的资本弹性系数为0.4288,劳动力弹性系数为0.5712。在旅游经济效应测度研究中生产函数法、随机前沿生产函数法、柯布—道格拉斯生产函数被广泛运用,大多数的结论指向积极效应。此外,也有学者关注到消极效应的问题,如杨懿等(2015)从负面效应的视角讨论了旅游地"荷兰病"问题。田里等(2015,2016,2021)提出旅游产业发展存在"孤岛效应",并介绍了其测度方法及调控机制。

(二)旅游经济增长效应研究评述

1.中微观尺度的特殊区域案例实证和理论研究有待进一步探究

从已有国内外研究成果和经济发展的实践事实来看,无论是TLGH还是EDTG假说,基本证实一个比较认同的观点:旅游与区域经济发展存在密切联系,但是在各空间尺度的研究案例实证中存在一些差异。国内外的实证检验表明,旅游与经济发展的耦合协调度整体上随着时间变迁呈上升态势,但是不同地区二者的关系与自然条件、经济发展水平、资源基础、社会环境有一定的关联性(Dritsakis,2012)。在中国特有的社会经济背景下,更多的特殊区域案例实证和理论检验将是进一步探究旅游经济效应的重要研究任务。基于这一基本设想,本书设计从山地省区和县域研究尺度,尝试为旅游经济增长效应研究提供一个研究例证,以期为更加深刻揭示旅游经济增长效应的理论构建提供案例支撑。

2.基于空间关联的旅游经济空间溢出效应是重要研究方向

传统旅游经济效应研究较多关注旅游经济增长对区域经济发展的正反效应、基于产业关联形成的区域内部产业链条的旅游乘数效应,并形成了较为成熟的研究理论和大量研究实践检验,且旅游对经济发展的积极作用在学术界依然是主流认知。不可否认的是,既有研究至少指出并且描绘了旅游经济对区域经济发展的影响的客观现实,对各级政府、业界认知旅游产业的经济效应和其促进地方产业发展问题具有重要的积极意义,部分研究成果也为地方政府制定本区域旅游发展战略和相应的政策提供了理论依据。需要指出的是,研究结论无论是积极还是消极作用,都可能与研究案例(国情、经济体制、发展阶段)、研究方法和技术手段的差异有关。事实上,研究技术合理与否是相关实证研究结果是否科学、是否可靠的基石。其中,无论是协整分析、Granger因果检验等时间序列分析,还是面板数据动态分析,都会因变量选取、变量结构及研究对象的异质性和变量间的因内生性问题而引发偏误问题,这些偏误可能会给地方施政带来误导。以上讨论的启示在于,要正确考量旅游经济效应既要关注其发展的动态过程,也要关注旅游经济空间流动带来的空间关联。因此,考虑空间关联的旅游经济增长空间溢出效应是重要研究方向。

三、旅游经济增长空间溢出效应研究

20世纪90年代初,诺贝尔经济学奖获得者保罗·克鲁格曼(Paul Krugman,1991a;1991b)提出新经济地理学(new economic geography,NEG)的概念,注意并区分经济外部效应和内部效应,并于1998年提出可计算的地理一般均衡模型,即空间一般均衡模型。随后,帕帕西奥多勒(Paptheodorou,2003d,2004)首次在旅游研究中使用了新经济地理学理论。为了理清旅游经济空间溢出相关研究进展,笔者通过对既有文献的梳理,发现现有研究主要从空间溢出效应的检验、空间溢出效应与距离的关系两个方面展开。

(一)旅游经济空间溢出效应验证研究

有关旅游经济空间溢出效应的研究探索起步于国外,Lazzeretti等(2009)研究发现空间溢出效应广泛存在于旅游业中,Caglayan(2012)通过计量检验

进一步证实了上述观点,指出旅游在促进经济增长过程中表现出较为明显的空间溢出特征。也有研究指出旅游促进经济增长的溢出效应的强度和空间密切相关(Maria,2016)。既有理论探索达成一个共识:旅游对经济发展存在空间溢出效应。Eleftheriou(2019)利用空间面板计量经济学模型,对2010—2014年希腊49个影响效应进行检验,发现无论是短期还是长期旅游对经济发展均存在强劲溢出效应;Yoo Ri Kim(2021)以英国为实证检验对象,采用SPDM模型从旅游经济集聚对旅游业生产率的视角证实了空间溢出效应的存在;Vizek(2022)运用克罗地亚案例也证实旅游发展与房价的空间溢出关系。

由于空间溢出效应的检验模型对研究单元和空间尺度有一定的要求,国外学者有关旅游空间溢出效应的实证研究相对较少。中国具有良好的空间计量研究数据支撑条件,国内有关旅游经济空间溢出效应的实证研究展开了较为积极的探索,并在已有的理论基础之上进行补充和深化,实现理论研究的创新。其中,高超、陆玉麒(2006)利用江苏省13个地级市1998—2004年旅游经济发展数据,运用空间计量模型,在省级尺度上验证了旅游经济的空间差异及空间溢出效应,指出旅游经济发展的空间联系还包括旅游合作。李山、王铮(2009)研究进一步发现,旅游经济溢出效应既存在对周边的积极效应,可能也存在抑制甚至损坏效应。赵磊(2011)的研究发现中国省际旅游发展对城乡收入差距具有显著的缩减效应。向艺等(2014)对2000—2012年中国31个省级区域的旅游经济发展历史脉络进行整理与分析,构建地区固定效应空间回归模型,回答了"政府主导"的产业发展模式是否可以促使旅游业发挥出应有之功用及其关键原因两个问题。随着空间计量研究模型的引入和不断完善,吴玉鸣(2014)、Yang(2014)、黄潇滢(2014)、赵金金(2016)、李秋雨(2017)、Zhou(2017)、Jiao(2019)、Chen Haibo(2020)、Liu(2021)、Jinghua(2021)、童昀(2021)等学者围绕中国旅游经济增长及空间溢出进行了多项检验探究。随着脱贫攻坚战在全国积极推进,有关旅游减贫的空间溢出问题研究也得到学者的关注(张大鹏,2018;王松茂,2020;田瑾,2021)。王龙杰(2019)认为信息化可以重塑区域间旅游产业的互动和关联,在信息化的交互影响下,资本和劳动力的空间溢出效应可能发生根本性的转变。其实证研究发现,投资和普通人力资本不再显著,而传统旅游经济发展要素如资源、环境、三产占比和产业集聚等表现出负向的空间溢出关系。考虑到不同研究单元和研究尺度可能会有不同检验结果,因此不少学者选择不同的地理单元展开实证检验研究,如王坤

(2016)选择泛长三角为检验案例,运用空间面板杜宾模型探究了区域城市入境旅游和国内旅游发展及其动力因子的空间效应。王效梅等(2020)从多视角检验广东省区域经济增长的扩散回流和市场区域效应。陈晓艳(2020)以浙江省65个县域单元为实证检验案例,指出经济发展水平、旅游资源禀赋、旅游基础设施和区位交通条件等均具有显著的空间溢出效应。此外,杨玉珍(2022)、旦珍(2022)、舒波(2022)分别以黄河流域、"一带一路"、京津冀等重点发展区域展开检验研究。与东部地区检验结果相比,西部地区旅游经济的空间溢出效应检验表现出特殊性。唐夕汐等(2020)基于云南研究发现,基础设施与旅游经济增长溢出效应负相关。于婷婷等(2020)在检验旅游业发展对区域经济发展效率中指出西部地区的作用强度高于东中部地区。吴良平等(2020)引入扩散转移矩阵为因变量滞后的空间权重矩阵,讨论入境旅游发展空间溢出效应,探究发现旅游资源、经济水平在全国及各片区均显著,开放程度在中西部省域正向效应显著,但在东部省区显著性微弱。

(二)旅游经济空间溢出效应的距离递减规律研究

地理学第一定律认为空间关联的密切程度随着地理距离增长而不断减弱,空间溢出效应大小可能与地理要素的空间位置及其与周边空间关系密切相关,一般而言距离越近,空间效应可能就越大。凯勒(Keller,2002)研究发现,空间距离与空间溢出效应的强度呈反比例关系,随着空间距离的增加,空间溢出效应呈现空间衰减规律;波塔齐、佩里(Bottazzi,Peri,2003)基于技术溢出的研究发现,技术溢出以圆点为中心的同心圆状向外围递减,递减的边界为300千米,一旦超过这一地理范围空间溢出就会消失。中国学者在研究中也发现空间相互作用中溢出效应遵循距离衰减规律(王锋等,2005;柯善咨,2009)。顾乃华(2011)、余泳泽(2016)发现生产性服务行业中大多表现出"本地喜好",导致空间相邻地区的旅游溢出效应表现更弱。经济溢出还可能受到地方保护主义、行政边界分割、同质竞争的约束(袁华锡等,2019;刘震等,2022),但是也有学者认为地理距离与空间溢出并非绝对的关系(杨宏昌,2017)。在空间溢出及其距离研究上,多位学者基于中国省区的面板数据展开了研究,其中袁华锡等(2019)的研究发现中国金融聚集的溢出效应随地理距离增加呈现出"U"形曲线特征,拐点处在300千米左右;马子量等(2016)在城市化与产业聚集的研究中则发现空间溢出与地理距离呈现倒"U"形曲线关系,曲线的拐点在600千米左右。此外,张益等(2022)通过对科技创新对农业发展的空间溢出边界的探究发现,500千米是科技创新空间溢出边界。既有研究显示,不同的产业其溢出的空间边界存在差异,但多数认为超过600千米后,空间溢出效果大大减小,这是由中国大多数的省区的空间面积决定的。在旅游产业空间溢出与地理边界问题上,尚无专门的实证研究检验。但是已有学者就该问题进行了理论性探索。其中,吴必虎等(1997)基于对中国出游半径的考查与统计,认为同一客源市场的两个旅游目的地最优出游半径为500千米;李山等(2006)进一步发现这个距离一般不超过600千米。

(三)旅游经济空间溢出效应研究评述

综上,国内外学者均关注到旅游产业的空间溢出效应问题,特别是中国案例的旅游空间溢出效应研究在多尺度上均进行了实证检验,研究成果较为丰富,具体可能存在如下不足:第一,现有研究多基于案例的定量研究且多关注效应是否存在检验,以及空间溢出效应正负关系(促进还是抑制)、空间溢出效应大小的分解问题,有关异质性的研究大多采用分组检验来实现,既有研究大多还是基于全局检验的逻辑开展,局域空间效应的检验相对不足,特别是基于时空实践探究异质性问题的则更少;第二,整体上基于空间计量模型探究空间溢出距离衰减规律的研究较少(余泳泽,2016;袁华锡等,2019),既有研究大多证实或认同了邻近地区旅游经济发展对本地旅游经济溢出效应的关联作用更强,且有关旅游经济效应的空间边界问题大多基于实践认知提出,探测旅游空间溢出距离衰减规律的实证研究尚未涉及;第三,从研究案例及其研究尺度上看,目前对旅游经济空间溢出效应的研究多聚焦于全国层面的宏观探讨,或者以城市群、东部省区或者城市为案例的分析较多,有关山区县域旅游经济效应研究相对较少。

近年来,有部分研究学者关注到旅游经济增长效应的理论构建的问题,但是对旅游经济增长效应与旅游经济增长空间溢出效应的概念理解依然存在混淆问题,特别是对于旅游经济增长空间溢出效应的构成条件与动力条件、空间溢出机理及其空间衰减边界尚未形成系统思考。因此,本书尝试构建适合探测旅游经济增长的空间溢出效应及其空间衰减边界的理论和方法,探测旅游经济增长空间溢出效应的地理边界,总结其距离衰减规律,具有重要的理论和现实意义,可以补充相关实证检验的不足。

四、旅游经济增长效应的传导与非线性机制研究

随着旅游经济空间溢出效应研究的不断深入,较多学者考虑更多动力因子和因子间的交叉作用,并深入探讨各动力因子对旅游发展的空间效应的非线性机制问题。侯志强(2017)发现交通基础设施对区域旅游经济增长效应存在明显的时空异质性。郭向阳等(2021)运用双变量LISA和空间面板杜宾模型,解析交通服务功能对旅游效率影响的空间效应及内在机理。尽管现有研究遵循将旅游经济纳入空间异质性增长模型的分析思路,但具体研究范式仍拘泥于线性框架,因而无法反映出旅游业与经济增长之间关系的非线性特征。赵磊等(2013,2017,2018)在其研究中指出中国旅游发展与经济增长之间存在着非线性关系,由于线性研究模型很难识别出旅游经济效应的传导机制及其门槛条件,冯志成等(2020)基于门槛回归的相关理论,利用2009—2018年中国大陆省级区域的面板数据,探讨了旅游发展对经济增长效应的非线性门槛机制问题。申鹏(2020)从民族地区城乡居民收入差距与二元经济结构互动关系出发,构建面板门限模型探究旅游经济发展对其城乡居民收入差距的影响。邓祖涛(2019)运用中介效应模型检验了"资源诅咒"假说;周玉翠(2020)、李竹(2022)等以长江中游城市群或长江经济带的案例,探究了旅游产业增长的传导机制问题;张大鹏(2021)基于门槛效应模型检验发现资源型城市旅游与经济发展存在三重门槛机制特征。

整体上看,既有主流理论和实践探究基本达成一个共识:旅游经济增长效应存在中介传导和非线性特征(黄潇莹,2014;李丽霞,2019;吴媛,2019)。因此,本书在延续前人研究成果基础上,基于县域旅游研究尺度,开展旅游经济增长效应中介机制及其门槛机制的理论和实证研究。

第三节 研究理论与现实意义

一、理论意义

(一)探测空间溢出边界,拓展旅游经济增长空间溢出效应的研究深度

旅游经济增长效应研究一直是旅游相关研究的重点话题,不同研究背景学者对旅游经济效益的存在与否、正负关系、大小进行了较为丰富研究,也形成了TLGH等一些较为公认的学说。然而,旅游经济增长效应研究大多始于

经济学者,较多关注区域内部产业关联的累积效应,对空间溢出效应关注不足;随着空间计量经济学理论和方法的快速发展,其理论与方法被引进用于旅游经济的空间溢出效应测度与评价,并形成了较多有益研究成果。但是,多数研究只关注到旅游经济在空间溢出上的显著性及其大小,虽然有部分研究学者指出旅游经济增长效应与空间距离存在一定的关联,甚至从经验上提出个人预判观点,但是较少学者探究旅游经济增长空间溢出的空间边界问题。因此,本书通过构建空间计量经济学模型,通过实证检验山区旅游经济增长空间溢出效应的空间边界变化特征,分析旅游经济增长空间溢出的空间衰减规律,进而总结山区旅游经济增长空间溢出的一般规律,有效拓展了区域旅游经济增长空间效应研究的深度。

(二)揭示旅游经济增长效应的传导路径与门槛机制

本书以山地省区县域旅游经济增长为研究对象,尝试从旅游经济增长效应的形成动力、空间溢出模式、空间溢出效果及边界,以及其传导路径与非线性机制等方面构建山区县域旅游经济增长对经济发展水平的影响效应的理论研究框架。分析山区县域旅游经济增长效应的特征,总结山区旅游经济增长效应的空间溢出模式,探究山区县域旅游经济增长空间溢出效应大小及空间衰减规律,确定山区县域旅游经济增长效应的传导路径,分析不同约束条件下山区县域旅游经济增长效应的门槛机制,进而揭示山区旅游经济增长效应的空间传导过程及变化规律。本研究可以补充旅游经济增长效应研究在理论构建上的不足。

二、现实意义

(一)总结旅游助力脱贫攻坚成效,为旅游助力乡村振兴提供参考资料

本书研究中较为集中展示了贵州省2010—2020年旅游发展基本现状及其县域旅游经济增长对经济发展水平的影响效应,从实证检验的视角总结了贵州省县域旅游助力脱贫攻坚的成效;明确了贵州省县域旅游经济增长的影响因子,揭示了贵州省县域旅游经济增长效应的传导机制和门槛机制,相关结论也可为贵州省乃至其他同类地区旅游产业助力乡村振兴提供经验借鉴和资料参考。

（二）为贵州旅游产业化和建设一流山地旅游目的地提供数据和理论支撑

贵州省委"十四五"规划建议中提出将贵州打造成为国际一流山地旅游目的地、国内一流度假康养目的地,大力推进"旅游产业化"的发展目标[①]。本书通过对贵州省县域旅游经济增长的相关问题的系统研究,较为全面摸清贵州旅游经济发展现状及其空间关联规律。其中,有关旅游经济增长空间关联与空间溢出地理边界的探索可为贵州省优化旅游产业空间布局和实现区域协同发展提供数据参考;有关旅游经济增长门槛机制研究成果可为贵州省提升旅游产业发展质量和加快现代服务业发展提供理论支撑,有效助力贵州省旅游产业化。

第四节　研究目标与研究内容

一、研究目标

山区县域经济发展是当前中国实现全面乡村振兴的关键短板,山区县域是未来一段时期极具经济活力和发展红利的区域。同时,旅游产业经过40余年的发展已经成为中国经济的战略性支柱产业,其对中国经济发展特别是对山区经济持续增长和巩固脱贫攻坚成果具有重要意义。因此,聚焦山地省区县域旅游经济增长对区域经济发展水平的影响效应及其传导机制探索可为中国实施乡村振兴战略提供理论和案例借鉴参考。既往旅游经济效应研究已经关注到经济外部性问题,并形成了一系列有价值的实证检验成果,且既有理论和实证研究大都证实了旅游经济增长效应在空间上具有距离衰减规律。本书以山地省区为研究空间范围,以"县域旅游经济增长效应"为研究对象,聚焦影响因素、空间溢出规律及其内在机理三个核心问题,分析县域旅游经济增长的独特性及影响因素,总结县域旅游经济增长过程与模式,探索县域旅游经济增长的空间溢出效应及其空间衰减规律,揭示县域旅游经济增长效应的传导路

---

① 贵州"十四五"将大力推进旅游产业化,2020-12-17,https://www.mct.gov.cn/whzx/qgwhxxlb/gz/202012/t。

径及其非线性机制等。研究主要目标如下：

1. 山地省区县域旅游经济增长过程、模式及影响因素研究

通过文献梳理，在分析山区县域旅游目的地的旅游资源禀赋和经济发展阶段现状基础上，试从旅游经济增长与扩散视角，探讨山地省区县域旅游经济增长效应的形成条件及动力关系，总结山地省区县域旅游经济增长的主要模式，阐述其影响因素，总结和阐述山地省区旅游经济增长的独特性。

2. 山地省区县域旅游经济增长空间溢出效应及其空间衰减规律

根据赫希曼的极化-涓滴理论、"模仿—竞争—协同"传导效应和地理学第一定律（距离衰减定律）提出研究假设，构建多重空间权重矩阵，借鉴新经济地理学研究理论（经济外部性理论和距离衰减定律）与模型（空间面板杜宾模型、时空地理加权回归模型），提出并检验山地省区县域旅游经济增长空间溢出效应的效果及其空间衰减规律。

3. 山地省区县域旅游经济增长效应传导路径及其非线性机制研究

根据TLGH和经济增长理论，识别山地省区县域旅游经济增长影响区域经济发展水平的传导介质，论证山地省区县域旅游经济增长的中介传导效应；阐述多重条件约束下山地省区县域旅游经济增长对区域经济发展水平的非线性机理。借助多重中介效应模型，检验县域旅游经济增长的中介传导效应，提出县域旅游经济增长的传导路径，揭示县域旅游经济增长的门槛条件及非线性影响机制。

二、研究内容

第一章为绪论。梳理了本书的研究背景，并提出本书的研究命题；对与本书相关的研究进展进行回顾与评述，阐述了本书的研究理论与现实意义；提出了本书的研究目标与研究内容，明确了本书的研究方法和技术路线。

第二章为核心概念与研究的理论基础。界定了山地省区、旅游经济增长和旅游经济增长效应等核心概念；阐述了旅游经济增长效应理论、新经济地理学空间溢出思想等相关基础理论及其在本书中的应用。

第三章为山地省区县域旅游经济增长效应研究框架构建。遵循"增长特征—溢出规律—传导机理"的研究思路，从理论推导层面逐一深入分析了山区

县域旅游经济增长的过程及影响因素、空间溢出与溢出边界、传导机制，尝试从"三大理论板块""七大研究命题"和"五个研究假设"搭建本书研究理论框架。

第四章为山地省区县域旅游经济增长效应评价模型与案例选择。根据本书的研究需要，详细阐述了本书主要实证检验研究模型、评价指标体系及其变量代理指标选择问题；选择典型山地省区——贵州省为本书实证研究空间范围，并以省内88个县级行政区为研究案例开展研究。

第五章为贵州省县域旅游经济增长时空演化及其影响因素。利用改进熵值法测算2010—2020年贵州省县域旅游经济增长水平。运用标准差、变异系数、重心模型等从时间序列、空间分异、时空演化视角分析贵州山区县域旅游经济的演进特征、演化模式。利用地理探测器模型探测贵州省县域旅游经济增长的影响因素，总结贵州省县域旅游经济增长作用机理。

第六章为贵州省县域旅游经济增长空间溢出效应及空间衰减边界。基于经济外部性和地理学第一定律两大假说，运用ESDA模型考察县域旅游经济增长与区域经济发展水平的空间关联特征，构建空间面板杜宾模型考察县域旅游经济增长对区域经济发展水平的空间溢出效应，并结合GTWR模型从时空视角探索了县域旅游经济增长对区域经济发展水平的局域效应，揭示不同研究单元空间效应的作用方向和大小。最后通过给定不同距离的空间权重矩阵探测县域旅游经济增长溢出效应的空间衰减边界。

第七章为贵州省县域旅游经济增长效应传导路径与门槛机制。本章引入多重面板中介效应模型、空间中介效应模型和面板门槛效应模型，检验贵州省县域旅游经济增长的中介传导效应，揭示县域旅游经济增长效应的门槛条件及非线性影响机制。

第八章为研究结论、启示与展望。总结本书主要研究发现与结论，提出本书县域旅游经济增长的政策建议与启示，最后阐述了本书的研究特色、创新之处并对后续研究进行了讨论。

第五节 研究方法与技术路线

一、主要研究方法

为了探究山地省区县域旅游经济增长影响因素、空间溢出与传导机制,本书综合运用了文献分析与实地调研方法、系统分析法、案例验证法、数理统计与空间计量分析方法以及ArcGIS空间分析可视化方法等研究方法。

（一）文献分析与实地调研方法

本书根据研究核心问题,首先借助CNKI、Elsevier等文献数据库,对"旅游经济增长""旅游经济增长效应""旅游经济空间溢出与传导机制"等问题的相关文献进行了梳理与评述;其次,对新经济地理学的最新研究趋势、空间计量经济学的研究方法、管理学的基本原理等理论和方法进行了梳理和消化,构建县域旅游经济增长效应影响因素与传导机制理论框架,并提出研究假设,为后续的研究开展建立了坚实的基础;再次,本书通过对博物馆资料、宏观经济数据库、统计年鉴和国民经济和社会发展统计公报等资料性文献的查看与整理,为相关研究提供数据支撑,为所研究问题的经济学解释提供区域发展现状必备资料;最后,在对既有文献资料分析的基础上,先后对贵州省典型县市区和重点景区（包括贵阳市市辖区及下属县市、六盘水市各县区、西秀区、平坝区、凯里市、雷山县、从江县、遵义市市辖区、兴义市、铜仁市各县区,以及黄果树风景名胜区、西江千户苗寨、娄山关景区、百里杜鹃风景名胜区等）进行了实地调研,并与当地旅游管理部门和从业人员进行座谈、访谈,进一步丰富了研究资料。

（二）系统分析法

本书综合运用了经济学、管理学、新经济地理学等学科的理论与方法,探究山地省区县域旅游经济增长影响因素、空间溢出与传导机制问题,按照系统学研究思路,将全书设计为"理论构建—实证检验"两个部分;按照研究核心问题,将本书研究划分为"增长过程与影响因素、空间溢出及其边界探测、传导路径与门槛机制"三个主要研究板块,通过三个关键问题的论证实现研究目标。

（三）案例验证法

案例验证法是一种经验性的研究方法。本书对案例验证法的应用主要体现在对贵州省县域旅游经济增长空间溢出效应大小、边界演化、传导路径及门槛机制进行实证案例检验。

（四）数理统计与空间计量分析方法

本书在研究过程中采用多样化研究工具与研究方法。在探究县域旅游经济增长水平过程中采用了改进熵值法；在分析县域旅游经济增长时空动态关系时，综合运用了标准差、变异系数等指标；在县域旅游经济增长影响因素探测过程中运用了地理探测器模型；在探究县域旅游经济增长空间溢出效应及其地理边界中，综合运用了ESDA、空间计量模型（SEM、SLM、SPDM）等研究方法；在探究县域旅游经济增长传导路径及门槛机制中分别运用了多重中介效应模型和多重门槛效应模型等。

此外，本书在研究过程中充分利用Matlab R2018b、Stata 16.0、GTWR插件、SPSS、Origin 2022b等各类研究工具，为本书研究提供了较好的工具与方法支撑。

（五）ArcGIS空间分析可视化方法

ArcGIS是地理学中进行时空要素研究的重要分析工具与方法，在空间数据分析与空间分析可视化方面具有极强优势。本书在县域旅游经济增长水平测度结果展示、GTWR分析和结果展示方面充分利用ArcGIS空间可视化方法，提供了较好的技术支撑。

二、技术路线

按照"问题提出—理论构建—实证检验"逻辑结构展开。在分析基础理论基础上，以旅游经济增长效应为关注对象，选择县域作为实证尺度，以山地省区为研究空间范围，聚焦县域旅游经济增长过程与模式、县域旅游经济增长空间溢出效应强度及空间边界、县域旅游经济增长空间溢出效应传导路径与门槛机制等内容开展研究，具体技术路线如图1-1所示。

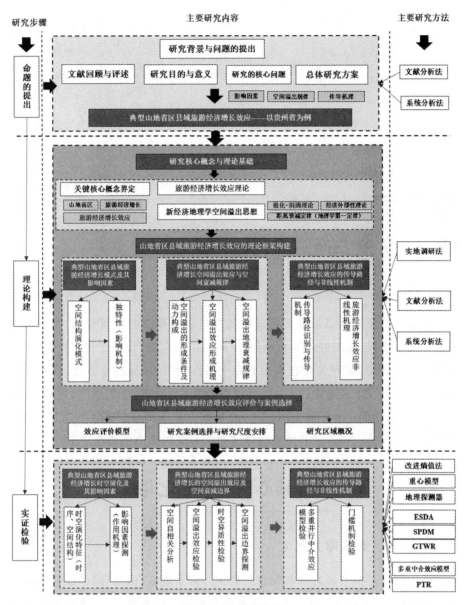

图1-1 技术路线图

第二章
核心概念与研究的理论基础

本章对山地省区县域旅游经济增长效应研究涉及的山地省区、旅游经济与旅游经济增长、旅游经济增长效应(空间溢出效应、中介效应和门槛效应)等概念进行了界定,解释了其在本书研究中的作用;在基础理论方面,阐明了旅游导向型经济增长假说(TLGH)、新经济地理学空间溢出思想(极化-涓滴理论、经济外部性理论和距离衰减定律)的基本内容及其在本书中的应用。本章研究为本书构建山地省区县域旅游经济增长效应的理论框架奠定了基础。

第一节 核心概念的界定与解释

一、山地省区相关概念

山地省区是本书研究的重要空间概念。为了理解"山地省区"这一空间概念的独特性,本节首先对山地与山区的基本概念进行解释,进一步提出山地省区的基本内涵。

(一) 山地与山区

有关山地的定义研究形成了基于地貌学视角、经济学视角、自然资源视角、自然地理视角的多种定义,有广义也有狭义之分[①]。为了更好地理解山地

[①] 余大富在《论山地的基本概念》一文中指出广义和狭义之分的山地概念定义逻辑存在重复嫌疑。

的基本概念,现将目前有关山地的主要定义整理如表2-1所示。

表2-1 山地的主要定义

序号	定义	特点	来源
1	许多山的总称,由山岭与山谷组合而成	强调群体性,但高度用词不准确	《地理学辞典》
2	具有一定海拔和坡度的地面。有广义和狭义之分	混淆山与山地的概念	《中国的山地》(王明业,1988)
3	起伏高度大于200米的地段(丘陵和低山、中山、高山、极高山、高原、山原及其山谷、盆地等统称为山地)	明确了山地的上下边界(起伏度),但是存在概念交叉	《中国山区经济学》(肖克非,1988)
4	与平原比较而言,山地是由绝对高度和相对高度组合的地域	将山地作为自然资源看待,但未区分山与山地、丘陵的关系	程鸿(1983)
5	海拔在500米以上的高地,相对高差大于200米、地表坡度较大的地域	强调"绝对海拔"和"相对高差"这两个重要衡量标准	《中国国家地理百科全书》
6	相对高差大于200米的地段,在山地内部进一步划分为丘陵和低山、中山、高山、极高山、高原、盆地等类别	从区域视角定义山地,并从内部进一步区分不同类别山地	《山地地理系统综论》(徐樵利,1994)

从上述山地的定义中不难看出,众多学者较为接受从广义的视角或者适度放宽其外延来定义山地。对于非专门从事山地地貌学等自然科学研究的学者而言,从区域的视角而不是从地理或者地貌类型视角理解和解释山地更加符合社会认知习惯(徐樵利,1994)。因此,本书对旅游经济效应的研究采用了广义视角的定义,在本书中山地的内涵与外延与"山区"并无本质区别。

有关山区的概念,《现代汉语词典》解释为"多山的地区"。学术界习惯上把包括山地、丘陵和地表起伏较大的高原在内的广阔地域称为山区。在山地学研究中,山区被定义为以一定的坡度和相对高差(200米以上)为基础的山脉或山系组成的空间区域。它是具有一定海拔、相对高度及坡度的自然-人文综合体。我国社会经济统计中,将县域经济单元按照"平原县、丘陵县和山区县"进行统计划分。显然在社会经济统计中,丘陵县区与山区县区有明显的统计界限。

从上述表达中可以看出,在经济学等人文社会科学研究中,山区的概念突出了人与自然的互动关系,更加强调山区资源开发与区域社会经济发展的特殊性。由此可以看出,在经济学等社会科学中山地和山区虽然不存在本质差异,但是山地的空间范围更加突出自然边界,其内部类型划分更加复杂;而山区的空间范围更加宽广,其内部类型划分更为简单。因此,**本书中山区的概念基本遵循山地学研究界定标准,更加强调山区的空间概念,将山区界定为区域内山脉广布、地表起伏较大的自然-人文综合体**。

(二) 山区的特征

为了更加科学地分析山区的特征,本节统计了中国不同山地类型比例关系和不同类别山地县域个数比例关系(见表2-2)。从表2-2中可以看出,在我国,广义山地和山区县占全国陆地国土面积三分之二以上,这说明中国是一个典型山地大国。结合不同类型面积占比、县区数及GDP占比情况,可以看出山区(含丘陵)县是中国经济发展的重要组成部分(51.51%);但是考虑山区(丘陵)县面积和数量,可以看出山区生产水平较低,经济发展水平相对于平原地区较为滞后。

表2-2 山区县、丘陵县和平原县在中国经济中的地位

类型	面积/万平方千米	面积占比/(%)	县区数/个	县区数比/(%)	GDP比重/(%)
山区县	428.1	47.86	895	43.19	23.60
丘陵县	203.7	23.23	531	25.63	27.91
平原县	262.7	29.37	646	31.18	48.49

数据来源:陈国阶等著《中国山区发展报告:中国山区发展新动态与新探索》《中国县域统计年鉴(县市卷)—2020》。

《中国山区发展报告:中国山区发展新动态与新探索》研究指出,相对其他区域而言,山区大多具有交通闭塞、环境脆弱、灾害多发、经济滞后的显著特点。进一步将中国山区与2011年《中国农村扶贫开发纲要(2011—2020年)》中确立的14个集中连片特困地区叠加分析发现,贫困县区分布与山区(丘陵)县域在地理空间上高度重合,这进一步证实了山区存在经济发展滞后的属性。同时,我们也关注到山区资源丰富、文化多元,具有较大的经济发展潜力。因此,山区存在交通闭塞、环境脆弱、灾害多发、经济滞后,但资源丰富、文化多样的特征。

（三）山地省区

省区（省级行政区）是中国一级行政单元，其边界划定与自然界限（山脉、河流）密切相关，总体表现出"山川形便"的原则，体现出地理自然分区的特征。省区作为一个行政区划概念，虽然表现出明显的自然分区特征，但其行政边界与自然地理分布并非完全重合，并不存在十分"纯粹"的山区省份。有资料显示[1]，在全国31个省级行政单元（不含港澳台地区）中，25个省级行政单元的山地面积占总面积的50%以上，其中贵州省、云南省山区面积超过90%，中国大多数省区被山区所覆盖。因此，本书研究中的山地省区概念是指山地区域空间与省区行政区划空间在地理空间上的叠加，其重要标准是在省区行政区划中山地面积是否占该省区面积的绝大部分，是否存在较大面积的连片平原（坝子）。因此，本书中的山地省区是指省区内山地广布，山地面积占绝大部分，地表起伏较大，缺乏较大连片平原的省级行政区。从特征上看，山地省区同样具备山区的基本特征。

二、旅游经济与旅游经济增长相关概念

（一）旅游产业

国内外旅游经济相关研究可以回溯至19世纪末，1899年意大利统计局官员鲍德奥发表了《在意大利的外国人的移动及其消费的金钱》一文，成为研究现代旅游经济的先河（戴斌，1988）。有关旅游产业属性及内涵的问题一直被学者所关注，并且关于旅游是不是产业的争论一直在持续，韦尔森（Wilson，1979）基于工商业生产构成推理，认为旅游不是产业。到20世纪中下叶，关于旅游产业的属性问题依然没有定论。但是值得肯定的是，将旅游产业作为经济产业部门来观察和统计（如标准产业分类SIC）依然具有重要意义（麦克等，2017），并且可以将旅行社、酒店和旅游交通列为其重要产业部门。总之，现有关于旅游产业是不是一个具有经济属性的部门或者产业集合或者一套市场体系的讨论，都是在其经济属性的研究框架下展开的（Wilson，1998；Leiper，1979；Lancaster，1971）。

有关旅游产业的概念及其是不是经济产业的问题，中国学术界曾展开较

---

[1]《科学时报》读山：认识我国山地（山区）的独特与复杂性，2010-09-07，http://imde.cas.cn/mtjj_2015/201009/t20100907_2945604_3.html。

为广泛的讨论。其中比较有代表性的观点指出旅游产业是以旅游资源、旅游设施为条件,为旅游者提供服务的服务行业(刘世杰,1980)。1986年北京旅游学术座谈会上与会专家和学者就旅游和旅游经济的基本概念和问题进行了较为系统的讨论(罗丽,1986)。随后方民生等(1984)对旅游经济收入增值理论、旅游投资与收益、旅游市场的概念和旅游"级差地租"等理论和问题进行了引进与论述。关于旅游产业概念与属性的问题在第五次全国旅游经济理论研讨会上进行了激烈的讨论,但是未达成共识。相继有人提出了旅游产业是"经济-文化事业""文化-经济事业""经济性很强的文化事业""文化性很强的经济事业"等众多观点。随后一些学者在其论文中提出,在社会主义初级阶段中国旅游业要更加强调其经济属性(孙尚清,1989),认为旅游业作为一个新的产业类型,应该从其经济特征阐明其产业属性(张吉林,1999)。也有学者持否定意见,认为从供给视角看,旅游业不具备明确的产业边界和统计范畴,旅游业不是一个产业而是一种经济现象(张广瑞,1996),且随着产业环境变化和产业融合强化,旅游业的产业边界涉及范畴更为广泛。对于从供给侧定义旅游产业的疑问,张凌云(2000)和宁泽群(1998)等回应指出应该从旅游产业集合和产业群的视角理解旅游产业属性。也有学者认为要从需求侧视角理解和定义旅游产业,将旅游产业定位于具有经济需求的弹性产业,即通过旅游产业现实需求量衡量旅游产业,而不是其要素存量。在中国,从20世纪80年代末90年代初至今,有关旅游产业的属性在国家层面通过系列文件逐步确定地位,如今旅游业已经是中国经济的战略性支柱产业和"五大幸福产业"[①]之首。因此,**本书旅游经济增长效应研究中将旅游产业理解为满足旅游活动需求的经济产业部门,将旅游产业界定为能够直接为游客提供服务活动的业态、产业要素的集合。**

(二)旅游经济增长与县域旅游经济增长

随着市场经济发展,在旅游经济活动中旅游消费者与旅游服务供应商、经营者之间产生了交换关系,这种交换以旅游消费者支付一定货币等换取旅游服务或者旅游商品(产品),随着交换频次增多和规模扩大,货币使用量显著增加,我们将这一交换过程产生的增量称为旅游经济的增长。**本书中的旅游经**

[①] 国务院原总理李克强在2016年夏季达沃斯论坛上提出旅游、文化、体育、健康、养老"五大幸福产业"的概念。

济增长是由旅游活动引起的旅游者与旅游业及其各个部门、各有关企业之间的经济交往关系,表现为旅游要素活动中的商品交换、劳务活动。由于旅游经济活动存在空间流动性,这种增量与旅游目的地、旅游客源地以及旅游媒介密切相关。因此,旅游经济增长包括旅游者人数的增多和旅游目的地旅游收入的增长。**据此,本书将县域旅游经济增长解释为发生在县域尺度单元内旅游经济要素的增长与扩张,通常用要素的量为衡量指标。**

由于旅游经济活动供给主体存在多元交叉、动态变化的特征,在未建立旅游卫星账户体系情况下,按照旅游经济供给主体的交换活动进行统计存在较大的难度。本书根据《中国旅游统计年鉴》的统计规则,从规范化、可比性、可量化的角度,在实证检验中将旅游收入(经济规模)、旅游人次(市场规模)等指标集合作为旅游经济增长的代理指标。因此,本书研究中采用旅游市场规模增量和旅游经济规模增量两个指标衡量区域旅游经济增长(见图2-1)。

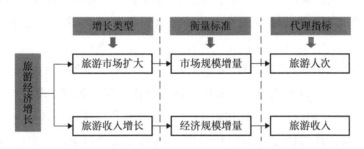

图 2-1 旅游经济增长内涵、衡量标准及代理指标

(资料来源:根据相关理论作者自绘。)

本书研究中对旅游经济增长概念的论述为解决旅游经济增长水平评价指标体系及演化规律的问题(即是什么的问题)奠定了基础。

三、旅游经济增长效应相关概念

(一)旅游经济增长效应

旅游业是一种复合型服务型经济产业,旅游经济增长效应探究从其进入经济研究的视野,就和"创汇、增收、国民经济"等命题密切相关。关于旅游经济增长效应的研究文献,早期主要集中探讨旅游业收入的经济贡献,最初思想主要来源于McKinnon(1964)的"旅游创汇说"。旅游经济增长效应既有区域地理视角的影响,也有对个人的影响效应。**本书研究中旅游经济增长效应主要从区域发展的视角审视旅游业对旅游目的地国家或者地区在经济发展方面**

所产生的影响及其作用机制。这种影响既有正向影响也有负向影响,既存在对本地的乘数效应还存在对邻近地区的溢出效应,其作用机制即通过何种路径影响及如何影响等内容。

旅游经济增长效应是旅游经济增长对区域经济发展影响过程中的重要概念,为此本节将对旅游经济增长空间溢出效应、旅游经济增长中介效应、旅游经济增长门槛效应等概念进行解释,以便为本书理论构建奠定基础。

(二)旅游经济增长空间溢出效应

1. 空间溢出效应的概念

"溢出"(spillover)在汉语中的本义是指水或其他物品充满某个容器并向外流出,即从里面到外面的意思。经济溢出概念源于 Marshall(1890)对产业区域创新氛围的有关论述,Arrow(1962)首次界定了溢出的概念。经济溢出是内生增长理论强调的经济学概念,也是经济生活中常见的一种经济现象,随后逐渐发展成为新经济增长理论中的一个重要研究领域(Romer,1986;Lucas,1988)。

随着研究的深入和旅游产业的不断发展,溢出也被赋予了越来越宽泛的含义,包括经济溢出、旅游经济溢出和旅游经济空间溢出等。到20世纪90年代,Copeland(1991)在 Bodio(1899)基于统计学视角的旅游经济效应研究基础上进行了开拓性的研究;Kubo(1995)进一步提出了全域地理溢出(GGS)的概念,阐释了外部性对经济增长的作用。相关研究还包括 Lionetti 和 Gonzalez(2012)、Croes(2014)、Vanegas(2015)等。我国学者在对溢出概念的理解方面,王铮等(2005)较早提出从区域层面来理解溢出。

本书认为旅游经济增长空间溢出效应关注的是区域旅游经济带来的经济外部性作用,具体是指一个区域的旅游经济活动对其他地区的旅游经济活动产生发展促进性或者发展限制性的经济外部性作用。本书主要用空间溢出效应检验旅游经济增长对本地和周边区域的影响是否存在及其有多大、有多远的问题。

2. 空间溢出效应的类型

旅游经济增长空间溢出效应根据其影响对象、溢出性质、形成过程、溢出强度可以划分为不同的类型(见表2-3)。根据影响对象不同,空间溢出效应可划分为直接效应和间接效应。直接效应是指对本地区的影响;间接效应是指通过一定传播途径对周边或一定距离的地区产生溢出作用。根据溢出性质,空间溢出效应可划分为正向效应(促进与协同效应)和负向效应(剥夺与虹吸效应)。从形成过程上看,空间溢出效应主要分为示范-模仿效应与竞争-合作效应。具体而言,在旅游产业的起步阶段,部分地区利用资源禀赋优势实现快速发展,成为旅游"示范区",促进周边区域有组织(政府引导)或者无组织(市场自发)地跟进与模仿,最终使得区域内建立起大量旅游目的地。随着这种区域模仿效应的累积,目的地之间不可避免地产生了客源竞争问题,进一步导致某一区域的发展客观上对周边区域旅游发展造成干扰,如高级别旅游目的地对周边同质旅游目的地的"屏蔽效应"。在区域内的竞争压力下,周边旅游目的地会走向两种结果:第一种是任由发展,因客源被剥夺而走向消亡;第二种是通过资源整合、旅游产品提升和错位发展,实现区域旅游转型。无论是走向消亡还是转型,旅游目的地均通过空间相互作用实现区域合理协同。根据溢出强度,空间溢出效应可分为强溢出效应、中等溢出效应、弱溢出效应和无溢出效应等。

表2-3 旅游经济增长空间溢出效应的类型及识别方法

划分标准	类型	识别方法
影响对象	直接效应	利用空间计量面板模型进行检验并通过微分分解
	间接效应	
溢出性质	正向效应	利用空间计量面板模型进行检验,根据回归系数正负判定关系
	负向效应	
形成过程	示范-模仿效应	一般表现为优势地区对周边的正向溢出系数随时间的递减变化
	竞争-合作效应	一般表现为回归系数从负向正的动态转换
溢出强度	强溢出效应	利用空间计量面板模型检验显著性强度及回归系数大小
	中等溢出效应	
	弱溢出效应	
	无溢出效应	

(三)旅游经济增长中介效应

中介效应反映了区域经济活动影响的传递过程。当某一经济活动X既能直接对经济活动Y产生影响,即存在X对Y直接影响的路径,也可能通过第三方M的中间路径实现对经济活动Y的影响,我们一般把通过中间路径传导的过程称为中介效应,把中间传导的路径载体称为中介变量。从这一概念阐述中我们不难发现,中介效应反映了经济活动主体之间传导作用的机制问题,能够更好地解释和阐述经济活动现象。

在旅游经济增长效应中,TLGH认为旅游经济增长可以通过提供就业、增加外汇、增加税收、改善产业结构等促进区域经济发展,但是对于旅游经济增长如何作用于区域经济发展水平尚缺乏系统的理论解释。本书将引入管理学中介效应模型,阐述旅游经济增长影响区域经济发展水平的路径及背后的作用机制,为TLGH提供更加可靠的理论解释。**本书的旅游经济增长中介效应是指旅游经济增长通过中介变量对区域经济发展水平产生影响的作用机制与路径,主要用于解释旅游经济增长效应的传导路径问题。**

(四)旅游经济增长门槛效应

根据旅游经济增长理论,旅游经济增长与区域经济发展水平的关系因旅游产业发展水平(专业化水平)、区域经济发展水平(居民收入水平、消费水平)、区域旅游投资等差异而出现异质性。既有研究发现旅游经济增长对区域经济发展水平的影响效应可能存在非线性路径(Eugenio-Martín,2004;Brau,2004;Fayissa,2007;Adamou和Clerides,2010;Figini和Vici,2010;赵磊,2011)。为了更加清晰地揭示旅游经济增长对区域经济发展水平影响的驱动过程,本书将门槛效应的主要研究思路和研究模型引入研究之中。为此,本部分将对门槛、门槛效应和旅游经济增长门槛效应的基本内涵与外延做必要的界定。

"门槛"一词的本义为门框下部的构件,用以分隔门内外空间,进一步引申为一件事情的难点或进入某一领域的条件和标准。在心理学中,登门槛效应表现为"得寸进尺效应";在教育教学中,将教学任务划分为若干步骤,实现"逐步突破",就是采用借鉴这一效应的重要体现。在计量经济学中,门槛效应表现为某一要素(如政策)对经济活动的影响达到一定临界值后,临界值前后的影响曲线会发生斜率或者正负关系的变化,这一临界值称为门槛值。有学者进一步运用门槛值进行分组检验(Hansen,1999)。如在经典的两个区域CP模型中,在运输成本较高时,企业会趋于均匀地分布在两个区域,并保持稳定的均衡状态。当运输成本高于门槛值(拐点)时,分散式的企业布局就不会发生改变;当运输成本低于门槛值时,企业就会趋于聚集(贺灿飞,2021)。结合"门槛"字面及延伸意义和经济学解释,**本书的旅游经济增长门槛效应是指旅游经济增长与区域经济发展水平之间的关系会在门槛值前后形成不同的曲线形态。这里包含两个要素:门槛值(变化拐点)和门槛值两边的影响关系**。

本书将引入门槛效应检验模型(或者称门槛回归分析模型)检验旅游经济增长在不同门槛变量约束下对区域经济发展水平的影响及其非线性机制。在研究中首先需要检验旅游经济增长效应是否存在门槛变量(有哪些),进一步确定门槛值(在哪里,即临界值),随后根据临界值分组进行回归分析,探究门槛值前后旅游经济增长对区域经济发展水平的突变关系(怎么样)。希望通过门槛效应检验模型检验旅游经济增长效应的驱动机制问题,即解决旅游经济增长效应的内在驱动机制问题。

综上,本书在衡量旅游经济增长效应研究中引入空间溢出效应、中介效应和门槛效应三个概念和模型。其中,通过引入空间溢出效应阐释旅游经济增长效应的存在性、外部性(对本地和周边影响效应大小)及空间衰减问题,主要为解决旅游经济增长效应的态势及变化规律问题(即有何特征的问题)奠定基础;通过引入中介效应和门槛效应为解决旅游经济增长效应的传导路径和内在驱动机制问题(即解决为什么的问题)奠定基础。

第二节 研究的理论基础及在本书的应用

一、旅游经济增长效应理论

在旅游经济学研究中,有关旅游产业的经济属性问题从现代旅游业产业初期就引发学者们的关注。第二次世界大战后,交通与通信条件的极大改善激发了旅游产业的发展,在经典经济学理论的支撑下,国外学者关于旅游经济增长效应的焦点主要集中在旅游经济与国民经济的关系上,目前学术界关于这一问题的探究形成了两个主流观点。**第一,旅游经济增长与区域经济发展存在双向正向关系**。旅游经济增长促进区域经济发展方面主要归结为:旅游可以获取外汇收入,进而利用外汇实现其他产业的增值(McKinnon,1964);旅游可以增加就业和促进基础设施建设,提高地方经济发展效率和发展质量;旅游消费可以刺激地区经济发展(Brida,2010)。但旅游经济增长促进区域经济发展受到旅游专业化水平、经济规模和一些不可控因子的影响(Srinivasan,

2012)。为了验证上述研究判断,国外学者先后引进一系列理论研究。其中,Lanza 和 Pigliaru 将 Lucas 的内生增长模型引入旅游专业化与经济发展关系的研究中(Figini,2010);该理论也在实证检验中得到证实(Oh,2005);Lanza(2000)、Brau(2007)等基于该理论,通过利用全球面板数据进行分析,发现旅游专业化的效应在较小的国家比较显著。但是,这一理论假设和观点同样受到质疑(Adamou,2009;Holzner,2011)。随后,Balassa(1978)的出口带动增长(export-led growth)理论也逐渐被引入旅游经济增长和区域经济发展的关系研究中,并进一步发展为"旅游导向型经济增长假说(tourism-led growth hypothesis,TLGH)"(Balaguer,2002;Pulina,2009)。在区域经济发展促进旅游经济增长方面,Sinclair(1998)认为区域经济发展带来居民收入增加,刺激旅游消费需求的增长;区域经济发展可为旅游目的地的基本要素、基础设施建设和配套提供资金支持;经济发展带来的人员的全球化流动,促进了跨国旅游发展(Tretheway,2006;Funk,2007;Wahab,2001)。这也被称为"**经济驱动旅游增长假说(economic-driven tourism growth,EDTG)**"。此外,Rasool(2021)基于金砖国家的实证研究也证实了入境旅游与经济发展之间的因果关系是双向的。**第二,一些学者认为旅游经济增长对区域经济发展不存在正面作用。**他们指出由于报酬递减(diminishing returns)规律,旅游经济增长带动区域经济发展的能力是有限的,并且可能随着旅游收入占 GDP 比重的上升,其对区域经济发展的贡献逐渐递减,乃至呈负面影响(Adamou,2009;Tang,2011;Chia-Ning,2021)。

旅游经济增长效应理论也显著影响了中国的相关研究。李正一(1989)等基于国外研究理论,提出了旅游经济效益的概念,对旅游经济效益的主要内容、评价和影响因素以及提升路径进行了较为系统的探究,指出旅游经济效益应该包括旅游微观经济效益、旅游宏观效益和旅游社会效应三个方面。对不同方面旅游经济效益的评价应该采用不同研究方法和指标体系,其影响因素可能包括旅游者收入、旅游消费结构、旅游产品价格、旅游资源开发状态、旅游管理体制等。随着中国旅游产业的快速发展和产业地位的稳步提升,正确认知二者的关系及其协调状态成为重要研究命题。王立刚等(1980)基于对当时经济发展背景的分析,认为旅游对中国国民经济发展具有重要作用。然而二者是否存在必然联系,有待实践和数据检验。为了验证二者的关系,闫敏(1999)通过借鉴经济学研究中的投入-产出分析法验证了中国旅游业与国民经济之间存在着联系,但是旅游产业发展与国民经济的关系与二者的发展阶段有关。部分国内研究者通过对不同经济体制下的旅游产业与经济发展截面数据的分析,认为旅游产业的发展与各国经济发展水平有高度正向相关性(苏振,2010)。而旅游产业和经济发展始终处于不断发展之中,从时间动态视角探究二者协调发展的演化过程及规律也许可以更好地探究二者的内在关系(丁红梅,2013;王雪纯,2018;黄东明,2018)。此后,众多学者基于不同尺度和时间跨度开展了大量的实证检验(邹晓明,2007;生延超,2009;王兆峰,2019;轩源,2020;刘丹丽,2018),以上研究均有效支持了旅游导向型经济增长假说。国内有关旅游经济增长效应理论的引进和检验方面,赵磊(2012)首次从方法论的视角对国外旅游导向型经济增长假说进行了全面的梳理和介绍,并初步构建了中国TLGH理论和实证研究框架,他通过系列论文证实了TLGH在中国的存在性,同时基于中国旅游经济发展的特殊性发展了旅游导向型经济增长假说,如非线性门槛约束机制等(赵磊,2013,2015,2017)。赵磊关于旅游促进经济发展的理论与实证检验的探究为本书探究县域旅游经济增长效应提供了有效保障。

本书主要将旅游经济增长效应理论特别是旅游导向型经济增长假说(TLGH)作为指导县域旅游经济增长效应及其传导路径与非线性门槛机制理论推导和实证检验的基础理论。

二、新经济地理学空间溢出思想

亚当·斯密(Adam Smith,1776)最早提出经济增长理论的雏形,随后哈罗德(Harrod,1939)将凯恩斯自由贸易理论动态化。到20世纪40年代,多马(Domar,1946)和哈罗德(Harrod)相继提出增长理论模型。随后,输出基础理论、新古典增长理论等比较有代表性的经济增长理论相继被提出。20世纪80年代中期以来,经济增长理论出现了新的突破,以罗墨和卢卡斯为代表的学者将增长理论带入新的发展阶段,提出了新增长理论。在传统主流经济增长理论中,资本(资金、人力资本等)和技术等传统生产性要素被视为区域经济增长的关键条件,资本和技术的组合是导致区域经济发展差异的重要原因,将区域经济发展置于一个均质环境之中。而新增长理论则更多考虑区域发展环境的差异,将自然和人文环境、社会与经济发展水平甚至地理区位等都作为影响因素加以考虑。随着这些要素的加入,经济增长模型日益完善。1991年新贸易理论的杰出代表克鲁格曼发表了《报酬递增与经济地理》一文,首次提出新经济地理学这一概念(Krugman,1991)。其被称为"新"经济地理学的原因是相对于传统的经济地理学研究而言,新经济地理学强调从空间维度视角利用经济学的理论和方法探究经济地理现象,试图解决传统经济学在分析区域经济现象时对空间关联的忽视。新经济地理学理论是克鲁格曼在规模报酬递增理论和垄断竞争理论的基础上提出来的。从某种意义上讲,新经济地理学是20世纪90年代形成的传统空间分析和区域科学的继续(Martin,1996),因此新经济地理学也可称为"新"区域科学(Clark,2005)。

新经济地理学理论认为,规模报酬递增规律是引起经济活动空间集聚的最为本质的经济力量,通过货币外部性和技术外部性两种特性实现经济活动的空间集聚,肯定了早期马歇尔的外部经济性思想。因此,无论是货币外部性还是技术外部性都体现了区域经济增长的溢出机制,反映了区域经济增长受到区域间要素流动、产业的投入产出联系和知识技术溢出等因素的影响。重要的学说和理论有极化-涓滴理论、经济外部性理论及距离衰减定律等。

(一)极化-涓滴理论

极化-涓滴理论是著名经济学家赫希曼提出的(Hirschman,1958)。他认为区域经济差异是客观存在且不可避免的现象,少量先天具有优势的区域通过要素的聚集发展成为经济发达地区,而其他区域因发展劣势成为经济较为落后地区,这种区域经济差异使得发达地区和落后地区之间形成了"中心-外围"空间依附关系,发达地区与落后地区在空间互动中产生了极化效应和涓滴效应(Hirschman,1958)。在其理论模型中,区域经济发展被划分为南方(经济不发达)和北方(经济发达)两个经济体,将北方对南方的负向和正向效应分别称为"极化效应"和"涓滴效应",但赫希曼认为涓滴效应最终会大于极化效应而占据优势,进而实现区域发展走向均衡。

1.极化效应

在区域发展过程中,由于区域间发展的不平衡,贫困地区的生产要素、技术和人力资本会向发达地区聚集,并使得发达地区发展成为区域增长极;同时,贫困地区则因技术、人力资本外流,经济发展竞争力显著降低,经济发展能力被削弱,成为边缘地区。在极化中心和边缘地区的相互作用过程中,极化中心因具有较为强势的经济发展势力,在市场竞争中处于有利地位,迫使边缘地区以高价格进口产品;同时,边缘地区由于生产力低下,在市场竞争中处于劣势地位,生产受到压制,进一步加剧了区域发展的极化效应。

2. 涓滴效应

涓滴效应又称利益均沾理论。该理论认为,在经济发展过程给予发达地区和欠发达地区同等的政策待遇,发达地区在发展过程中的投资溢出和消费也会给欠发达地区带来发展机会,如先进的管理模式、技术、经营方式、社会福利等会惠及欠发达地区,最终将推进欠发达地区社会经济发展。

在旅游产业发展过程中,旅游经济发达地区能够获得更多的旅游产业发展需要的技术、人力资源和资金投入,进一步发展为区域旅游产业增长极,导致周边地区旅游产业发展受阻;在市场竞争中,旅游经济发达地区凭借较好的基础条件和旅游品牌效应,可以获得更多的市场份额,导致旅游经济欠发达地区市场份额受到限制。在区域旅游发展过程中,旅游经济发达地区给旅游经济欠发达地区提供大量的就业机会,一定程度上有利于解决旅游经济欠发达地区居民的就业问题;同时,由于旅游流动,发达地区的旅游发展理念、发展模式和产品设计等被欠发达地区汲取,一定程度上促进了欠发达地区旅游经济水平的提升(见图2-2)。

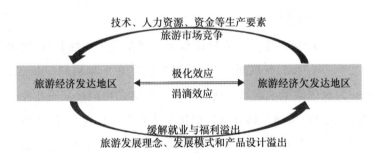

图2-2　极化-涓滴理论对区域旅游发展影响的理论模型

(资料来源:根据相关理论作者自绘。)

(二) 经济外部性理论

经济外部性理论是新经济地理学的重要分支学说,相对旅游经济增长理论更加强调内生性要素而言,经济外部性理论考虑到外部环境对经济的影响。该理论认为:A地区(企业)的发展和决策行为可能会对B地区(企业)造成影响,但是B地区(企业)不用为这种溢出支付任何成本,这样就形成了外部性。在经济学中我们也称经济外部性为溢出效应或者外部效应。当然经济外部性可能是正向积极的(见图2-3(b)),如A地区(企业)在基础设施建设投入、改善区域经济发展环境过程中,B地区(企业)也在其中受益,减少了B地区(企业)的经济成本;也可能是消极负面的(见图2-3(a)),如上游污水排放会对下游生活环境造成污染,而下游并未获得相应补偿。在旅游经济活动中这种外部性同样存在,邻近区域内具有更高品质旅游资源的旅游景区会对周边旅游景区的发展产生"屏蔽效应"。该理论对解决区域旅游经济协同发展具有重要指导意义。

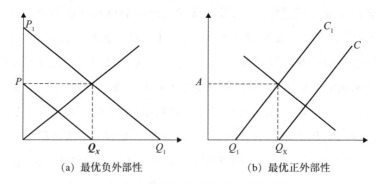

(a) 最优负外部性　　　　(b) 最优正外部性

图2-3　经济外部性理论模型

(资料来源:根据相关理论作者自绘。)

(三) 距离衰减定律

托布勒在1970年基于美国底特律城市发展演化过程的分析,提出任何事物和现象之间都存在相互联系,但距离越近相互联系越强(Tobler,1970),这一规律被称为地理学第一定律。该理论认为距离是影响区域间相互作用的重要变量,是导致经济活动空间分异和变化的重要指示性要素,距离对于要素或者事物之间的相互作用效果存在空间衰减规律。距离越近,要素或者事物之间的空间联系更加密切;随着距离的增加,空间相互关联的强度就会减弱;达到一定距离后,要素或者事物之间的相互作用关系可能消失(见图2-4)。在该理论中,距离代表的是经济活动要素或者事物之间的相对位置,这个距离可以是地理距离,也可以是时间成本,还可以是制度距离、文化距离、信息距离、心理距离等。从本质上讲,这里的距离就是指要素或者事物之间形成空间关联的成本。

本书利用新经济地理学空间溢出思想及其主要学说(极化-涓滴理论、经济外部性理论和距离衰减定律)为山区县域旅游经济增长的空间溢出效应模型构建、山区县域旅游经济增长效应空间溢出衰减规律的理论构建和实证分析提供理论支撑。

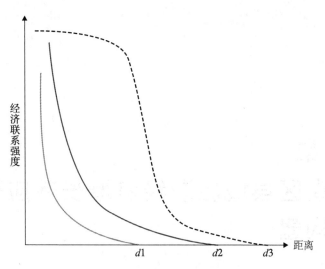

图2-4　距离衰减定律理论模型

（资料来源：根据相关理论作者自绘。）

第三章
山地省区县域旅游经济增长效应研究框架构建

结合既有理论基础,本章遵循"空间结构演化—空间溢出规律(溢出效应、衰减规律)—内在机理(传导路径、非线性机制)"的研究思路,逐一深入展开旅游经济增长过程及影响因素、旅游经济增长溢出效应及其衰减规律和内在机理(传导路径与非线性机制)等理论阐述,并进一步构建"**三大研究板块、七大研究问题和五大研究假设**"的山地省区县域旅游经济增长效应研究的框架。

第一节 研究框架构建的总体思路

一、研究思路

围绕本书的研究目标和研究问题,根据"空间结构演化—空间溢出规律—内在机理"的研究思路对旅游经济增长效应展开论述。本书中旅游经济增长效应研究主要包括如下几层含义:第一,旅游经济增长是否可以促进(抑制)区域经济发展水平(空间结构演化);第二,这种促进(抑制)效应是否存在经济外部性(空间溢出效应),有何变化规律(空间衰减规律);第三,旅游经济增长促进(抑制)区域经济发展水平的作用路径是什么(中介效应),是否存在非线性作用机制(门槛效应)。研究总体思路如图3-1所示。

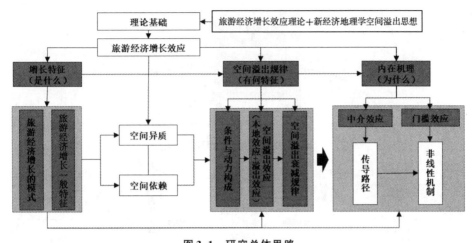

图 3-1　研究总体思路

(资料来源:根据相关理论作者自绘。)

二、研究逻辑关系

以旅游导向型经济增长假说(TLGH)和新经济地理学空间溢出思想(极化-涓滴理论、经济外部性理论、距离衰减定律)为理论研究起点,在分析旅游经济增长空间结构演化模式的基础上,聚焦影响因素、空间溢出规律及非线性传导机理三个核心命题,尝试系统探索山地省区县域旅游经济增长空间溢出效应的规律。据此绘制研究问题的逻辑关系,如图3-2所示。

第一,结合山地省区概念及特征、旅游经济增长概念,尝试初步提出旅游经济增长空间结构演化模式,并分析旅游经济增长的影响因素,证实山地省区旅游经济增长的空间异质性和空间关联性,为旅游经济增长的空间溢出及传导机理研究创造了客观条件(解决空间结构演化模式的问题)。

第二,在衡量旅游经济增长效应的研究中引入空间溢出效应、中介效应和门槛效应三个概念和模型。通过引入空间溢出效应解释旅游经济增长效应的存在性、外部性(对本地和周边影响效应大小)及空间衰减问题,主要为解决旅游经济增长效应的变化规律问题(有何特征的问题,即解决如何溢出的问题)奠定基础。通过引入中介效应和门槛效应为解释旅游经济增长效应的传导路径和内在驱动机制问题(解决为什么的问题,即如何传导、如何驱动的问题)奠定基础。

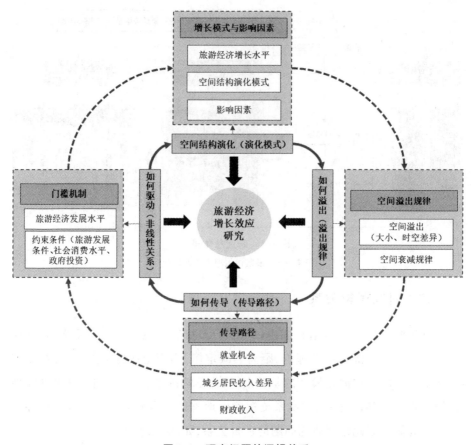

图 3-2 研究问题的逻辑关系

（资料来源：根据相关理论作者自绘。）

第二节 山地省区县域旅游经济增长模式及影响因素

山地省区县域旅游经济增长和演化过程与其所处的自然环境和社会经济条件密切相关，山地省区县域旅游经济发展除了受到区域经济发展水平、资本（人力资本和金融资本）、市场化水平等因素影响，独特的地理环境可能也是山区旅游经济发展的重要制约性影响因素。因此，本部分将从山地省区县域旅游经济增长的空间结构演化模式和独特性出发，阐述山地省区县域旅游经济增长模式及影响因素。

一、山地省区县域旅游经济增长的空间结构演化模式

山地省区县域旅游经济增长容易受到地形条件、旅游资源禀赋、交通条件、政策环境等外部条件的影响,旅游经济增长的空间结构演化过程必然与区域内旅游经济增长的模式密切相关。根据山地省区县域旅游经济增长的一般规律,可以总结出如下三种空间结构演化模式(见图3-3)。

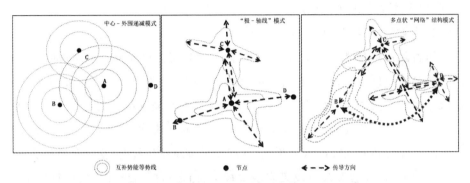

图3-3 山地省区县域旅游经济增长空间结构演化模式的理论模型
(资料来源:根据相关理论作者自绘。)

1. 中心-外围递减模式

当区域间地理环境相对均衡时,邻近区域之间人力资源、资本、技术和信息等要素相互流动,使得区域之间产生空间关联,并呈现出以溢出核心为中心呈等圆状向外围扩展的空间演化结构,随着距离的增加和在其他溢出核心的反作用下,其溢出效应不断减小直至消失,最终演化为中心-外围递减空间结构模式。在山地省区,部分少数中心地带凭借高质量的旅游资源禀赋和较好的旅游发展要素条件,旅游产业率先起步并发展成为区域旅游经济增长中心和旅游集散中心。由于山地省区的相对封闭性,核心区主要通过旅游流动对周边地带产生溢出效应。因此,山地省区县域旅游经济增长在旅游产业发展初期大多表现出中心-外围递减模式。

2. 极-轴线空间结构模式

在外界要素(如交通通道)以旅游流的形式介入,以及障碍因素的作用下,理想化的均质环境演变为由若干半封闭的地理空间、若干要素流动通道和其他障碍因素构成,在互补势能作用下,旅游经济增长在空间上则表现出向通道突出、趋障碍因素收缩的特征,空间结构从"点-面"扩散形态转变为若干轴线

连片的"极-轴线"扩散形态。在山地省区,随着区域可达条件的改善,旅游要素进一步向旅游经济中心集中,旅游发展要素最优地带通过极化效应,进一步发展为区域旅游经济增长极,其他次中心发展为若干旅游增长点。随着旅游流在交通通道及其两侧溢出,旅游经济增长极和增长点之间及其周边发展成为旅游经济增长带;其他区域因地形等自然条件和社会发展条件制约,旅游产业发展受阻。因此,山地省区县域旅游经济增长在旅游产业发展中后期大多表现出"极-轴线"空间结构模式。

3. 多点状"网络"结构模式

随着新信息传播媒介的加入,区域间的传递可达性不断提升;同时,区域间互补势能明显增强,建立起网络化的传递通道。在新的管理和开发模式下,区域之间的空间传递出现跳过其地理邻近地区和介质连接区域而对其他空间上不连续区域产生溢出,使得空间溢出呈现出多点状"网络"结构。当山地省区旅游产业发展进入较高水平阶段,区域发展环境整体提升,交通环境极大改善,在市场经济配置和政府政策宏观调控下,山地省区自然环境约束被抹平,区域旅游经济实现协同发展,进一步发展成为多点状"网络"结构模式。

二、山地省区县域旅游经济增长的影响因素(独特性)分析

第一,地形阻隔导致山地省区县域旅游经济呈现出"小、散、特"的特征。地形阻隔是山地省区最重要的地理特征,由于山地省区自然地形环境的天然阻隔和山水切割,山地省区旅游经济发展表现出显著的封闭性。由于旅游资源指向性特征,山地省区旅游经济发展成为对外相对封闭、特色显著、分布较为分散的若干个地理"孤岛"。地形阻隔成为山地省区旅游经济空间溢出和拓展的重要阻力,导致山地省区县域旅游经济呈现出"小、散、特"的特征。

第二,旅游资源的空间聚集性与同质性导致山地省区县域旅游经济表现出资源指向性特征。旅游资源是旅游经济发展的基础和前提,而山地省区旅游经济发展则更加依赖其所在区域山地自然塑造和山地居民人文环境所形成的旅游资源。从山地省区旅游资源的分布规律上看,大多数山地旅游资源以地文景观为载体,由山地自然旅游资源、人文旅游资源以及其他多种旅游资源组合而成。山地旅游资源常与山脉和河(峡)谷分布区、少数民族聚居区在空间分布上表现出一致性,且山地旅游资源开发难以摆脱自然地貌格局限制(刘安乐,2017)。在一定的地理单元内山地旅游资源在空间分布上表现出一定的

空间聚集性和同质性,进而导致山地省区县域旅游经济有显著的资源指向性特征,部分地区因发展战略失误,甚至出现"资源诅咒"问题(杨懿,2015)。

第三,要素流动通道制约了山地省区旅游经济腹地扩展,导致山地省区县域旅游经济格局呈现出显著的通道效应。山地省区交通长期处于国家交通建设发展的边缘节点和末端节点,受自然地理环境和经济发展水平的限制,外部可进入性较差,外部交通形式一般较为简单,对外交通难以形成复杂网络结构(刘安乐,2018),从而导致旅游目的地与客观市场的沟通不畅,制约了区域旅游开发与经济腹地扩展。随着山地省区经济建设和文化交流不断加强,山区交通建设一定程度上打破了原有的地形阻隔形成的相对空间封闭性,引导旅游要素流沿重要通道扩展和溢出,使得山地省区县域旅游经济空间格局扩展形态呈现出通道指向性特征。

第四,山地省区县域旅游经济发展表现出典型的政府政策依赖性。山地省区市场经济体制相对不完善,政府引导特性明显,山地省区经济发展在自发市场经济中难以获得生产要素(资金、技术、劳动力)的聚集。政府基于"公平原则",强化对山地省区的政策支援。因此,政府政策倾斜较多的区域,获得额外的生产要素,进而形成若干产业发展集聚区;其他区域则未能获得相同的发展。此外,旅游产业发展具有显著的外部经济依赖性,强有力的政府政策倾斜能极大地改变区域的资本投入、基础设施条件和人力资源水平,使得山地省区县域旅游经济发展表现出典型的政府政策依赖性。

第三节　山地省区县域旅游经济增长空间溢出与空间衰减规律

本部分在前文分析旅游经济增长模式及影响因素基础上,对山地省区县域旅游经济增长空间溢出的形成条件及动力构成、旅游经济增长空间溢出效应的形成机理、旅游经济增长空间溢出效应的空间衰减规律等问题进行理论阐述。

一、山地省区县域旅游经济增长空间溢出的形成条件及动力构成

由于区域旅游经济的开放性和流动性,旅游经济增长的空间溢出可以通

过区域之间资金、技术和信息的交流以及在空间关联网络中区域之间相互影响的过程中实现传导。根据空间相互作用关系理论(覃成林等,1996),本书尝试从旅游经济增长与扩散相互作用视角分析其空间溢出的形成条件及动力构成(见图3-4)。

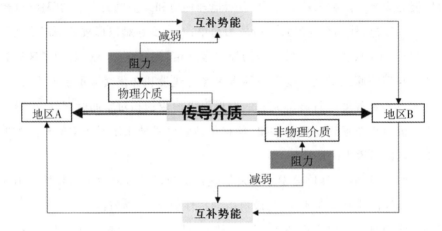

图3-4 山地省区县域旅游经济增长空间溢出的形成条件及动力构成
(资料来源:根据相关理论作者自绘。)

第一,旅游经济增长空间溢出产生的原动力是区域互补势能。区域在发展过程中因资源要素的差异导致区域发展不平衡。在相对封闭的山地省区发展环境中,不同区域旅游经济增长过程中存在资源、技术、人力及信息要素差异,这种发展的差异与不均衡构成了区域间的空间异质性和空间关联性,这从客观上为经济增长的自然溢出提供了原始动力势能。而只有区域之间存在差异互补性和关联性,空间的经济效应的传导才得以产生。

第二,旅游经济增长的空间溢出还需要区域之间存在传导介质。一般用传导可达性衡量区域之间物质和信息交换的效率。传导可达性与区域之间的物理可达性(交通可达性)、经济可达性(经济关联)和社会可达性(文化和社会关联)有关。总之,区域间的传导可达性越好,区域的空间溢出就会越强烈。在山地省区,由于其旅游经济发展环境的相对封闭性,区域之间的传导可达性明显小于其他区域,且其传导可达性通常与其物理可达性成正比,因而空间溢出效应的地理空间衰减特征更加显著。此外,区域间的溢出还存在非物理关联的传导介质,可通过"开发模式"不断复制,在不同地域之间形成类似的产业聚集和产业关联,进而实现跨空间的溢出。

第三,旅游经济增长的空间溢出受到区域之间阻力的影响。这种阻力大小与经济发展水平、地形阻隔、政策准入准则、社会环境、开发模式等因子密切相关。区域间空间溢出的互补势能越强,越能绕过干扰因子形成区域空间溢出。当阻力大于区域互补势能,则空间溢出就不会发生。依据前文阐述的山地省区旅游经济的特殊性,山地省区旅游经济空间溢出的阻力因子更多表现为地形阻隔(交通通达条件)、政策准入等要素的影响。

总之,山地省区旅游经济增长的空间溢出遵循一般区域空间溢出的形成条件及动力构成规律,但是在传导介质指向和阻力作用上存在差异。

二、山地省区县域旅游经济增长空间溢出效应的形成机理

1.根据赫希曼的极化-涓滴理论解释

区域经济差异是客观存在且不可避免的现象,少量先天具有优势的区域通过要素的聚集发展成为经济发达地区,而其他区域因发展劣势成为经济较为落后地区,这种区域经济差异使得发达地区和落后地区之间形成了"中心-外围"空间依附关系,发达地区与落后地区在空间互动中产生了极化效应和涓滴效应(Hirschman,1958)。在旅游产业发展初期,在"效益最大化"原则的指引下,部分区域凭借资源禀赋、区位条件、经济基础等优越条件发展为旅游经济发达区,获得资金、劳动力和技术要素聚集并成为旅游经济增长中心,进而实现对本地和周边地区经济发展的促进作用。旅游经济发达区聚集水平达到一定程度后,开始出现交通拥挤、旅游产品供需不匹配、旅游服务和环境质量下降等问题,进而出现聚集不经济现象。为了提高产业发展效率,部分资本逐步向邻近相对落后地区流动和扩散,资金、先进的管理经验和技术在游客流动过程中被带到相对落后地区(王松茂,2020),旅游经济发展对周边地区经济发展的促进作用逐渐增强。由于旅游具有事业性和产业性双重属性,基于"公平性"原则,政府通过政策杠杆加大对落后地区在资本投入、基础设施改善、人力资源培育等方面的倾斜,进而形成了旅游经济增长的涓滴效应,一定程度上也有利于区域经济发展。

2."模仿—竞争—协同"传导效应

在旅游产业的起步阶段,部分地区利用资源禀赋实现快速发展,成为旅游"示范区",促进周边区域有组织(政府引导)或者无组织(市场自发)地跟进,区域内建立起大量旅游目的地。随着这种区域"模仿效应"的累积,目的地之间

不可避免地形成了客源竞争问题,导致某一区域的发展客观上对周边区域旅游发展造成干扰,如高级别旅游目的地对周边同质旅游目的地的屏蔽效应(李雪松,2011;李丽丽,2014)。这种"竞争效应"促使周边旅游目的地走向两种结果:第一种任由发展,因客源被挤压而走向消亡;第二种通过资源整合、旅游产品提升和错位发展,实现区域旅游转型。无论是走向消亡还是转型,旅游目的地均是通过空间相互作用实现区域合理协同。这一传导过程分析显著地指出了旅游经济增长具有明显的空间溢出效应。

结合前文理论构建,提出如下两个研究假设:

假设1:山地省区县域旅游经济增长对区域经济发展存在空间溢出效应。

假设2:山地省区不同发展阶段和地理单元县域旅游经济增长对区域经济发展的空间溢出效应存在差异。

三、山地省区县域旅游经济增长空间溢出效应的空间衰减规律

地理学第一定律认为空间邻近单元之间的空间依赖性和相关性高于距离较远或者不邻近区域(纪小美,2015)。

第一,从旅游产业发展属性上看,旅游经济表现出显著的综合性、不可存储性和流动性。因旅游产业的综合性,旅游产业的快速发展可以推动和引导其他产业联动发展,形成本地产业的乘数效应;同时,旅游发展表现出显著的"用脚投票"的流动性经济特征,其产业输出主要通过客流、信息流、资金流等要素流动实现,而要素流动过程中因为传导环境的干扰必然出现信息的偏差。随着距离不断增加,提高要素流动性和信息准确性的难度必然增大,这种流动扩散过程毫不例外地趋向于空间邻近地区(赵磊等,2014),进而形成空间上的衰减。

第二,从产业发展环境上看,当前很长一段时间内中国区域经济发展最大的特征就是区域发展不均衡和不平稳问题,旅游产业经济发展也不例外。具体而言,由于区域旅游资源分布、交通连接情况、主题定位等差异的存在,旅游产业发展主体之间存在信息不对称问题,为了提高决策效率,服务行业中大多表现出"本地喜好"(余泳泽,2016),导致空间相邻地区的旅游溢出效应表现得更明显。

第三,从产业发展制度建设上看,受过去计划经济体制的管理惯性影响,旅游经济溢出还可能受到地方保护主义、行政边界分割、同质竞争的约束(袁

华锡等,2019;刘震等,2022),旅游经济增长的空间溢出效应最终表现出空间衰减的特征。

综上,山地省区县域旅游经济增长空间溢出效应的空间传导过程最终表现为从邻近地区向外围空间衰减,并最终形成地理边界,但是这种边界形态与山地省区地理环境、资源分布、交通条件、经济差异和空间网络关系有关。根据约束条件差异,空间溢出的大小及距离随之发生变化。因此,本书尝试在给定不同距离阈值 D 情况下构建空间邻近矩阵,评估县域旅游经济增长空间溢出效应随着地理距离变化而变化的过程,并绘制理论曲线(见图3-5)。

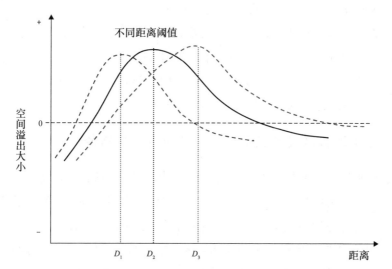

图3-5　县域旅游经济增长空间溢出效应的空间衰减规律曲线

(资料来源:根据相关理论作者自绘。)

结合上述理论构建,提出如下研究假设:

假设3:山地省区县域旅游经济增长的空间溢出效应可能存在地理边界,随着距离增加空间溢出效应衰减存在一定的规律性。

第四节　山地省区县域旅游经济增长传导路径与非线性机制

在旅游增长促进区域经济发展相关的既有理论和实践之中,纵然存在一些质疑,但是国内外研究学者对于旅游导向型经济增长假说(TLGH)具有较高认同。赵磊等(2013,2017,2018)在基于中国案例的系列研究中,引入空间计量视角证实了TLGH在中国的合理性,同时也指出中国旅游发展与经济增长之间存在着非线性关系。这一研究结论在不同尺度和发展阶段的样本研究中得到证实(黄潇莹,2014;李丽霞,2019;吴媛,2019)。基于这一可信的事实,本书在本章第三节基于理论分析认为,山地省区县域旅游经济增长存在空间溢出效应,同时指出以山地(山区)占有绝对优势的县域,其县域旅游经济增长效应可能存在时空异质性(非线性)。随着TLGH不断被证实和丰富,本书提出如下两个问题:旅游经济增长是通过何种传导路径对区域内其他产业和区域外部的其他经济主体产生影响的,其传导机制如何;山地省区县域旅游经济增长对区域经济的影响是否存在非线性关系。

本节在借鉴路径依赖理论和门槛效应理论基础上,结合山地省区县域旅游经济发展的特殊性,明确分析中介传导因素,进一步阐述在不同的传导介质下旅游经济增长对区域经济发展影响的中间传导机理,论证山地省区县域旅游经济增长空间传导的非线性关系的阈值条件。

一、山地省区县域旅游经济增长效应传导路径的识别

旅游业作为一种复合型服务型经济产业,旅游经济增长效应探究从其进入经济研究的视野开始,就和"创汇、促进就业、增收、刺激消费"等命题密切相关。县域经济是沟通城镇与乡村的重要中介,是以县城或者部分重要城市为中心节点,服务广大乡村为主的区域经济基本单元。同理,县域旅游经济具有类似产业属性,其既包含了以城镇为中心的旅游产业经济活动,也有发生在村寨、以乡村为主要场景的乡村经济现实。旅游经济如何影响经济发展,其传导路径是什么?本部分从如下三个方面来阐述。

第一,旅游经济通过对人力资源的"转移"与"供应"效应实现对经济发展的影响。旅游产业具有极强的产业关联和产业融合性,旅游产业的这一属性促进了其与第一产业、第二产业和其他服务业的融合发展(Kalnins和Chung,2004),如在旅游与农业、旅游与工业、旅游与现代服务业(如金融、文化等)的融合中形成了大量融合性产业业态,劳动力从原来的产业部门转移出来(Archer,1996),形成了较为显著的劳动力转移效应。同时,研究表明中国旅游业属于典型的劳动要素驱动型产业(左冰等,2008),旅游产业作为综合性现代服务业和劳动密集型产业,无论是在旅游资源开发还是旅游产业服务中均能够提供大量的就业岗位,同时通过上下游的产业关联,实现对人力资源的"吸纳"

与"供应"效应。对山地省区而言,县域经济发展水平滞后,产业结构单一,旅游产业发展可以有效改善县域经济结构,将大量劳动力从低效的农业生产中转移过来;同时,由于旅游业的发展,旅游餐饮、住宿、观光等要素活动能增加大量旅游就业岗位,这些就业岗位能为县域内就业人口提供新的机会。如韩颖和周黎明(2002)在其观察期的统计中发现约有23%的就业岗位是通过旅游产业直接或者间接提供的。有关人力资源供给与调配的经济意义在众多经济学理论中早已被证实。如亚当·斯密在其研究中把人力资源的规模和配置视为促进经济发展的源泉,包括随后的"人力资本投资模型""人力资本理论"都证实了通过促进人力资源水平提升的产业配置能够推动区域经济发展。因此,我们不难做出判断:旅游经济增长为社会提供有效岗位供给和实现对人力资源的调配,进一步影响区域经济发展水平。

第二,旅游产业发展通过抑制城乡居民收入差异影响经济发展。在广大山区脱贫攻坚过程中,旅游产业实践和相关研究有指向一个共识:总体上看,旅游产业发展可以减缓地区贫困(张大鹏,2018,2022;赵磊,2018;徐政,2021),增加居民经济收入,对于缩小城乡居民收入差异具有重要调节作用(邱守明,2018;王永明,2015;袁智慧,2014;李如友,2016)。根据新经济地理学关于产业集聚与区域经济发展作用机制的相关理论,由于旅游产业具有较大的流动性,这一定程度上有利于"旅游流"在区域内聚集与扩散,得益于要素流动,城乡发展差异有效缩小,进而实现区域经济均衡高质量发展。既有研究成果表明,旅游产业发展对区域收入差异总体呈现抑制作用,但是可能存在多重门槛机制(赵磊,2013;王明康,2018)。同时,也有不少学者指出,一些重要旅游目的地的旅游经济发展对区域内城镇居民收入正向效应更加显著,对乡村居民收入的影响较为微弱,这势必导致旅游经济发展扩大了城乡居民收入差距(马学峰,2013)。县域旅游经济作为调整城乡发展差距重要的经济产业,依托乡村旅游等产业形态,有效促进山区农民增收,缩小城乡居民收入差异(袁智慧,2014),旅游发展对缓解地区贫困发挥重要作用(李如友,2017);同时在产业发展非均衡性客观现实背景和城镇化驱动下,旅游产业趋向"聚集红利"(吴媛,2019)。总之,旅游产业发展通过抑制城乡居民收入差异实现对区域经济发展总体溢出的推论符合预期。

第三,旅游通过直接或者间接经济活动增加财政收入实现对经济发展的贡献。首先,旅游产业作为重要的产业经济部门,在接待国际旅客的旅游活动中可以实现直接创汇；国内旅游者的消费行为也会带来大量的旅游直接收益。此外，旅游者消费、旅游企业在经营过程中还产生旅游税收，这些都会给地方财政提供最直接的财政收入。其次，旅游产业因极强的产业关联和综合效应，能够有效地和其他产业融合发展，从而促进区域经济的发展。罗明义(2001)指出纵然具体旅游经济活动对财政收入贡献的测算十分复杂，但是其对财政收入的贡献不容忽视。随后张帆(2006)提出旅游对区域财政收入贡献测算的理论模型，并基于秦皇岛的发展事实进行测算检验，得出旅游直接贡献达6.4%，综合贡献达19.1%。实践和研究证明旅游产业发展能够形成高达十余倍自身投资量的边际收益，其对地方财政收入的贡献无论是理论上还是现实中都得到了行业认同。

对于山地省区而言，区域经济发展活力不足是山区持续发展的普遍问题。旅游业因其良好的就业与增收效应，一方面可以通过促进就业、增加居民收入等形式激发经济活力，实现财政增收；另一方面，与旅游产业关联的上下游行业或者横向关联行业，促进企业实现诱导性增收，同时也有助于改善山区区域经济产业结构，实现"结构红利"增收。在山地省区，由于长期以来的投资不足，通过发展旅游业，特别是与旅游资源开发与建设关联的工业材料建设部门和直接投资主体，与旅游运营服务关联的交通、住宿、购物等部门，基于旅游产业发展诱导的产业资本投入，以及旅游地产、通信、金融等行业部门，可以形成强大的产业结构链条，实现地方财政增收的乘数效应。事实已经证明：旅游业已经成为各级政府增加财政收入的"软黄金"。随着财政收入的增加，政府投资调控与配置能力显著提高，从而实现对区域经济发展的调节效应(冀雁龙，2022)。

值得说明的是，旅游产业通过对人力资源的"吸纳"与"供应"效应、调整城乡居民收入差异、直接或者间接促进财政增收，实现对经济发展水平的中介效应并非单一并行的路径，可能还存在多重链式中介路径。具体来看，旅游业通过提供和转移就业岗位，为区域内居民增收提供一条途径，实现产业富民效应，一定程度增加了区域消费需求，间接有利于区域财政增收效应；同时，由于人力资源在旅游产业的调配过程中有利于激发旅游企业的市场活力，而旅游企业经济活动可为区域经济发展提供更为稳定的财政税收，通过工资和分红等形式实现居民收入的提升。当然以上推断大多基于积极效应，旅游产业发展因为外部环境和发展阶段的差异可能产生消极中介效应。例如，在我国，由于城镇具有更为完善的社会服务功能,旅游产业经济直接消费和活动大多发生在城镇,而直接从事旅游服务的岗位也大多面向城镇,这就可能导致旅游经济发展扩大城乡居民收入差异。近年来,乡村旅游快速发展,部分农业人员通过旅游产业发展实现岗位转移或者直接实现就业,显著提高了乡村居民收入,这一差异得到有效调节。此外,若旅游产业发展与资源开发不匹配,可能诱导"去工业化""荷兰病""资源诅咒"等现象和问题。为了更加清晰地展现县域旅游经济增长对经济发展水平的中介效应,将中介效应影响路径绘制如图3-6所示。

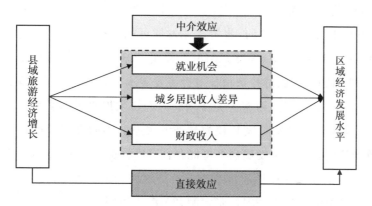

图3-6 县域旅游经济增长对经济发展水平的中介效应

(资料来源:根据相关理论作者自绘。)

结合前文理论推导,提出如下研究假设:

假设4: 山地省区县域旅游经济增长可以通过就业机会、城乡居民收入差异和财政收入的中介效应影响区域经济发展水平。

进一步分解中介效应路径为如下3个次级假设:

假设4a: 山地省区县域旅游经济增长通过增加就业机会促进区域经济发展水平提升。

假设4b: 山地省区县域旅游经济增长通过抑制城乡居民收入差异实现区域经济发展水平提升。

假设4c: 山地省区县域旅游经济增长通过增加财政收入实现区域经济发展水平提升。

二、山地省区县域旅游经济增长效应的非线性机制

既有研究已经证实不同发展阶段旅游经济增长对经济发展的影响存在差

异。由于山地省区旅游经济增长表现出显著的资源、市场和政策指向特征,旅游发展条件升级可能有效促进其经济效能的发挥,政府投资、社会消费等的增加可能导致其对经济发展的影响保持线性关系,但是旅游经济达到一定规模后,可能面临较大经济负担,出现旅游项目"烂尾",甚至对经济发展形成负向效应,具体表现如下:

第一,山地省区县域旅游经济增长对区域经济发展水平的影响存在自身发展水平的门槛效应。旅游经济发展水平差异影响其对区域经济发展水平的溢出效果,不同发展水平的县域旅游经济增长对区域经济发展水平的影响可能存在线性差异。既有研究发现,县域旅游经济增长对区域经济发展水平的积极影响并非永远是线性的,旅游产业发展可能存在"荷兰病"(杨懿,2015,2017)或"去工业化"现象(左冰,2015;苏建军,2019),这些现象产生的背后指向一个重要问题——旅游经济增长对经济发展水平的影响存在自身门槛效应(Eugenio-Martín,2004),即旅游经济增长对经济发展水平的影响过程与旅游经济的发展水平和发展阶段有较为显著的关系。不同发展阶段和发展水平下,旅游经济增长与经济发展水平可能存在"U"形或者倒"U"形或者多重曲线关系,这一结论在基于中国省区或重要经济区的面板数据中得到检验(赵磊,2013,2017,2018;衣传华,2017;张大鹏,2018;王康明,2018;吴媛,2019;徐政,2021;冯志成,2020;丁正山,2020;冀雁龙,2022)。在研究中我们也关注到,旅游产业发展与资源开发的不匹配,导致旅游产业对旅游资源过度依赖而产生挤出效应,掉入了"资源诅咒"陷阱(左冰,2013;邓涛涛,2019)。

第二,山地省区县域旅游经济增长对区域经济发展的影响存在旅游发展条件、社会消费水平、政府投资约束的门槛效应。前文研究指出县域旅游经济增长与其所处的自然和社会发展背景密切相关,县域旅游经济发展特别是山地省区县域旅游产业发展表现出较为显著的资源指向和市场、政策扶持依赖性(刘安乐,2021)。旅游资源、旅游基础设施作为旅游产业发展的重要内在条件,其条件的高低制约了县域旅游经济增长对区域经济发展水平的影响效应。具体表现为:在旅游产业发展初期,拥有高质量旅游资源的县区更容易获得高效率的物质性投资青睐,旅游产业通过旅游资源开发、旅游基础设施建设和在旅游者"尝鲜"效应的影响下,依托旅游产业综合联动带动效应,实现区域经济发展水平的促进作用;而随着旅游产业不断发展,外生支撑要素对县域旅游经济的支撑、调控和刺激效应更加突出。在市场影响和政府调控下,县域旅游经济增长表现出更加明显的市场和政策指向特征。理论上,政府持续投资,社会消费需求旺盛、旅游市场向好,旅游经济增长促进区域经济发展会持续保持线性关系。但是旅游投入量一旦超过区域财政能力,可能面临较大经济负担,甚至出现旅游项目"烂尾";由于投入难以跟进,旅游产品的质量和多样性难以得到保证,旅游客流相应减少,这在一定程度上导致旅游基础设施的结构性浪费,甚至导致对经济发展形成负向效应。结合前文理论推导,提出如下研究假设:

假设5:山地省区县域旅游经济增长对区域经济发展水平的影响效应可能存在非线性关系。

具体包括:

假设5a:山地省区县域旅游经济增长对区域经济发展水平的影响存在自身发展水平的门槛效应。

假设5b:山地省区县域旅游经济增长对区域经济发展水平的影响存在旅游发展条件约束的门槛效应。

假设5c:山地省区县域旅游经济增长对区域经济发展水平的影响存在社会消费水平约束的门槛效应。

假设5d:山地省区县域旅游经济增长对区域经济发展水平的影响存在政府投资约束的门槛效应。

第五节　研究的框架

前文从理论推理的视角逐一回答了山地省区县域旅游经济增长的特征是什么(是什么,即空间结构演化模式与影响因素)、山地省区县域旅游经济增长空间溢出有何规律(有何特征,空间溢出效应大小与空间衰减规律)、山地省区县域旅游经济增长效应的内在机理(为什么,传导路径与非线性机制)等问题。为了进一步理清三个主要研究问题的内涵、区别与内在关联,为后文实证检验提供理论依据,将其理论阐述及其框架构建如图3-7所示。

第一,形成了山地省区县域旅游经济增长效应的三大研究板块。具体包括空间结构演化(是什么)、空间溢出规律(有何特征)、内在机理(为什么)。

第二,设计了山地省区县域旅游经济增长效应的七大研究问题。具体包括空间结构演化模式、独特性(影响因素)、空间溢出存在性及大小、空间溢出

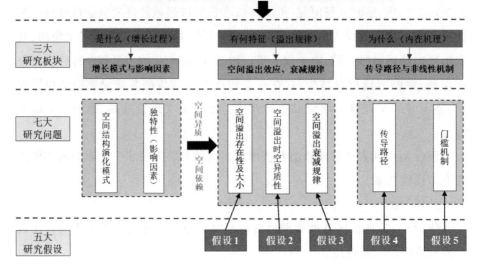

图 3-7 山地省区县域旅游经济增长效应的研究框架

（资料来源：根据相关理论作者自绘。）

时空异质性、空间溢出衰减规律、旅游经济增长效应的传导路径、旅游经济增长效应的门槛机制。

第三，提出了山地省区县域旅游经济增长效应的五个研究假设。具体包括：假设1，山地省区县域旅游经济增长对区域经济发展存在空间溢出效应；假设2，山地省区不同发展阶段和地理单元县域旅游经济增长对区域经济发展的空间溢出效应存在差异；假设3，山地省区县域旅游经济增长的空间溢出效应可能存在地理边界，随着距离增加空间效应衰减存在一定的规律性；假设4，山地省区县域旅游经济增长可以通过就业机会、城乡居民收入差异和财政收入的中介效应影响区域经济发展水平；假设5，山地省区县域旅游经济增长对区域经济发展水平的影响效应可能存在非线性关系。

第四章
山地省区县域旅游经济增长效应评价模型与案例选择

为了更好地检验山地省区县域旅游经济增长效应的理论构想,本章首先引入旅游经济增长评价模型(改进熵值法、标准差与变异系数、重心模型和地理探测器模型)、空间溢出效应及其空间衰减边界评价模型(探索性空间数据分析方法、空间面板杜宾模型、时空地理加权回归模型)、传导路径与门槛机制模型(中介效应模型、门槛效应模型),构建山地省区县域旅游经济增长评价指标体系,并确立研究变量,形成典型山地省区县域旅游经济增长效应研究评价模型。其次,对案例的选择理由与代表性、案例的空间尺度和时间跨度进行了阐述,选择以山地省区为本书研究空间范围,县域为研究尺度,确定贵州省88个县级行政区2010—2020年的数据作为研究时间范围,并对贵州省地理区位和旅游发展概况进行了介绍。以上为后文实证检验奠定数据与模型基础。

第一节 旅游经济增长评价及影响因素

构建旅游经济增长评价模型主要为了分析旅游经济增长的态势、增长过程及影响因素,总结山地省区旅游经济增长模式及影响机理(独特性),揭示山地省区旅游经济增长的空间关联与空间异质性特征,为后文进一步开展空间溢出效应、传导路径与门槛机制研究提供基础状态资料。

一、旅游经济增长评价

(一) 改进熵值法

熵值法是一种综合评价方法,较多应用于复合指标评价中。其因仅考虑数据关系,具有客观性而被广泛使用。该方法在处理面板数据过程中,确定权重时在纵向上违背"保序"原则和内部关联,运用熵值法提供的极差无量纲化可以保证同一时间不同研究对象的结果比较,但是不同时间不同研究对象的纵向比较位序在无量纲化中被割裂。因此,其在处理时空面板数据时采用无量纲化确定权重过程中忽略了纵向(时间上)原有位序关系,导致计算结果在时间序列上的测评误差。确定权重是进行综合评价的关键,无量纲化作为综合评价的前置步骤,是影响权重的重要因素,无量纲化处理的规范化和合理程度决定最终测评结果的准确性。目前已有研究成果通过极值无量纲化计算权重后,大多采用多年权重平均值(高楠,2015)、单个研究年份分别计算权重(郭政,2020),甚至部分研究成果未报告不同年份权重处理过程。总之,采用这种处理方式无不发现一个共性特征:随着时间变化,同一研究对象(区域)的测评值大多数呈现下降态势,这明显是不符合现实的。不论是理论推导和还是实证验证,均说明熵值法作为综合测评方法在截面数据中具有较好效果,但是在面板数据中无法实现降维,忽略了纵向(时间上)原有位序关系,导致计算结果在时间序列上的测评误差。

为了更加准确地评价不同研究区域在空间差异和时间演化上的位序特征,王常凯等(2016)在《统计与决策》刊发论文提出的"纵横向"拉开档次法,有关无量纲化的改进思路及有效性论证对解决时空位序不可比问题具有显著效果。为了确保时空面板数据各个指标在时间序列和空间维度上均具有可比性,本书借鉴王常凯等的改进思路,对熵值法进行改进,具体改进步骤如下。

(1)基于"纵横向"拉开档次法的无量纲化。

正向指标:$x_j^*(t_k) = \left[\dfrac{(x_j(t_k) - x_j^{\min})}{(x_j^{\max} - x_j^{\min})}\right] + 0.001$,$j = 1, 2, \cdots, n$ (4-1)

负向指标:$x_j^*(t_k) = \left[\dfrac{(x_j^{\max} - x_j(t_k))}{(x_j^{\max} - x_j^{\min})}\right] + 0.001$,$j = 1, 2, \cdots, n$ (4-2)

式(4-1)、式(4-2)中,$x_j^*(t_k)$为某时刻t_k内第j项指标的标准化数值;$x_j(t_k)$为某

时刻 t_k 内第 j 项指标的原始数值;$x_j^{\min}$ 为所有时间序列中第 j 项指标的最小值;$x_j^{\max}$ 为所有时间序列中第 j 项指标的最大值(刘安乐,2021)。

(2)根据熵值法计算步骤,得到该系统的综合发展得分,其公式如下:

$$\mathrm{TE}=\sum_{j=1}^{n}x_j^*(t_k)\times\sum_{j=1}^{n}W_j,\quad \sum_{j=1}^{n}W_j=1 \qquad (4-3)$$

式(4-3)中,TE 为区域旅游经济增长水平系统的综合得分;n 为指标数量;W_j 为熵值法确定的第 j 项指标在时间序列内的平均权重(刘安乐,2021)。

(二)标准差与变异系数

标准差用于探究研究区域旅游经济增长水平值与其平均值的离差的差异大小,能够反映区域内部旅游经济增长水平的离散程度。一般而言,各区域旅游经济增长水平的标准差越大,表示其绝对差异越大。其计算公式如下:

$$\mathrm{STD}=\sqrt{\frac{\sum_{i=1}^{M}(\mathrm{TE}_i-\overline{\mathrm{TE}})^2}{M}} \qquad (4-4)$$

为了消除数据量纲差异带来的测量误差,引入变异系数探测县域旅游经济增长水平的相对差异。变异系数越大,表示其相对差异越大。其公式如下:

$$\mathrm{CV}=\mathrm{STD}/\overline{\mathrm{TE}} \qquad (4-5)$$

式(4-4)、式(4-5)中,STD 为标准差;CV 为变异系数;TE_i 为 i 县区旅游经济增长水平系统得分;$\overline{\mathrm{TE}}$ 为贵州省县域旅游经济增长水平指数均值;M 为研究区域数量,$M=88$。

(三)重心模型

重心模型可以从宏观上衡量区域旅游经济增长水平的均衡特征。基于时空面板数据,计算不同时间区域旅游经济增长水平的重心变化轨迹,可以展示区域旅游经济增长水平的空间格局演进规律。为此,本节引入物理学中关于重心的概念,并运用于反映贵州省县域旅游经济增长重心的时空演化格局之中,具体公式如下:

$$X=\sum_{i=1}^{M}\mathrm{TE}_i x_i \bigg/ \sum_{i=1}^{M}\mathrm{TE}_i,\quad Y=\sum_{i=1}^{M}\mathrm{TE}_i y_i \bigg/ \sum_{i=1}^{M}\mathrm{TE}_i \qquad (4-6)$$

式(4-6)中,X、Y 分别代表县域旅游经济重心的经度和纬度;x_i、y_i 分别代表 i 县域行政中心的经度和纬度;其他与前文一致。

（四）地理探测器模型

地理探测器模型是王劲峰等（2017）提出的，他们通过"因子力（power of determinant）"度量指标，结合GIS空间叠加技术和集合论，形成了地理探测器模型。地理探测器的类型主要有：风险探测器（把相关的数据进行叠加，然后对比差异性是否显著，显著的因素对风险起主要作用）；因子探测器（用因子的解释力判断）；生态探测器（用方差比较）；交互作用探测器（协同作用、双协同作用、拮抗作用、单拮抗作用、相互独立）等。本书主要用它来探测旅游经济增长的影响因素。

其公式如下：

$$q = 1 - \frac{1}{N\alpha^2}\sum_{h=1}^{L}N_h\alpha_h^2 \tag{4-7}$$

式（4-7）中，q为自变量对因变量的解释力；L为自变量与因变量的分层数；N、α^2分别为案例地的样本数、方差；N_h、α_h^2分别为层h的样本数、方差。

二、旅游经济增长水平评价指标体系

现有研究多考虑采用旅游总收入、国内旅游收入、国际旅游收入等单一指标代理旅游经济增长水平（王洪桥，2014；胡文海，2015；陆保一，2018；朱怡婷，2019；陈勤昌，2019；陈晓艳，2020），但是考虑单一指标可能不能全面反映区域旅游产业发展的客观现实，本书尝试从旅游经济收入和旅游市场规模两个方面构建指标体系，综合评价旅游经济增长水平（见表4-1）。

表4-1 县域旅游经济增长水平评价指标体系

指标层	指标	单位	指标说明
旅游经济收入	T1旅游外汇收入	万美元	反映区域旅游外汇创收能力
	T2国内旅游收入	亿元	反映区域旅游国内经济收益
	T3旅游总收入占全省比重	%	反映区域旅游经济收入在省内地位
旅游市场规模	T4入境旅游人次	人次	反映区域入境旅游规模
	T5国内旅游人次	万人次	反映区域国内旅游规模
	T6旅游人次占全省比重	%	反映区域旅游市场规模在省内地位

三、旅游经济增长影响因素选择

根据古典主义经济学理论,区域经济发展水平是区域经济发展内生要素和政策规制共同作用的结果。山地省区旅游经济是区域经济的重要组成部分,其旅游经济发展必然受到区域经济发展水平、资本(人力资本和金融资本)、市场化水平、政策规制等因素影响(黄秀娟,2009;毛润泽,2012);同时,旅游经济增长和演化过程与其所处的自然环境和社会经济条件密切相关,产业发展依托的地理环境可能是旅游经济发展的重要制约性影响因素(史利江,2020;刘安乐,2021)。此外,旅游产业因其综合性,旅游经济增长还与其相关产业要素密切相关。既有文献发现,大多数学者均对旅游资源是旅游经济发展的基础性影响要素这一结论有较高认同(黄秀娟,2009;韩春鲜,2009;周玉翠,2010;刘佳,2012;彭健,2016)。同时,不少学者发现旅游资源促进旅游经济发展的同时存在空间错位现象,一旦利用和发展不当,甚至会面临"资源诅咒"问题(王玉珍,2010;张洪等;2015;常建霞等;2020)。交通基础设施对旅游经济的影响也被众多学者所证实(刘安乐,2017,2018)。

总之,旅游经济发展受到多重因素影响。为了能全面解释旅游经济发展的动力因子,刘安乐(2021)通过对近几年来有关旅游经济发展影响因素的文献资料的梳理和总结,发现不同学者讨论了旅游资源、接待能力、交通条件、政府投入、科技创新、人力资源、经济发展水平等对旅游经济发展的影响。值得关注的是,相对于中东部平原省区而言,山地省区大多具有相对闭塞、地理环境复杂多变、民族富集且多元的属性。山地省区固有的地理环境导致其在旅游经济发展过程中存在旅游资源较为丰富且极具开发潜力、产业经济起步较晚且发展相对滞后、交通和接待等旅游基础建设与产业发展不匹配、对政府投资或政策支撑的依赖性较强等特征。本章结合第三章有关山地省区旅游经济增长的理论框架探究,尝试分析旅游资源、旅游通达条件、旅游接待能力等内部要素的优化对旅游目的地吸引力、承载能力的影响和聚集-扩散效应,探究政府投入、产业结构、市场规模等外生支撑要素对区域旅游经济的支撑、调控和刺激效应(刘安乐,2021b),因而选择山地旅游资源(TR)、旅游接待能力(TRI)、交通条件(ROA)、政府投资(POL)、产业结构水平(STR)、社会消费水平(CON)等作为影响因子,如表4-2所示。

表 4-2 代理变量及其指标选择

变量	具体变量	指标选择及其主要参考依据
被解释变量	TE(旅游经济增长)	旅游综合增长水平指数
解释变量	TR(旅游资源)	加权 A 级旅游景区数(刘安乐,2021b)
	TRI(旅游接待能力)	加权星级酒店数和旅行社数(刘安乐,2021b;陈晓艳,2020)
	ROA(交通条件)	公路里程/面积(刘安乐,2021b)
	POL(政府投资)	政府固定资产投资量(王新越,2020)
	STR(产业结构水平)	产业结构升级系数(刘春济,2014)
	CON(社会消费水平)	人均社会消费品销售总额(陈晓艳,2020)

数据来源:旅游资源丰富程度按照 A 级景区级别以 5、4、3、2、1 为系数加权求和取得;旅游接待能力指数按照星级酒店星级等级以 5、4、3、2、1 为系数加权求和,再与旅行社数相加。

第二节 空间溢出效应及其空间衰减边界评价

空间溢出效应及其空间衰减边界评价是在分析旅游经济增长态势及其影响因素基础上,从空间视角进一步探究旅游经济增长效应的空间溢出规律问题,可以有效解释旅游经济增长本地效应、空间溢出效应及其时空变化规律,可以对山地省区旅游经济增长的空间关联与空间异质性特征进行进一步论证。

一、空间溢出效应评估方法

在探究模型与评估方法的选择上,为了在计量经济研究中体现新经济地理学对空间依赖性和空间异质性的分析,学者对空间计量模型依据截面数据进行了建模,进而演化出空间误差模型(SEM)和空间滞后模型(SLM)。到 20 世纪 70 年代后期,计量模型开始向时空模型(Bennett,1979;Anselin,1988)和混合模型演变(Burridge,1981)。随着离散型空间计量模型的不断发展,空间变系数回归模型(Fotheringham 等,1999)逐渐开发出来,如能够识别空间局部异质性的地理加权回归(GWR)模型,随后该模型又被黄波(2010)继续发展为时空地理加权回归(GTWR)模型。此外,包含因变量空间滞后项和自变量空间滞后项的空间面板杜宾模型(SPDM)也进一步开发出来(Elhorst,2013)。

由于旅游经济具有显著流动性和空间关联性特征,区域的旅游经济行为会无意扩散至周边或者关联区域,进而对该区域的旅游经济活动产生影响。旅游学者认识到了空间相关性与异质性效应对区域旅游经济增长的重要作用,试图从时间序列和空间上探究旅游经济的溢出现象。因此,空间计量经济学的模型被引入旅游经济空间溢出效应的分析中。空间计量模型的演变过程如图4-1所示。

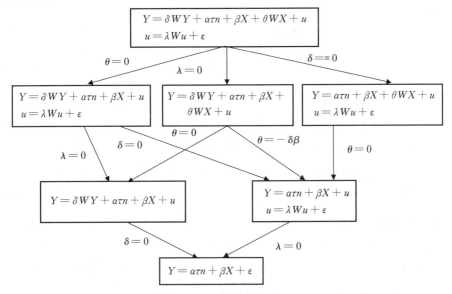

图4-1 空间计量模型演变过程

(资料来源:Halleck Vega 和 Elhorst,2013。)

旅游空间溢出效应的形成与发展会受到多重因素的影响,这些因素有的加快、有的延缓甚至制约溢出效应的发挥。目前在一般区域已经形成了部分旅游经济空间溢出的理论和实证检验研究成果,通过空间计量面板模型可以检验旅游经济增长空间溢出的强度与方向。通过微分分解还可以进一步了解旅游经济增长空间溢出的直接效应和间接效应。本书尝试基于山地省区县域旅游经济增长特殊性分析,构建山地省区县域旅游经济增长空间溢出效应评估模型,评估山地省区县域旅游经济增长空间溢出的强度与方向并分解其大小(直接效应、间接效应、总效应)。

二、空间溢出效应评价模型

(一)探索性空间数据分析(ESDA)方法

ESDA是探索研究区域发展要素的空间依赖性和相互作用机理的一种分

析方法,主要分全局空间自相关和局域空间自相关两种。本书运用全局莫兰指数(Global Moran's I)验证研究变量的全局关联性及其特征,用局域莫兰指数(Local Moran's I)验证研究变量所在单元与邻近区域的局域关联特征(Anselin 和 Kelejian,1997),具体公式如下:

$$I=\frac{n\sum_{i=1}^{n}\sum_{j=1}^{n}W_{ij}(X_i-\overline{X})(Y_j-\overline{Y})}{S^2\sum_{i=1}^{n}\sum_{j=1}^{n}W_{ij}},\quad S^2=\frac{1}{n}\sum_{i=1}^{n}(X_i-\overline{X})^2 \quad (4-8)$$

$$I_i=Z_i\sum_{j=1}^{n}W_{ij}Z_j \quad (4-9)$$

式(4-8)中,I表示全局空间自相关系数,取值范围为$[-1,1]$;当I大于0时,表示研究变量呈现空间正相关,即存在空间集聚现象;当其小于0时,表示研究变量呈现空间负相关,即存在空间分散现象;当其等于0时,表示分布相互独立。n为研究单元数量;X_i和Y_j分别是区域i和j的观测值;W_{ij}是空间权重矩阵W中的元素,以空间相邻性来定义,W_{ij}等于0或者1(1表示相邻,0表示不相邻);S^2为区域观测值的样本方差。

式(4-9)中,I_i表示局域空间自相关系数;$Z_i=(X_i-\overline{X})/S^2$,为$X_i$的标准化值;$Z_j$为与第$i$区域相邻的$j$区域属性标准化值。局域空间相关关系可划分为高-高(H-H)、低-低(L-L)、高-低(H-L)、低-高(L-H)四个类型(刘安乐,2021a)。

(二)空间面板杜宾模型(SPDM)

空间面板杜宾模型可以有效解释研究变量之间客观存在的空间关联和空间效应,在解释空间效应方面可以有效避免普通计量模型的漏损。鉴于此,本书选择空间面板杜宾模型来探究旅游经济增长的空间溢出效应。公式模型如下:

$$Y_{it}=\beta X_{it}+\rho\sum_{j=1}^{n}W_{ij}Y_{jt}+\theta\sum_{j=1}^{n}W_{ij}X_{jt}+\mu_i+\upsilon_t+\varepsilon_{it} \quad (4-10)$$

式(4-10)中,β为对应解释变量的回归系数;ρ是空间滞后自回归系数,表示区域之间影响的程度;θ为对应解释变量空间滞后项的回归系数;ε_{it}为随机干扰项;μ_i为个体固定效应;υ_t为时间固定效应;W_{ij}为空间权重矩阵W中的元素;t表示年份;i、j表示不同研究个体。此处介绍的是理论基准模型,具体检验模型根据指标选择的不同进行调整。

为了进一步探测区域空间溢出效应的大小,通过对空间计量模型进行偏微分分解,可以得出直接效应_Spat(对地区本身的影响)、间接效应_Spat(对邻近区域的影响)和总效应_Spat。

(三)时空地理加权回归(GTWR)模型

黄波(2010)在地理加权回归模型基础上提出了时空地理加权回归(GTWR)模型,该模型同时考虑时间和空间局部异质性,可以解决地理要素对被解释变量的时间和空间的非平稳性问题。

$$Y_i = \beta_0(u_i,v_i,t_i) + \sum_{k=1}^{m} \beta_k(u_i,v_i,t_i) X_{ik} + \varepsilon_i \qquad (4-11)$$

式(4-11)中,Y_i表示研究单元的被解释变量;(u_i,v_i)是研究单元行政中心的地理坐标(经纬度);t_i是观测年份;X_{ik}表示研究单元i的第k个解释变量;$\beta_0(u_i,v_i,t_i)$为常数项;$\beta_k(u_i,v_i,t_i)$为研究单元i的第k个解释变量的回归系数。

三、空间权重矩阵设定

空间权重矩阵的设定是空间计量分析的关键环节,一定程度上影响空间计量分析的结果。根据地理学第一定律,临近关系和距离是区域空间溢出的重要影响因素,因此本书构建了基于地理邻接关系、地理空间距离、交通可达性的地理距离三种空间权重矩阵,并构建了基于交通可达性的空间衰减权重矩阵。

(一)基于地理邻接关系的权重矩阵($W1$)

通过计算任意两个研究单元之间是否存在共同空间边界来判断二者的邻接关系。如果任意两个单元存在共同空间边界,则将二者的邻接关系定义为1,否则为0,最后共同组成88×88的空间权重矩阵,即基于地理邻接关系的权重矩阵($W1$),计算公式如下:

$$W1 = \begin{cases} 1, \text{研究单元}i\text{与研究单元}j\text{相邻} \\ 0, \text{研究单元}i\text{与研究单元}j\text{不相邻} \end{cases} \qquad (4-12)$$

(二)基于地理空间距离的权重矩阵($W2$)

基于地理邻接关系的权重矩阵($W1$)只能反映任意两个相邻地区间的空间关系,不能反映不相邻(不同空间距离)地区之间的空间关联关系,因此,本书引入基于地理空间距离的权重矩阵($W2$),其设计思想就是任意两个研究单

元之间的空间距离越近,则二者的关系越密切。本书采用任意两个研究单元空间距离的倒数来反映二者的关系。计算公式如下:

$$W2 = \begin{cases} 1/d_{ij} & (i \neq j) \\ 0 & (i = j) \end{cases} \quad (4-13)$$

式(4-13)中,d_{ij}为研究单元i与研究单元j之间的空间距离。在计算空间距离时,本书采用任意两个研究单元的欧氏距离作为计算标准。

(三)基于交通可达性的地理空间距离的权重矩阵($W3$)

在山区,空间上的邻近难以表述其一定存在空间的关联性,如在贵州山区地方流传的一句俗语"讲话听得见,走路大半天"。这是由于地理环境特别是山地峡谷阻隔,空间关联更多依靠有效交通关联。交通网络的改善一定程度改变了区域节点之间的空间关联关系,节点之间的地理空间直线距离并不能反映其真实的空间关系,因此通过采用可达性系数对地理空间距离进行调节,构建基于交通可达性的地理空间距离的权重矩阵($W3$)。具体计算公式如下:

$$W3 = C_{ij} \times W2 \quad (4-14)$$

$$C_{ij} = \frac{\sum_{i=1}^{N} A_{ij}}{N} \times A_{ij} \quad (4-15)$$

式(4-14)、式(4-15)中,A_{ij}表示研究单元i与研究单元j的交通最短距离,由于用最短距离表达研究单元之间的可达性关系,数字越小则表示二者关系越密切、可达性越好,因此将其转化为可比的可达性系数C_{ij},C_{ij}表示研究单元i与研究单元j之间的交通可达性系数。具体参考刘安乐(2017a,2017c)等提供的可达性和可达性测度方法。由于本书采用的是空间静态面板模型,因此采用研究区间内2010年、2016年和2019年可达性系数均值代替。

(四)基于交通可达性的空间衰减权重矩阵的设定($W4$)

为了考察旅游经济增长空间溢出效应的地理衰减边界,我们借鉴了相关文献的处理方式(余泳泽,2016;袁华锡等,2019)。

第一,我们需要判断并选择一个最大的检验地理距离区间。根据空间计量模型设定原理,空间计量回归模型估计结果和经典模型估计结果最大的区别是,前者在经典模型基础上增加了地理空间权重,而权重设定的合理性在一定程度上会影响估计结果的正确性和效果。因此,我们假定研究区域内县区间地理空间距离为$[d_{ij\_min}, d_{ij\_max}]$,即最大的检验地理距离区间。

第二,设定一个距离阈值,并构建空间权重矩阵。设定一个距离阈值d,d

取值范围为$[d_{min}, d_{max}]$。如果县区i到县区j的距离d_{ij}在设定的阈值d之外,则记为$1/d_{ij}$,否则为0,构建空间权重矩阵。具体计算公式如下:

$$W_d = \begin{cases} 1/d_{ij}, & \text{当}\, d_{ij} > d \\ 0, & \text{当}\, d_{ij} \leq d \end{cases} \quad (4-16)$$

第三,通过不断调节阈值d,并生成相应空间权重矩阵。运用空间回归检验,验证当d逐步增大时研究区域范围内各空间单元是否出现空间回归系数逐步减小的现象。通过反复回归检验,记录设定阈值对应的回归系数和t统计量,探索空间溢出的衰减边界。本书基于贵州省88个县级行政区的实证检验的具体设定报告如下。

(1)设定最佳检验地理距离区间。在本书研究中,贵州省88个县级行政区之间最短距离仅约为4 km,最长距离为547 km。考虑到本书研究将中心城区均列入研究范围,如果设定的最短距离过短,会造成仅有中心城区之间形成空间关联,研究结果存在较大偏差,最后通过测量任意一个中心城区与邻近县区(不含同地级市的设区)之间的距离,将最短距离设定为30 km,并以20 km为间隔距离逐渐递增,直到547 km为止。

(2)在空间权重矩阵设定上,根据贵州省交通改善情况,通过可达性系数对空间距离进行调节,并在式(4-16)基础上构建基于交通可达性的空间衰减权重矩阵($W4$)。具体计算公式如下:

$$W4 = \begin{cases} C_{ij} \times 1/d_{ij}, & \text{当}\, d_{ij} > d \\ 0, & \text{当}\, d_{ij} \leq d \end{cases} \quad (4-17)$$

由于交通可达性反映研究单元之间真实的空间距离,数字越小则表示二者关系越密切、可达性越好,因此将其转化为可比的可达性系数C_{ij}。由于本书采用的是空间静态面板模型,因此采用研究区间内2010年、2016年和2019年可达性系数均值代替。

四、变量选择

(一)被解释变量

本书实证检验的关键问题是县域旅游经济增长对区域经济发展的影响。研究既要检验县域旅游经济增长对区域经济发展的全局绝对效应,还要证实其对区域经济发展的空间差异特征。在被解释变量的选取上,本书借鉴赵磊(2014)、钱海章(2020)、肖威(2021)等的研究设计和说明,结合贵州省县域社会经济数据的可得性和可比性,**在研究设计中采用人均GDP(PGDP)作为区**

域经济发展水平(被解释变量)的代理变量,参与计量检验。

（二）核心解释变量

近年来中国扶贫的实践已经证实,在中国特别是在中国中西部地区旅游已成为巩固脱贫成果的重要力量,旅游业已经被世界各国和地区列为区域经济发展和推动持续减贫的重要产业。因此,本书直接采用前文测算结果**县域旅游经济增长指数(TE)作为核心解释变量**。

（三）控制变量

在控制变量的选取上,相关研究较为成熟,本书参考王伟(2017)、钱海章(2020)和肖威(2021)等的研究设计,结合贵州省县域经济发展客观现实和数据统计的可得性,**选择财政支出水平(LFE)、产业结构水平(STR)、社会消费水平(CON)等作为控制变量**。财政支出水平反映了政府对区域经济的调配和投入能力,是影响区域经济的重要因素,参考既有研究成果(肖威,2021),选取财政一般预算支出作为财政支出水平的代理变量;产业结构水平是反映区域经济发展质量和发展水平的重要指标,产业结构变化会导致区域经济发展水平发生变化,借鉴已有研究成果(王坤,2016;陈晓艳,2020),选择产业结构高级化指数作为产业结构水平的代理变量;社会消费水平是拉动经济增长的要素,本书采用社会消费品零售总额/常住人口测算水平指代社会消费规模与能力(肖威,2021;陈晓艳,2020)。

第三节　传导路径与门槛机制评价

传导路径与门槛机制评价是在分析旅游经济增长的空间结构演化模式及影响因素(是什么)和空间溢出效应及其衰减规律(有何特征)基础上,进一步从产业传导路径和门槛机制两个视角揭示旅游经济增长效应内在机理问题(为什么),可以为解释山地省区旅游经济增长过程、空间溢出效应及其变化规律的内在机理问题(路径、增长规律)提供论证模型支撑。

一、研究方法与研究模型

（一）中介效应模型

1.简单中介效应模型及其检验方法

英果尔德(C. K. Ingold)在20世纪二三十年代提出了中介论。中介论引入了一个重要变量——中介变量(M),认为自变量(X)对因变量(Y)的影响需

要通过 M 传导,这一模型可以解释因果关系的内在机制和作用路径(见图 4-2)。

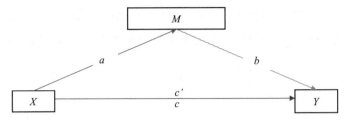

图 4-2 简单中介效应模型

该模型的公式表达如下:

$$\begin{cases} Y = cX + e_1 \\ M = aX + e_2 \\ Y = c'X + bM + e_3 \end{cases} \quad (4\text{-}18)$$

在上述模型中,c' 表示 X 对 Y 的直接效应,ab 表示 X 通过 M 对 Y 产生影响的中介效应。我们可以通过比较 c、ab 和 c' 的关系,检验是否存在中介效应。具体检验步骤如图 4-3 所示。

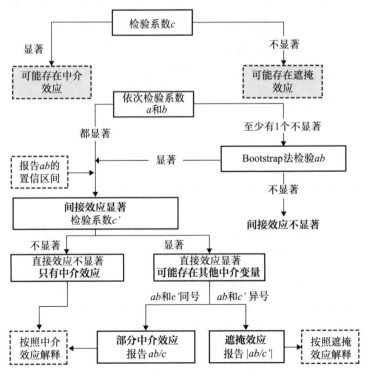

图 4-3 中介效应检验流程

(资料来源:根据温忠麟和叶宝娟(2014)绘制。)

2. 多重中介效应模型与效应识别

理论上,中介变量可能不止一个,这进一步形成了多重中介效应模型。因此,可将简单中介效应模型拓展为多重并行中介效应模型(见图4-4)。

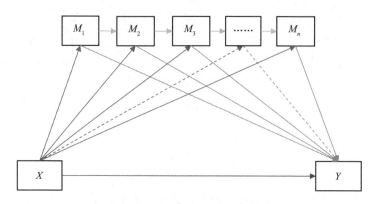

图4-4 多重并行中介效应模型

根据前文阐述,本研究中存在就业机会(EMP)、城乡居民收入差异(GAP)、财政收入(FER)三个中介变量,因此将多重中介效应模型具体为三重并行中介效应模型。为了避免时间和空间单元对总体评估造成的偏误,采用双重固定效应进行估计,具体模型如下:

$$\text{PGDP}_{it} = \partial_0 + c\text{TE}_{it} + \varphi_0 \sum \text{Controls}_{it} + \mu_i + v_t + \varepsilon_{it} \quad (4\text{-}19)$$

$$\text{EMP}_{it} = \partial_1 + a_1\text{TE}_{it} + \varphi_1 \sum \text{Controls}_{it} + \mu_i + v_t + \varepsilon_{it} \quad (4\text{-}20)$$

$$\text{GAP}_{it} = \partial_2 + a_2\text{TE}_{it} + \varphi_2 \sum \text{Controls}_{it} + \mu_i + v_t + \varepsilon_{it} \quad (4\text{-}21)$$

$$\text{FER}_{it} = \partial_3 + a_3\text{TE}_{it} + \varphi_3 \sum \text{Controls}_{it} + \mu_i + v_t + \varepsilon_{it} \quad (4\text{-}22)$$

$$\text{PGDP}_{it} = \partial_4 + c'\text{TE}_{it} + (b_1\text{EMP}_{it} \text{ or } b_2\text{GAP}_{it} \text{ or } b_3\text{FER}_{it}) \\ + \varphi_4 \sum \text{Controls}_{it} + \mu_i + v_t + \varepsilon_{it} \quad (4\text{-}23)$$

式(4-19)至式(4-23)中,c为无中介条件下解释变量的回归系数;c'为有中介条件下解释变量的回归系数;a为解释变量对对应中介变量的回归系数;b为对应中介变量对被解释变量的回归系数;∂为常数项;Controls_{it}为控制变量集;φ为控制变量的回归系数;ε_{it}为随机干扰项;μ_i为个体固定效应;v_t为时间固定效应;t表示年份;i表示研究个体。

为了更加清晰地说明多重并行中介效应模型的构建过程及效应检验结果的识别,本书对三重并行中介效应模型的传递过程、具体作用路径及其系数与效应识别进行了整理,如表4-3所示。

表 4-3　三重并行中介效应模型传递过程、作用路径和效应识别

类别	路径	系数/效应识别
直接效应_Medi	$X—Y$	c'
传递过程	$X—M_1$	a_1
	$X—M_2$	a_2
	$X—M_3$	a_3
	$M_1—Y$	b_1
	$M_2—Y$	b_2
	$M_3—Y$	b_3
中介效应	$X—M_1—Y$	$a_1 \times b_1$
	$X—M_2—Y$	$a_2 \times b_2$
	$X—M_3—Y$	$a_3 \times b_3$

注：M_1、M_2、M_3 表示三个中介变量。

（二）基于空间面板杜宾模型的多重并行中介效应检验模型

旅游经济增长对区域经济发展水平已经被证实具有空间溢出效应，本地旅游产业发展不仅对本地经济发展产生影响，同时也对邻近周边地区产生空间外溢效应，不考虑空间滞后项的一般面板模型可能存在评估偏差。因此，本书借鉴中介效应模型设计思路（Baron 和 Kenny，1986），选择空间面板杜宾模型对县域旅游经济增长影响区域经济发展水平的中介效应进行识别和检验，构建基于空间面板杜宾模型的多重并行中介效应检验模型。该模型为标准模型，在具体检验过程中需要根据实际情况修改。模型公式如下：

$$\text{PGDP}_{it} = \rho_0 \sum_{j=1}^{n} W_{ij} \text{PGDP}_{it} + c_0 \text{TE}_{it} + \theta_0 \sum_{j=1}^{n} W_{ij} \text{TE}_{it} + \varphi_0 \sum \text{Controls}_{it}$$
$$+ \lambda_0 \sum W_{ij} \text{Controls}_{it} + \mu_i + v_t + \varepsilon_{it} \tag{4-24}$$

$$\text{MedM}_{it} = \rho_{m1} \sum_{j=1}^{n} W_{ij} \text{MedM}_{it} + a_{m1} \text{TE}_{it} + \theta_{m1} \sum_{j=1}^{n} W_{ij} \text{TE}_{it} + \varphi_{m1} \sum \text{Controls}_{it}$$
$$+ \lambda_{m1} \sum W_{ij} \text{Controls}_{it} + \mu_i + v_t + \varepsilon_{it} \tag{4-25}$$

$$\begin{aligned}
\mathrm{PGDP}_{it} = {} & \rho_{m0}\sum_{j=1}^{n}W_{ij}\mathrm{PGDP}_{it} + c'_{m}\mathrm{TE}_{it} + \theta_{m0}\sum_{j=1}^{n}W_{ij}\mathrm{TE}_{it} + b_{m}\mathrm{MedM}_{it} \\
& + \beta_{m}\sum_{j=1}^{n}W_{ij}\mathrm{MedM}_{it} + \varphi_{m2}\sum\mathrm{Controls}_{it} + \lambda_{m2}\sum W_{ij}\mathrm{Controls}_{it} \\
& + \mu_{i} + \upsilon_{t} + \varepsilon_{it}
\end{aligned} \tag{4-26}$$

式(4-24)至式(4-26)中,c_0为无中介条件下解释变量的回归系数;c'_m为加入中介变量后解释变量的回归系数;a为解释变量对对应中介变量的回归系数;b为对应中介变量对被解释变量的回归系数;MedM_{it}是中介变量,主要包括EMP_{it}、GAP_{it}、FER_{it};ρ是空间滞后自回归系数;θ为解释变量空间滞后项的回归系数;β为中介变量空间滞后项的回归系数;φ是控制变量的回归系数;λ是控制变量空间滞后项的回归系数;$\mathrm{Controls}_{it}$、ε_{it}、μ_i、υ_t、t、i、j等含义与前文相同。

(三)门槛效应模型

Hansen(1999)等研究发现参数估计中自变量和因变量之间存在非线性关系,在模型估计中可能存在拐点,拐点前后自变量和因变量分别服从线性关系,他们将这一拐点称为门槛值,提出了经典门槛模型。在门槛检验过程中,可能存在多个门槛值,需要使用多重门槛效应模型进行检验。该方法不仅能较为准确地计算门槛值,还能对内生的"门槛特征"进行显著性检验。

根据前文假设,本书通过构建多重面板门槛效应模型(PTR)考察县域旅游经济增长对区域经济发展水平影响的非线性机制,以及县域旅游经济增长基于旅游发展条件(TEC)、社会消费水平(CON)和政府投资(POL)门槛条件对区域经济发展水平影响的非线性机制。多重面板门槛效应模型如下:

$$\begin{aligned}
\mathrm{PGDP}_{it} = {} & \partial_i + \beta_1 \mathrm{TE}_{it} \times I(\mathrm{TE}_{it} \leqslant \lambda_1) + \beta_2 \mathrm{TE}_{it} \times I(\lambda_1 < \mathrm{TE}_{it} \leqslant \lambda_2) + \cdots \\
& + \beta_n \mathrm{TE}_{it} \times I(\lambda_{n-1} < \mathrm{TE}_{it} \leqslant \lambda_n) + \beta_{n+1}\mathrm{TE}_{it} \times I(\mathrm{TE}_{it} > \lambda_n) \\
& + \varphi_0 \sum \mathrm{Controls}_{it} + \varepsilon_{it}
\end{aligned} \tag{4-27}$$

$$\begin{aligned}
\mathrm{PGDP}_{it} = {} & \partial'_i + \beta'_1 \mathrm{TE}_{it} \times I(\mathrm{TEC}_{it} \leqslant \lambda_1) + \beta'_2 \mathrm{TE}_{it} \times I(\lambda_1 < \mathrm{TEC}_{it} \leqslant \lambda_2) + \cdots \\
& + \beta'_n \mathrm{TE}_{it} \times I(\lambda_{n-1} < \mathrm{TEC}_{it} \leqslant \lambda_n) + \beta'_{n+1}\mathrm{TE}_{it} \times I(\mathrm{TEC}_{it} > \lambda_n) \\
& + \varphi'_0 \sum \mathrm{Controls}_{it} + \varepsilon_{it}
\end{aligned} \tag{4-28}$$

$$\mathrm{PGDP}_{it} = \partial''_i + \beta''_1 \mathrm{TE}_{it} \times I(\mathrm{CON}_{it} \leqslant \lambda_1) + \beta''_2 \mathrm{TE}_{it} \times I(\lambda_1 < \mathrm{CON}_{it} \leqslant \lambda_2) + \cdots$$
$$+ \beta''_n \mathrm{TE}_{it} \times I(\lambda_{n-1} < \mathrm{CON}_{it} \leqslant \lambda_n) + \beta''_{n+1} \mathrm{TE}_{it} \times I(\mathrm{CON}_{it} > \lambda_n)$$
$$+ \varphi''_0 \sum \mathrm{Controls}_{it} + \varepsilon_{it} \tag{4-29}$$

$$\mathrm{PGDP}_{it} = \partial'''_i + \beta'''_1 \mathrm{TE}_{it} \times I(\mathrm{POL}_{it} \leqslant \lambda_1) + \beta'''_2 \mathrm{TE}_{it} \times I(\lambda_1 < \mathrm{POL}_{it} \leqslant \lambda_2) + \cdots$$
$$+ \beta'''_n \mathrm{TE}_{it} \times I(\lambda_{n-1} < \mathrm{POL}_{it} \leqslant \lambda_n) + \beta'''_{n+1} \mathrm{TE}_{it} \times I(\mathrm{POL}_{it} > \lambda_n)$$
$$+ \varphi'''_0 \sum \mathrm{Controls}_{it} + \varepsilon_{it} \tag{4-30}$$

式(4-27)至式(4-30)中，TEC_{it}、CON_{it}、POL_{it} 为门槛变量；λ_1、λ_1、λ_1…λ_n 为待估计门槛值；β 为核心解释变量的回归系数；I 为指示函数；其他同上。

二、变量选择与数据处理

（一）被解释变量

根据前文的选择与设计，本书研究设计中采用**人均GDP（PGDP）的对数**作为区域经济发展水平的代理变量，即作为被解释变量参与计量检验。

（二）核心解释变量

根据前文设计，依然选择**县域旅游经济增长指数（TE）**作为核心解释变量，具体阐述和前文一致。

（三）中介变量

根据前文关于中介效应的理论分析，借鉴已有相关研究成果，本书选择就业机会、城乡居民收入差异和财政收入作为中介变量。在变量代理指标选择上，**就业机会**反映了提供新的就业机会和转移就业的能力。既有研究一般采用第三产业就业人数或者旅游从业人数代理（陈晓艳，2020）。采用旅游从业人数原则上是最优选择，但是在县域尺度上旅游从业人数相关统计指标缺失，考虑数据可得性，城镇新增就业人数和农村转移就业人数能够较好地反映本书设计的就业新增与转移两个重要功能，因此采用城镇新增就业人数和农村转移就业人数之和代理，用EMP表示。**城乡居民收入差异**反映的是城镇居民收入与乡村居民收入的差异，借鉴姚耀军（2005）、张立军（2016）和李如友（2016）等的处理方式，本书采用城镇居民可支配收入与乡村人口纯收入的比值代理，用GAP表示。**财政收入**反映区域财政收入水平，借鉴前文处理方式

(赵磊,2017),选择地方政府预算收入作为代理变量,同时为了消除人口规模差异,采用人均财政收入代理,用FER表示。

（四）门槛变量

根据前文理论梳理和借鉴已有文献研究设计(赵磊,2013;马学峰,2013;黄潇莹,2014;衣传华,2018;张大鹏,2020),本书选择县域旅游经济增长水平、旅游发展条件、社会消费水平和政府投资作为门槛变量。其中,**县域旅游经济增长水平**与核心解释变量保持一致。**旅游发展条件**(TEC)选用交通条件(ROA)、旅游资源(TR)和旅游接待能力(TRI)等指标,运用熵值法计算出旅游发展条件指数,其中子指标交通条件、旅游资源和旅游接待能力的测度与前文一致。**社会消费水平**(CON)和**政府投资**(POL)与前文描述一致。

（五）控制变量

本书控制变量根据前文设计依然选择财政支出水平(LFE)、产业结构水平(STR)和社会消费水平(CON)。具体阐述和前文一致。

第四节 研究数据来源及处理说明

一、旅游经济增长水平测度的数据处理

如何准确度量旅游经济增长水平是旅游经济研究的重点,欠缺客观真实准确的旅游统计数据一直以来困扰着学界。由于旅游经济活动供给主体存在多元交叉、动态变化的特征,在未建立旅游卫星账户体系情况下,按照旅游经济供给主体的交换活动进行统计存在较大的难度。因此,本书根据《中国旅游统计年鉴》统计规则,从规范化、可比性、可量化的角度,在实证检验中将旅游收入(经济规模)、旅游人次(市场规模)等指标集合作为旅游经济增长的代理变量。因此,本书研究中采用旅游市场规模增量和旅游经济规模增量两个指标衡量区域旅游经济增长(见图2-1)。

值得说明的是,由于旅游抽样统计过程中难以区分外地旅游者和本地消费者,旅游收入和旅游人次的统计可能存在一些偏误,导致旅游经济增长水平一定程度被提高。保继刚等(2020)提出的基于手机信令数据的统计方法可能可以有效剔除部分统计误差,但是该方法在目前的旅游统计中并未全面推广。

因此，在目前统计制度下，旅游人次和旅游收入指标依然是衡量旅游经济增长的可用指标。为了消除区域差异，本书采用了比值指标，并采用熵值法计算综合指数，以期消减统计偏差。

为了保证研究数据具有一致性，本书首先对所有解释变量进行归一化处理。根据地理探测器模型使用规范，解释变量如果为连续变量，则需要进行离散化处理，运用ArcGIS分为5类进行自然断点。本书研究数据均为统计资料数据，数据粒度均为县域空间单元，具有统一的几何特征和分辨率，因此本书直接采用县域行政区进行数据匹配。研究年份的选择上，2016年是贵州省县域旅游经济发展的重要转折点，2010年为研究区间的起始年份，2020年是研究区间的结束年份，但2020年县域旅游经济发展受疫情影响，部分研究数据不能反映近年来贵州省县域旅游经济发展的正常趋势，因此也将2019年作为展示节点。

研究中旅游统计数据主要源于2010—2020年贵州省各市州国民经济和社会发展统计公报、2010—2020年贵州省88个县市区文化和旅游产业年度计划及总结报告，以及贵州省文化和旅游厅、贵州省各县市区文化和旅游政府部门官方网站公开数据，部分未公开数据通过对各部门进行实地调研获取；部分旅游资源数据通过大数据爬虫技术获得。交通可达性数据通过对2011年、2017年和2021年贵州省旅游交通地图册进行矢量化处理并通过ArcGIS计算获取。

二、回归分析代理变量的数据处理说明

在目前中国统计制度背景下，县域研究尺度的社会经济数据可供参考的统计资料较少且存在统计口径调整问题。目前较为权威的统计资料是《中国县域统计年鉴》，该统计资料为本书研究提供了较为充实的数据保障。此外，笔者在对贵州省各市州、各职能部门的调研中收集了各市州（各县市区）国民经济和社会发展统计公报，有效补充了数据残缺；同时还对相关数据进行了对比校对。因此，遵循前人研究经验，本书在回归变量的选择上大多选择既有研究中较为成熟的代理变量。回归分析代理变量的选择依据及指标解释如表4-4所示。

表 4-4　回归分析代理变量及其指标解释情况

变量类型	变量名称	标识	代理指标及其计算	选择依据
被解释变量	区域经济发展水平	PGDP	人均GDP的对数	赵磊(2014),钱海章(2020),肖威(2021)
解释变量	县域旅游经济增长	TE	县域旅游经济增长指数	刘安乐(2021)
控制变量	财政支出水平	LFE	人均地方财政预算支出的对数	肖威(2021)
控制变量	产业结构水平	STR	STR=R_1+2R_2+3R_3,其中R_1、R_2、R_3分别代表第一、第二、第三产业值占GDP比重	王坤(2017),陈晓艳(2020)
控制变量	社会消费水平	CON	人均社会消费品零售总额的对数	肖威(2021),陈晓艳(2020)
中介变量	就业机会	EMP	城镇新增就业人数与农村转移就业人数之和的对数	陈晓艳(2020)
中介变量	城乡居民收入差异	GAP	城镇居民可支配收入与乡村人口纯收入的比	姚耀军(2005),张立军(2016)
中介变量	财政收入	FER	人均地方政府预算收入的对数	赵磊(2017)
门槛变量	县域旅游经济增长	TE	县域旅游经济增长指数	赵磊(2013),马学峰(2013)
门槛变量	旅游发展条件	TEC	交通条件、旅游资源和旅游接待能力按照熵值法计算	黄潇莹(2014),陈晓艳(2020)
门槛变量	社会消费水平	CON	人均社会消费品零售总额的对数	黄潇莹(2014),衣传华(2018)
门槛变量	政府投资	POL	政府固定资产投资量的对数	赵磊(2013,2016),张大鹏(2020)

　　研究中各项经济统计数据主要源于2011—2021年《贵州统计年鉴》、2011—2021年《中国县域统计年鉴》、2010—2020年贵州省各市州国民经济和社会发展统计公报,以及贵州省统计局、贵州省交通运输厅和贵州省各县市区文化和旅游政府部门官方网站公开数据,部分未公开数据通过对各部门进行实地调研获取;部分旅游资源数据通过大数据爬虫技术获得。交通可达性数据通过对2011年、2017年和2019年贵州省旅游交通地图册进行矢量化处理并

通过 ArcGIS 计算获取;部分 2020 年尚未公布或缺失数据根据贵州省和各县市区发展趋势通过 ARIMA 模型填补。表 4-5 所示为主要变量的描述性统计情况。

表 4-5 主要变量描述性统计

变量	变量名称	样本数	均值	标准差	最小值	最大值
PGDP	区域经济发展水平	968	4.397	0.266	3.690	5.361
TE	县域旅游经济增长	968	0.140	0.157	0.001	1.083
EMP	就业机会	968	3.666	0.375	2.602	4.719
GAP	城乡居民收入差异	968	3.152	0.636	1.839	5.931
FER	财政收入	968	4.029	0.297	2.853	4.929
LFE	财政支出水平	968	5.820	0.276	4.517	6.669
STR	产业结构水平	968	2.257	0.161	1.573	4.132
CON	社会消费水平	968	3.735	0.362	2.719	4.925
TEC	旅游发展条件	968	2.297	0.926	1.000	4.152
POL	政府投资	968	5.864	0.475	4.500	7.218

注:其中县域旅游经济增长、社会消费水平只做一次统计。

需要特别说明的是,中介效应(mediating effect)模型中将自变量 X 对因变量 Y 的直接影响定义为直接效应(direct effect),通过其他中介变量的影响定义为间接(中介)效应(indirect effect),并将中介效应与直接效应相加得到总效应(total effect);在第六章利用空间计量模型分析空间溢出效应时,将空间溢出效应分解为直接效应(对本地被解释变量的直接效应,还包括反馈效应,feedback effects)、间接效应(对邻近空间的外溢效应,spatial spillover effect)和总效应。两个检验模型在效应分解上均采用了直接效应、间接效应和总效应的表述,但是在内涵上有着本质区别,为了避免在同一章节内产生误解,本书根据其在模型函数中的本质含义,对中介效应模型和空间计量模型的分解结果做特殊标注说明。在中介效应模型中,直接效应表述为"**直接效应_Medi**",标志其为中介效应模型的分解结果;间接效应在含义上实为中介作用,表述为"**中介效应**";中介总效应表述为"**总效应_Medi**"。在空间计量模型中,直接效应表述为"**本地效应_Spat**",标志其为空间计量模型的分解结果;间接效应根据其含义表述为"**空间溢出效应**";空间总效应表述为"**总效应_Spat**"。

第五节　案例选择与尺度安排

一、案例选择理由与代表性分析

第一，贵州省是全国最典型的山地省区。贵州省地处我国地势第二级阶梯，整个地形从云贵高原逐渐向湘渝丘陵倾斜，92.5%的面积为山地和丘陵，是我国唯一没有平原（平地）县区支撑的省份。贵州河流处于长江和珠江两大水系上游交错地带，是长江、珠江上游地区重要生态屏障。就省域尺度上看，贵州省是全国较为典型的山地省区之一。

第二，贵州省是全国较典型的山地旅游样板之一。凭借优良的山地旅游资源和民族文化资源优势，贵州省委省政府根据贵州的比较优势，把山地旅游作为贵州发展现代旅游的突破口，提出建设"山地公园省"建设目标。通过搭建国际山地旅游大会发展平台，以及资源整合、区域协同和差异化建设，贵州省已经基本建成了黔中、黔东南、黔南和黔西南等七大以自然山地景观和民族文化为特色的山地旅游区，发展成为中国较典型的山地旅游目的地省区。

第三，贵州省山地旅游精准扶贫模式已经成为旅游助推经济发展的典型案例。近年来，贵州省积极发展山地旅游，探索山地旅游与其他产业融合发展，在带动山地区域整体脱贫过程中探索出了"三变""五股"等山地旅游模式①，旅游推动山地省区经济发展的这一模式对乡村振兴战略的实施依然具有重要意义。

第四，贵州省是近年来区域经济和旅游经济发展速度较快的省区之一。近年来，贵州省社会经济和旅游产业发展进入"黄金时代"。2012年《国务院关于进一步促进贵州经济社会又好又快发展的若干意见》（国发〔2012〕2号）发布以来，贵州省社会经济实现快速发展，特别是2018年以来贵州省成为中国经济增长速度较快的几个省之一；与此同时，贵州省旅游经济各项统计指标实现从"垫底"到"领头"的转变。既有事实已经证实贵州省旅游产业已经成为其区域经济高质量转型发展的重要载体和增长力量。

---

① "三变"发源于贵州省六盘水市，即资源变资产、资金变股金、农民变股东；"五股"，又称"秀水五股"，包括人头股、土地股、效益股、孝亲股和发展股。

二、研究尺度和研究时间跨度的选择

在研究空间范围与研究尺度选择上,本书主要探究旅游经济增长空间溢出效应及其衰减边界问题。因此,选择研究尺度有两点考虑:一是有一定数量的研究单元(一般要求多于30个);二是所考察的研究单元均在一个经济政策相对独立的行政单元内。在中国现行的经济体制下,经济效应的考察会受到行政区激励政策的影响,跨多个行政区的研究可能会因经济政策的不同而产生检验偏差。在中国,省级行政单元在经济发展和政策环境上具有相对独立性和施政一致性,因此本书将研究单元放在省级行政区空间范围内进行实证检验,同时考虑研究单元的空间连续性,将包括中心城区在内的县域单元也列为研究对象。**因此,本书所指的"县区"是泛意义上的"县一级"行政单元空间概念,包括县、县级市和中心城区(地级市设区)。综合以上考虑,本书从县域研究尺度选择贵州省88个县域单元作为研究对象。**

在研究时间选择上,2009年国务院发布《关于加快发展旅游业的意见》,提出把旅游业培育成国民经济的战略性支柱产业和人民群众更加满意的现代服务业,旅游业作为经济产业的属性和地位得到再次肯定和确立,中国旅游经济进入快速发展阶段。2012年《国务院关于进一步促进贵州经济社会又好又快发展的若干意见》发布,贵州省社会经济和旅游产业发展迎来良好的发展机遇,从此贵州省经济社会发展进入快车道。考虑到2009年及以前数据存在大量的缺失,2020年以后数据可能受疫情影响较大,而影响实证研究结果,综合考虑数据可获得性和研究可行性以及经济发展影响的滞后性,笔者将研究时间起始节点定位为2010年,研究末期定位为2020年,最终确定2010—2020年的11年作为研究时间范围。

第六节　研究区域概况与旅游发展

一、贵州省概况

贵州省位于云贵高原东部,简称"黔"或"贵",地处中国大陆西南地区;东部与湖南省相接,西部与云南省相连,北部与重庆市、四川省接壤,南部与广西壮族自治区相邻(见图4-5),国土面积约为176167 km²;目前有6个地级市、3个自治州,下辖88个县级行政单元。贵州省平均海拔1100 m;最高点2900.6 m,位于赫章县韭菜坪;最低点147.8 m,位于黎平县地坪镇境内。贵州省内喀斯特地貌广布、气候适宜,是世界上拥有山地旅游项目极为丰富的地区之一。贵州省有着"喀斯特王国"之称,旅游资源丰富多样,亿万年以来地质运动形成了当地独有的地质形态,形态各异的岩溶造就了数不清的自然景观;同时贵州省是一个拥有18个世居民族聚居的省份,各个民族都有着自己独特的文化、语言和文字,因此造就了"文化千岛"现象,形成了自然风光、人文风光和民俗风情交相辉映的丰富旅游资源。在全省范围内,旅游资源呈现出数量丰富、质量优越的特点,地方特色十分明显。

图4-5 贵州省区位图

二、旅游景区建设与接待条件

（一）旅游景区建设

贵州省独特而复杂的地形、地貌，凉爽、舒适的气候条件和多民族汇集，使得贵州省自然和人文旅游资源非常丰富。截至2022年3月18日，贵州省拥有A级旅游景区570家，其中5A级旅游景区8家，约占总数的1.4%；4A级旅游景区134家，约占总数的23.51%；3A级旅游景区374家，约占65.61%；3A级及以上旅游景区数约占全省A级旅游景区总数的90.53%。此外，贵州省还拥有世界自然遗产3个，遵义海龙屯遗址列入世界文化遗产地目录，侗族大歌入选人类非物质文化遗产代表作；拥有国家级旅游度假区2个，省级旅游度假区29个。整体上看，贵州省旅游景区丰富，高质量旅游景区富集，等级结构较为合理。

从时间上看（见图4-6）：2010年至2022年，贵州省A级旅游景区数从80家增长至2022年的570家，年增长率达17.78%。从增长曲线上看，前后可以划分为2个阶段：2016年前旅游景区建设数量增长较为平稳；2016年后，旅游景区建设速度明显增快，年增长率达30.20%。分析发现，2016年后，贵州省旅游产业进入"井喷式"增长阶段，A级旅游景区增长速度在一定程度上反映了贵州省旅游产业发展的客观现实，也为后文进行阶段性分析提供了证据。

图4-6　2010—2022年贵州省A级旅游景区数量增长情况

（数据来源：据贵州省文化和旅游厅公布数据整理。）

从空间分布格局上看(见图4-7):在总量方面,遵义市A级旅游景区分布最多(129家),铜仁市分布最少(29家);在分布格局方面,贵州省A级旅游景区主要形成安顺—贵阳—凯里(雷山)沿线高密度带和遵义市中心城区、毕节市(黔西)和六盘水市中心城区等多个高密度区,85%以上A级旅游景区分布在交通干线周边,整体表现出典型的交通指向特征。这也印证了山地省区旅游经济发展交通约束效应的理论推断。

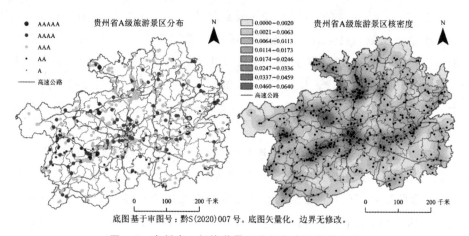

底图基于审图号:黔S(2020)007号。底图矢量化,边界无修改。

图4-7 贵州省A级旅游景区空间分布及其核密度

(二)旅游接待条件

随着旅游资源开发和旅游产业经济快速增长,贵州省旅游接待条件显著改善,2010—2020年贵州省旅行社与星级酒店的总量均有较大幅度提升(见图4-8)。旅行社从2010年的240家增加至2019年的606家,受疫情影响,2020年旅行社总数有一定幅度下降。星级酒店数量从2010年的206家增长至2020年的272家;其中,2010—2016年增长较快,2016年后星级酒店保有量有所下降,但整体依然呈现增长态势。

从空间分布差异来看:各市州旅行社数量均有不同程度的增加,但总体来看,旅行社注册地分布极不均衡,且有不断向贵阳市集中的态势(见图4-9)。其中,贵阳市旅行社数量占比从2010年46.67%增长至2019年的57.10%,这是因为贵阳市为贵州省省会,拥有较好的经济基础、交通与区位条件,是贵州省最重要的旅游集散中心,而旅行社以旅游招徕与接待服务为主要业务,必然会向客流中心聚集。此外,旅行社的集中分布格局对贵州省旅游产业经济发展的不均衡性产生了一定的影响。

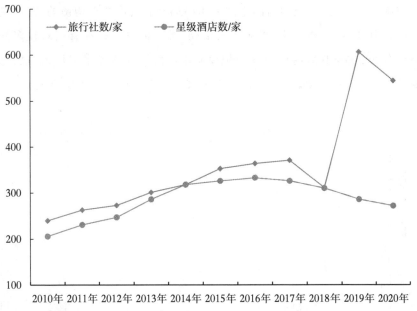

图 4-8　2010—2020 年贵州省旅行社、星级酒店数量及其增长

（数据来源：宏观经济数据库，根据实地调研有调整。）

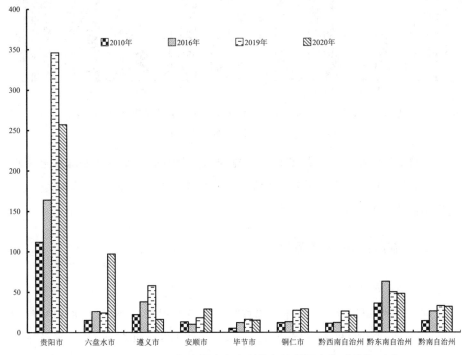

图 4-9　2010—2020 年贵州省各市州旅行社数量变化（单位：家）

（数据来源：宏观经济数据库，根据实地调研有调整。）

与旅行社相比,星级酒店的空间分布格局则表现出相对均衡的特点(见图4-10),其中贵阳市、遵义市、黔东南自治州①和黔南自治州拥有相对较多的星级酒店分布,这与其旅游产业发展规模基本匹配。而六盘水市星级酒店总量长期处于末位,这与六盘水市旅游产业发展起步较晚的客观现实有关。

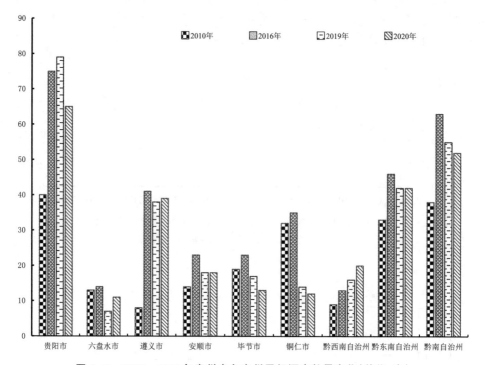

图4-10　2010—2020年贵州省各市州星级酒店数量变化(单位:家)

(数据来源:宏观经济数据库,根据实地调研有调整。)

总之,贵州省近年来旅游接待设施条件不断优化,接待设施总量显著增加,极大改善了贵州省旅游产业发展的环境;同时旅行社业因其行业属性,有向贵阳市集中的态势。

三、旅游经济发展态势

（一）旅游收入

进入21世纪以来,贵州省旅游总收入呈持续增长态势(见图4-11),旅游总收入从2000年的62.94亿元增长到2019年的12318.86亿元,年均增长率达

---

① 本书中贵州省三个民族自治州采用简称,如黔东南苗族侗族自治州简称黔东南自治州。

到32.01%,旅游对经济发展贡献逐年上升,旅游收入占GDP的比重从2000年的6%增长至2019年的73%。旅游对经济发展的拉动效应十分显著。受疫情影响,2020年旅游总收入下降至5785.09亿元,占GDP比重下降至32%,整体下滑至2016年左右水平。虽然受疫情影响,但贵州省旅游经济在区域经济发展中的地位依然十分重要。

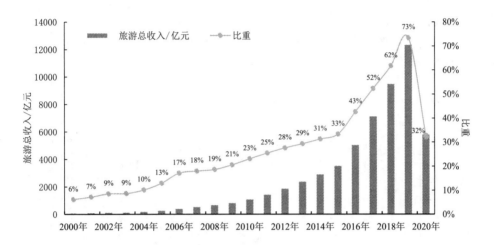

图4-11　2000—2020年贵州省旅游总收入及其占GDP比重

(数据来源:贵州省统计年鉴。)

从发展阶段来看,2000—2020年贵州省旅游总收入时序变化特征总体上表现为三个发展阶段:2000—2009年是旅游收入快速积累阶段,该阶段旅游收入基数较小,但增长速率较快,占GDP的比重实现从6%增长至21%,但总体保持在20%以内;2010—2015年是旅游收入稳步增长阶段,该阶段旅游收入增长速度明显放缓,但是随着旅游总收入基数显著增加,旅游收入占GDP的比重保持在20%~35%,旅游产业促进经济发展效能得到显著提升;2016年后,旅游收入进入"井喷式"增长阶段,旅游收入占GDP的比重从43%提升至2019年的73%,旅游产业在贵州省国民经济中的地位极大提升。

(二)旅游人次

从图4-12可知,2000—2020年贵州省国内旅游人次与入境旅游人次总体保持持续上升趋势,国内旅游人次从2000年的1980万人次增长至2019年113479万人次,年均增长率高达23.66%;入境旅游人次从2000年的18.39万人次增长至2018年的146.55万人次,同时发现入境旅游人次表现出更加敏感的外部事情冲击波动性。具体来看,入境旅游人次在 2003 年、2008 年和 2019—2020 年呈现出三个明显的"低点"。原因在于受当时国内外突发性公共事件影响,贵州省入境旅游人数急剧减少,也从侧面验证入境旅游受突如其来的事件影响较大。整体上看:2000—2020 年的国内旅游人次、入境旅游人次总体发展态势和发展阶段特征与旅游总收入的总体历程基本一致。

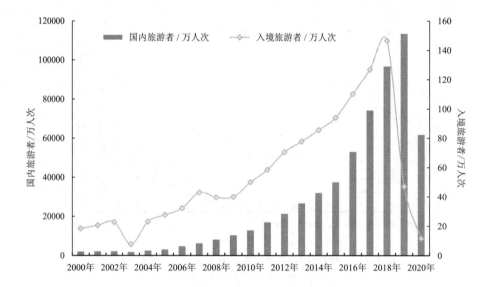

图 4-12　2000—2020 年贵州省国内与入境旅游人次变化

(数据来源:贵州省统计年鉴。)

第五章
贵州省县域旅游经济增长时空演化及其影响因素

　　旅游经济增长时空格局反映了区域旅游发展的内部结构及其相互关系，是旅游地理学界关注的重点问题之一。山地旅游目的地资源禀赋、区位条件和经济发展阶段等的差异，导致区域旅游发展存在较为普遍的不平衡不充分现象，展示这一现象的变化态势并揭示其产生驱动力，对于破解山地旅游发展不均衡不充分问题、优化山地旅游布局和推动区域旅游高质量发展具有重要现实意义。

　　贵州省是我国没有平原分布的省区和较为典型的山地旅游目的地省区之一，其凭借优良的山地旅游和民族文化资源，旅游产业实现"井喷式"发展，旅游产业已经成为贵州省经济高质量转型发展的重要载体。在贵州省旅游经济高质量转型发展的关键时期，区域旅游经济演进过程、空间结构演化特征及其影响因素等现实问题需要梳理和探究。据此，本章选择山地旅游省区——贵州省为研究对象，构建旅游经济增长评价指标体系，利用改进熵值法测算2010—2020年贵州省县域旅游经济增长水平；运用标准差、变异系数、重心模型等分别从时间序列、空间分异、时空演化角度分析贵州省县域旅游经济演化特征及其空间格局特征；基于前文理论研究，选择旅游资源、交通条件、政府投资、产业结构水平等作为影响因子，利用地理探测器模型探测贵州省县域旅游经济增长的影响因素,总结贵州省县域旅游经济增长作用机理,以期为贵州省旅游综合改革和山地旅游经济高质量发展提供有效资料参考。

第一节 县域旅游经济增长水平测度

基于2010—2020年贵州省88个县区的时空面板数据,运用第四章构建的县域旅游经济增长水平评价指标体系(见表4-1),利用改进熵值法(式4-1至式4-3)测算2010—2020年贵州省88个县区旅游经济增长水平值,并分别统计地区均值和年度均值,按照地区均值排序,如表5-1所示。

各县域单元旅游经济增长水平与其地理区位条件和旅游资源条件密切相关。从2010年至2020年各县区旅游经济增长水平均值排序结果(见表5-1)可以看出:旅游经济增长水平前20的县区主要是行政中心(如云岩区、南明区、凯里市、兴义市、红花岗区、西秀区、雷山县、都匀市等)或者拥有较知名的旅游资源的县区(如雷山县、荔波县、赤水市、织金县等)等。排名靠后的20个县区多为距离行政中心较远、产业经济发展相对落后或者旅游资源较为贫乏的县区。

整体上看,贵州省88个县区旅游经济增长水平整体偏低且差异明显。根据2010年至2020年各县区旅游经济增长水平统计结果,仅有29个县区(占总县域单元的32.95%)的旅游经济增长水平值高于全省旅游增长水平均值(0.0563)。从测算结果大小来看,排名第一的云岩区2020年的旅游经济增长水平指数(0.4045)是最后一位望谟县(0.0096)的42.14倍;即使在前20位的县区中,云岩区旅游经济增长水平指数依然是七星关区(0.0694)的5.83倍。

表 5-1 2010—2020 年贵州省 88 个县区旅游经济增长水平值

县区	2010年	2011年	2012年	2013年	2014年	2015年	2016年	2017年	2018年	2019年	2020年	地区均值	排序
云岩区	0.2059	0.2214	0.2390	0.2568	0.2741	0.2959	0.3121	0.3951	0.2989	0.3138	0.4045	0.2925	1
南明区	0.1828	0.1974	0.2141	0.2304	0.2464	0.2663	0.2822	0.3377	0.3134	0.3243	0.3444	0.2672	2
凯里市	0.1684	0.1789	0.1881	0.2012	0.2137	0.2292	0.2535	0.4572	0.2759	0.3189	0.1568	0.2402	3
兴义市	0.1349	0.1477	0.1619	0.1750	0.1880	0.2038	0.2481	0.3259	0.2844	0.2834	0.1913	0.2131	4
花溪区	0.1318	0.1412	0.1503	0.1614	0.1720	0.1851	0.2025	0.3190	0.2101	0.2291	0.3117	0.2013	5
荔波县	0.1292	0.1466	0.1686	0.1842	0.2001	0.2194	0.2527	0.1258	0.0883	0.1066	0.0897	0.1556	6
红花岗区	0.1032	0.1091	0.1141	0.1219	0.1292	0.1384	0.1546	0.2940	0.1858	0.1754	0.0584	0.1440	7
西秀区	0.0903	0.0967	0.1031	0.1107	0.1180	0.1270	0.1406	0.2240	0.1833	0.2112	0.1476	0.1411	8
雷山县	0.1182	0.1352	0.1570	0.1720	0.1873	0.2057	0.2259	0.0991	0.0669	0.0643	0.0556	0.1352	9
都匀市	0.0951	0.1015	0.1075	0.1153	0.1227	0.1319	0.1528	0.2618	0.1396	0.1592	0.0396	0.1297	10
仁怀市	0.0365	0.0386	0.0404	0.0432	0.0458	0.0491	0.0556	0.1042	0.0685	0.0644	0.8188	0.1241	11
汇川区	0.0696	0.0736	0.0771	0.0824	0.0874	0.0936	0.1062	0.2015	0.1307	0.1531	0.0654	0.1037	12
碧江区	0.0652	0.0717	0.0793	0.0859	0.0924	0.1004	0.1165	0.1350	0.1018	0.1135	0.0883	0.0954	13
开阳县	0.0548	0.0581	0.0609	0.0652	0.0692	0.0742	0.0788	0.1444	0.0909	0.1038	0.1751	0.0887	14
清镇市	0.0465	0.0491	0.0509	0.0544	0.0577	0.0616	0.0661	0.1381	0.0880	0.1027	0.1634	0.0799	15
乌当区	0.0446	0.0470	0.0487	0.0520	0.0551	0.0589	0.0623	0.1310	0.0924	0.1075	0.1510	0.0773	16
赤水市	0.0500	0.0534	0.0565	0.0606	0.0646	0.0694	0.0763	0.1305	0.1107	0.1143	0.0612	0.0771	17

续表

县区	2010年	2011年	2012年	2013年	2014年	2015年	2016年	2017年	2018年	2019年	2020年	地区均值	排序
织金县	0.0495	0.0530	0.0563	0.0605	0.0645	0.0694	0.0772	0.1335	0.0853	0.0947	0.0780	0.0747	18
江口县	0.0427	0.0463	0.0500	0.0539	0.0577	0.0624	0.0696	0.1047	0.0709	0.0758	0.1307	0.0695	19
七星关区	0.0444	0.0476	0.0505	0.0542	0.0578	0.0622	0.0670	0.1182	0.0832	0.1032	0.0694	0.0689	20
桐梓县	0.0407	0.0430	0.0444	0.0475	0.0503	0.0538	0.0583	0.1307	0.0829	0.1053	0.0845	0.0674	21
播州区	0.0377	0.0399	0.0417	0.0446	0.0474	0.0508	0.0582	0.1158	0.0824	0.1181	0.1042	0.0673	22
修文县	0.0370	0.0374	0.0411	0.0437	0.0483	0.0526	0.0498	0.0726	0.0909	0.0963	0.1616	0.0665	23
平塘县	0.0372	0.0393	0.0411	0.0440	0.0467	0.0501	0.0577	0.1114	0.0667	0.0707	0.1320	0.0633	24
威宁自治县	0.0419	0.0446	0.0469	0.0502	0.0534	0.0574	0.0615	0.1164	0.0567	0.0722	0.0862	0.0625	25
大方县	0.0417	0.0445	0.0471	0.0506	0.0539	0.0579	0.0623	0.1106	0.0590	0.0678	0.0807	0.0615	26
黔西县	0.0385	0.0415	0.0445	0.0479	0.0512	0.0553	0.0623	0.0989	0.1142	0.0720	0.0340	0.0600	27
镇远县	0.0420	0.0450	0.0480	0.0516	0.0551	0.0593	0.0659	0.1089	0.0631	0.0627	0.0536	0.0596	28
观山湖区	0.0322	0.0348	0.0374	0.0403	0.0431	0.0465	0.0510	0.0739	0.0837	0.0991	0.0801	0.0565	29
息烽县	0.0362	0.0395	0.0432	0.0467	0.0363	0.0544	0.0608	0.0782	0.0477	0.0555	0.1027	0.0547	30
白云区	0.0327	0.0346	0.0361	0.0386	0.0410	0.0439	0.0475	0.0929	0.0590	0.0681	0.0981	0.0539	31
紫云自治县	0.0395	0.0431	0.0470	0.0508	0.0545	0.0591	0.0662	0.0841	0.0548	0.0605	0.0264	0.0533	32
钟山区	0.0281	0.0298	0.0311	0.0333	0.0354	0.0379	0.0465	0.1056	0.0702	0.0783	0.0742	0.0519	33
贵定县	0.0323	0.0344	0.0362	0.0388	0.0413	0.0444	0.0489	0.0880	0.0573	0.0595	0.0700	0.0501	34
黎平县	0.0381	0.0431	0.0494	0.0540	0.0587	0.0643	0.0716	0.0440	0.0335	0.0343	0.0401	0.0483	35

续表

县区	2010年	2011年	2012年	2013年	2014年	2015年	2016年	2017年	2018年	2019年	2020年	地区均值	排序
镇宁自治县	0.0293	0.0322	0.0356	0.0386	0.0415	0.0451	0.0520	0.0611	0.0624	0.0733	0.0585	0.0481	36
平坝区	0.0309	0.0331	0.0353	0.0380	0.0406	0.0437	0.0505	0.0843	0.0592	0.0625	0.0195	0.0452	37
金沙县	0.0297	0.0317	0.0336	0.0361	0.0385	0.0414	0.0450	0.0792	0.0475	0.0477	0.0361	0.0424	38
印江自治县	0.0275	0.0299	0.0324	0.0350	0.0375	0.0406	0.0478	0.0730	0.0399	0.0424	0.0342	0.0400	39
盘州市	0.0181	0.0192	0.0200	0.0215	0.0228	0.0245	0.0319	0.0775	0.0579	0.0678	0.0786	0.0400	40
独山县	0.0275	0.0291	0.0305	0.0327	0.0347	0.0373	0.0414	0.0809	0.0510	0.0608	0.0115	0.0398	41
赫章县	0.0239	0.0256	0.0270	0.0290	0.0310	0.0333	0.0387	0.0725	0.0447	0.0500	0.0561	0.0392	42
松桃自治县	0.0221	0.0236	0.0250	0.0269	0.0286	0.0308	0.0368	0.0703	0.0457	0.0438	0.0634	0.0379	43
绥阳县	0.0244	0.0258	0.0269	0.0287	0.0305	0.0327	0.0368	0.0785	0.0500	0.0666	0.0157	0.0379	44
福泉市	0.0217	0.0231	0.0243	0.0261	0.0278	0.0298	0.0373	0.0728	0.0473	0.0412	0.0598	0.0374	45
石阡县	0.0214	0.0230	0.0246	0.0265	0.0283	0.0305	0.0370	0.0650	0.0443	0.0433	0.0603	0.0367	46
关岭自治县	0.0257	0.0285	0.0317	0.0345	0.0372	0.0406	0.0469	0.0453	0.0390	0.0473	0.0222	0.0363	47
习水县	0.0123	0.0130	0.0137	0.0147	0.0156	0.0168	0.0214	0.0453	0.0506	0.0720	0.1084	0.0349	48
思南县	0.0212	0.0228	0.0244	0.0263	0.0281	0.0303	0.0362	0.0619	0.0422	0.0443	0.0377	0.0341	49
沿河自治县	0.0214	0.0230	0.0245	0.0264	0.0282	0.0303	0.0346	0.0617	0.0422	0.0413	0.0333	0.0333	50
凤冈县	0.0230	0.0243	0.0253	0.0270	0.0287	0.0307	0.0342	0.0727	0.0291	0.0354	0.0332	0.0331	51
从江县	0.0257	0.0293	0.0339	0.0372	0.0405	0.0445	0.0497	0.0270	0.0205	0.0224	0.0277	0.0326	52
玉屏自治县	0.0180	0.0195	0.0209	0.0226	0.0242	0.0262	0.0308	0.0506	0.0336	0.0346	0.0714	0.0320	53

续表

县区	2010年	2011年	2012年	2013年	2014年	2015年	2016年	2017年	2018年	2019年	2020年	地区均值	排序
三都自治县	0.0209	0.0223	0.0234	0.0251	0.0267	0.0287	0.0343	0.0663	0.0433	0.0436	0.0129	0.0316	54
瓮安县	0.0180	0.0191	0.0201	0.0216	0.0230	0.0248	0.0313	0.0635	0.0414	0.0395	0.0428	0.0314	55
六枝特区	0.0158	0.0167	0.0174	0.0187	0.0199	0.0213	0.0272	0.0650	0.0440	0.0493	0.0401	0.0305	56
纳雍县	0.0197	0.0212	0.0228	0.0246	0.0263	0.0284	0.0315	0.0505	0.0332	0.0385	0.0375	0.0304	57
施秉县	0.0180	0.0197	0.0217	0.0235	0.0253	0.0275	0.0326	0.0443	0.0260	0.0282	0.0360	0.0275	58
长顺县	0.0139	0.0148	0.0156	0.0168	0.0179	0.0192	0.0234	0.0471	0.0341	0.0365	0.0494	0.0263	59
普定县	0.0159	0.0171	0.0185	0.0199	0.0214	0.0231	0.0267	0.0426	0.0314	0.0351	0.0289	0.0255	60
龙里县	0.0108	0.0115	0.0122	0.0131	0.0140	0.0151	0.0192	0.0400	0.0320	0.0398	0.0659	0.0249	61
余庆县	0.0120	0.0127	0.0133	0.0143	0.0152	0.0163	0.0184	0.0397	0.0174	0.0207	0.0809	0.0237	62
兴仁市	0.0130	0.0142	0.0157	0.0170	0.0183	0.0199	0.0247	0.0352	0.0237	0.0289	0.0393	0.0227	63
锦屏县	0.0158	0.0175	0.0195	0.0213	0.0230	0.0251	0.0278	0.0296	0.0183	0.0215	0.0173	0.0215	64
水城县	0.0087	0.0092	0.0096	0.0103	0.0110	0.0119	0.0159	0.0404	0.0335	0.0382	0.0467	0.0214	65
德江县	0.0080	0.0086	0.0091	0.0099	0.0106	0.0115	0.0130	0.0263	0.0357	0.0431	0.0473	0.0203	66
湄潭县	0.0112	0.0119	0.0124	0.0133	0.0142	0.0152	0.0173	0.0381	0.0249	0.0304	0.0243	0.0194	67
惠水县	0.0094	0.0101	0.0107	0.0116	0.0124	0.0134	0.0169	0.0341	0.0243	0.0273	0.0361	0.0187	68
贞丰县	0.0089	0.0098	0.0109	0.0119	0.0128	0.0140	0.0176	0.0234	0.0194	0.0288	0.0448	0.0184	69
榕江县	0.0121	0.0137	0.0157	0.0172	0.0187	0.0205	0.0236	0.0182	0.0126	0.0141	0.0319	0.0180	70
万山区	0.0017	0.0019	0.0021	0.0023	0.0025	0.0028	0.0040	0.0100	0.0304	0.0565	0.0765	0.0173	71

续表

县区	2010年	2011年	2012年	2013年	2014年	2015年	2016年	2017年	2018年	2019年	2020年	地区均值	排序
黄平县	0.0112	0.0124	0.0137	0.0149	0.0161	0.0176	0.0200	0.0238	0.0147	0.0168	0.0271	0.0171	72
剑河县	0.0108	0.0120	0.0133	0.0145	0.0157	0.0171	0.0199	0.0241	0.0142	0.0174	0.0286	0.0170	73
台江县	0.0108	0.0122	0.0140	0.0153	0.0167	0.0183	0.0205	0.0155	0.0083	0.0103	0.0196	0.0147	74
麻江县	0.0083	0.0093	0.0104	0.0113	0.0123	0.0134	0.0156	0.0190	0.0108	0.0127	0.0209	0.0131	75
丹寨县	0.0067	0.0076	0.0088	0.0096	0.0105	0.0116	0.0132	0.0113	0.0081	0.0094	0.0465	0.0130	76
天柱县	0.0084	0.0094	0.0105	0.0115	0.0124	0.0136	0.0153	0.0178	0.0099	0.0113	0.0193	0.0127	77
务川自治县	0.0064	0.0068	0.0072	0.0077	0.0083	0.0089	0.0102	0.0228	0.0143	0.0179	0.0274	0.0125	78
三穗县	0.0077	0.0087	0.0099	0.0108	0.0118	0.0129	0.0148	0.0155	0.0086	0.0106	0.0162	0.0116	79
安龙县	0.0034	0.0038	0.0043	0.0047	0.0052	0.0057	0.0074	0.0105	0.0078	0.0240	0.0400	0.0106	80
道真自治县	0.0043	0.0047	0.0049	0.0053	0.0057	0.0062	0.0071	0.0158	0.0162	0.0206	0.0197	0.0100	81
册亨县	0.0054	0.0060	0.0067	0.0073	0.0080	0.0087	0.0105	0.0140	0.0097	0.0121	0.0151	0.0094	82
晴隆县	0.0035	0.0039	0.0044	0.0048	0.0053	0.0058	0.0076	0.0108	0.0076	0.0141	0.0263	0.0085	83
正安县	0.0036	0.0038	0.0041	0.0044	0.0048	0.0052	0.0062	0.0142	0.0100	0.0117	0.0220	0.0082	84
岑巩县	0.0060	0.0070	0.0083	0.0092	0.0101	0.0111	0.0129	0.0076	0.0047	0.0047	0.0076	0.0081	85
罗甸县	0.0039	0.0043	0.0048	0.0053	0.0058	0.0063	0.0079	0.0116	0.0085	0.0091	0.0158	0.0076	86
普安县	0.0023	0.0026	0.0030	0.0033	0.0037	0.0041	0.0055	0.0082	0.0060	0.0139	0.0191	0.0065	87
望谟县	0.0024	0.0027	0.0031	0.0034	0.0038	0.0042	0.0052	0.0071	0.0046	0.0104	0.0096	0.0051	88
年度均值	0.0362	0.0390	0.0421	0.0453	0.0483	0.0524	0.0589	0.0881	0.0624	0.0691	0.0772	0.0563	

注：水城县在2020年设立为水城区，黔西县在2021年设立为黔西市；贵州省11个民族自治县采用简称，如威宁彝族回族苗族自治县简称威宁自治县。

第二节　县域旅游经济增长时序演化特征

基于构建的县域旅游经济增长水平评价指标体系,利用改进熵值法测算2010—2020年贵州省县域旅游经济增长水平指数,本节运用极差、标准差、变异系数分析贵州省县域旅游经济增长时序演化特征。

一、县域旅游经济增长时序动态演化

为了探究贵州省88个县区旅游经济增长的时序动态演化特征,统计2010—2020年贵州省88个县区旅游经济增长水平均值及年变化率、2010—2020年贵州省88个县区旅游经济增长水平指数高于全省均值(0.0563)的县区数,并绘制曲线图(见图5-1、图5-2)。

图5-1　2010—2020年88个县区旅游经济增长水平均值及年变化率

整体上看,贵州省县域旅游经济增长呈现出稳步向好的态势。从图5-1中可以看出:贵州省县域旅游经济增长水平指数从2010年的0.0362上升到2020年的0.0772,旅游经济增长水平整体呈现增长趋势。为了进一步证实这一判断,统计2010—2020年旅游经济增长水平指数高于全省均值的县区数(见图5-2)。2010—2020年,旅游经济增长水平指数高于全省均值的县区数从12个增加至39个,整体上呈现出逐年增加态势,这进一步证实了贵州省县域旅游

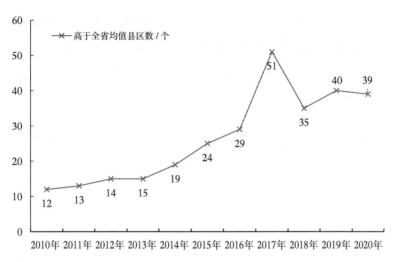

图 5-2　2010—2020 年 88 个县区旅游经济增长水平高于全省均值的县区数

经济增长呈现出逐年向好的态势。同时,我们也清晰地看到,2020 年受疫情影响,旅游经济增长水平指数高于全省均值的县区数量有所下降,但贵州省旅游经济这一向好态势并没有被阻断的危险。不可否认的是,2010 年以来贵州省 88 个县区旅游经济增长水平显著提升,产业综合发展水平和区域整体发展质量均有显著提高。

从时间变化上看,贵州省县域旅游经济增长呈现出较为明显的阶段性特征。从旅游经济增长水平年变化率看(见图 5-1),贵州省县域旅游经济呈现出平稳快速增长和波动高速增长两个阶段性发展特征。2010—2020 年(除了 2018 年),旅游经济增长水平年变化率保持 6.5% 以上水平。其中,2010—2015 年旅游经济增长保持较高水平且年度变化相对平稳。2016 年后,贵州省旅游经济进入"井喷式"增长阶段。2016—2020 年年变化率都在 10% 以上,特别是 2017 年实现 49.64% 的"井喷式"增长。虽然相较于 2017 年,2018 年年变化率下降至 -29.25%,但是其旅游经济增长水平相对 2016 年依然有 5.9% 的增长幅度。这一客观事实也进一步证实了贵州省县域旅游经济增长总体向好的初步判断,为贵州省旅游经济发展的阶段性波动特征提供了依据。

二、县域旅游经济增长时序动态演化特征分析

为了验证贵州省 88 个县区旅游经济增长时序动态演化过程,本节选取极差、标准差、变异系数测算贵州省县域旅游经济增长水平的绝对差异变化和相对差异特征。

计算并绘制贵州省88个县区2010—2020年旅游经济增长水平的极差、标准差和变异系数,分别描述贵州省县域旅游经济增长的绝对和相对差异特征(见图5-3)。

图5-3　2010—2020年贵州省县域旅游经济增长的时序变化特征

从图5-3可以看出,第一,2010—2020年贵州省县域旅游经济增长绝对差异整体呈现扩大态势,相对差异有所改善。2010—2020年旅游经济增长水平指数的标准差从0.041增加到0.105,极差值除2020年外,从0.204增加到0.320,表明绝对差异整体呈现出逐年扩大的态势。除2020年受疫情影响外,2010—2019年贵州省各县区旅游经济增长水平指数的变异系数均在1.0上下浮动,且整体略有下降(从1.129下降至0.994),表明贵州省各县区旅游经济相对差异有所改善。第二,从曲线波动变化来看,贵州省县域旅游经济增长以2016年为界呈现出两个发展阶段,前期旅游经济增长趋于平稳,随后呈现振荡增长态势。旅游经济增长水平指数的极差、标准差以2016年为界表现出线性变化到无规律波动的变化态势(除2020年外),变异系数则以2016年为界表现出先相对稳定后逐步减小的变化态势,这证实了贵州省县域旅游经济差异明显且总体差异有扩大趋势,反映了贵州省县域旅游经济非均衡性特征明显但整体相对差异有改善的趋势。

通过对近十几年来贵州省县域旅游经济发展统计指标、产业发展宏观环境和政策背景的整理和分析,本书认为:

第一,受贵州省内区域经济发展水平相对不平衡、旅游资源禀赋空间差异、旅游产业发展起步早晚以及县域旅游经济政策刺激差异等综合因子影响,贵州省县域旅游经济增长整体上表现出非均衡性特征。同时,由于旅游业发展存在显著的"惯性"机制和"自我强化"的内生机制,贵州省县域旅游经济增长的绝对差异扩大也成为必然。近年来特别是2015年来,贵州省加大了对旅游产业的发展政策扶持和旅游基础设施建设的支撑力度,区域内旅游产业发展整体呈现出"井喷式"增长态势,区域内各县区旅游产业发展基础和产业发展环境均有显著的提升,区域内旅游产业发展区域差异有所改善,但是尚不足以改变现阶段县域旅游经济整体不均衡的格局。

第二,2010—2020年旅游经济增长阶段性态势是旅游产业发展政策、产业经济运行环境共同作用的结果。2009年发布的《国务院关于加快发展旅游业的意见》确立了旅游产业作为"国民经济的战略性支柱产业和人民群众更加满意的现代服务业"的地位。旅游经济因其广阔的产业关联性,成为推动2008年全球经济在金融危机后复苏的重要力量。2012年,《国务院关于进一步促进贵州经济社会又好又快发展的若干意见》的发布为贵州省经济转型发展提供了一剂"强心针"。在此背景下,贵州省于2013年启动"100个旅游景区建设"项目。至此贵州省旅游产业经济发展形势趋向稳步增长。但是2010—2015年全球经济依然处于金融危机复苏之中,加上受2009年H1N1流感病毒疫情在全球的局部性暴发、2011年日本地震等重大事件影响,同时贵州省旅游经济刺激政策和旅游基础设施建设存在滞后效应,该阶段贵州省县域旅游经济保持较为稳定的发展态势。2016年后,沪昆高铁(2016年全线贯通)、贵广客运专线、成贵高铁等快速铁路通道和全省实现"县县通高速"(2015年)的建设运行等,极大地改善了贵州省旅游经济发展的交通短板问题;《贵州省生态旅游发展战略总体规划》《贵阳宣言》、贵州省旅游产业发展大会、《贵阳市大数据旅游三年行动计划》及"100个旅游景区建设"项目等系列旅游刺激和激励政策效应的叠加,使得2016年后贵州省旅游经济进入"井喷式"增长阶段。由于短期内过于密集的旅游政策刺激和旅游基础设施快速改善,贵州省县域旅游经济表现出一定"振荡式快速增长"的应激反应态势。

值得进一步关注和说明的是,2020年疫情对贵州省县域旅游经济增长态势产生较大冲击。从统计数据上看,贵州省县域旅游经济绝对和相对差异迅速扩大,旅游经济总体规模和发展态势都明显受阻,甚至让人产生"辛辛苦苦几十年,一朝回到解放前"的错觉。然而,贵州省现实旅游经济增长水平是否回退至若干年前的水平？这关乎本研究对贵州省旅游经济增长态势的判断。为此,笔者针对省内各县区旅游产业发展环境对相关管理人员和游客进行了调研,多数被调研者认为2020年的旅游经济发展数据与疫情之下跨省和省内旅游流动防控有关。2020年公布的旅游经济运行数据尚不能作为判断贵州省旅游经济增长差异变化的决定性因素,其发展态势需要结合旅游产业发展客观实际综合衡量。目前贵州省县域旅游经济增长水平绝对差异扩大但相对差异逐步改善,县域旅游资源开发能力、旅游服务质量和旅游产业发展基础设施条件均有极大的提升。疫情冲击倒逼贵州省旅游经济在从"量"的扩张向"质"的提升转型过程中跨了一大步。可以预期的是,近十几年来贵州省旅游产业规模的积累和旅游经济发展质量的转型探索,为其在"后疫情时期"旅游经济高质量转型发展奠定了坚实的基础。而这一预判也已经从省级层面进一步证实了中国政界、学术界和产业界对国内旅游产业发展态势的基本预期。

第三节 县域旅游经济增长空间结构演化特征

探索旅游经济空间结构演化特征可以从宏观上映射旅游经济增长在地理空间内聚散过程的规律性,是识别区域旅游经济增长的空间分异特征及其影响因素的重要方法。为此,本节以贵州省88个县区旅游经济增长水平测度结果为基础数据,借助ArcGIS空间可视化研究手段和重心模型刻画贵州省旅游经济增长的空间分布格局演化轨迹,为探究旅游经济增长的驱动机制和总结旅游经济发展模式奠定基础。根据贵州省县域旅游经济增长的时序演化进程,2016年是贵州省县域旅游经济发展的重要转折点,选取2016年作为重要时间节点,由于2020年受疫情影响,增加展示2019年时间节点。因此,本节选择用2010年、2016年、2019年和2020年作为研究节点进行展示。

一、县域旅游经济增长空间等级结构及演化特征

根据2010—2020年贵州省88个县区旅游经济增长水平测度结果,将旅游经济增长水平划分为高水平、较高水平、中等水平、较低水平和低水平五个相对梯度等级,并用ArcGIS 10.5绘制2010—2020年县域旅游经济增长空间等级结构演化图(见图5-4),统计各等级水平县区个数,绘制2010—2020年贵州省旅游经济增长水平各等级比重(见表5-2)。

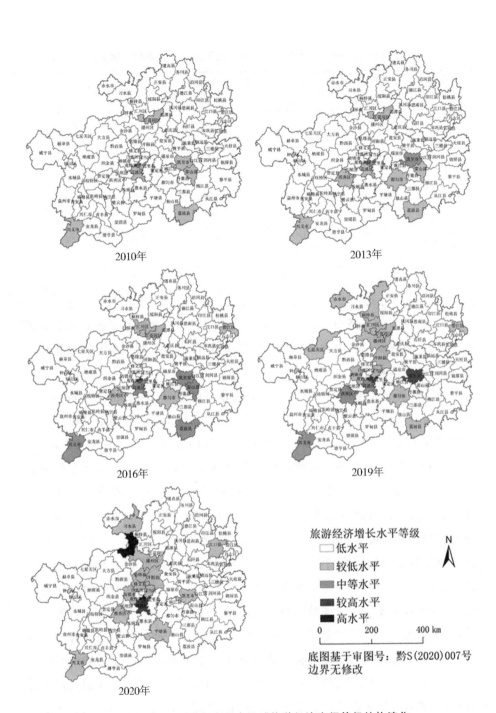

图 5-4 2010—2020 年贵州省县域旅游经济空间等级结构演化

表 5-2 2010—2020 年贵州省旅游经济增长水平各等级比重　　　　单位:%

年份	低水平	较低水平	中等水平	较高水平	高水平
2010年	90.91	7.95	1.14	0	0
2011年	89.77	9.09	1.14	0	0
2012年	90.45	7.36	2.19	0	0
2013年	88.64	7.95	3.41	0	0
2014年	88.63	6.82	4.55	0	0
2015年	87.5	5.68	6.82	0	0
2016年	86.36	5.68	6.82	1.14	0
2017年	70.44	19.32	4.55	4.55	1.14
2018年	86.36	7.95	4.55	1.14	0
2019年	79.54	13.64	3.41	3.41	0
2020年	81.82	13.64	0	2.27	2.27

第一,空间分布格局上,贵州省旅游经济增长非均衡性特征显著且有显著的层级性,各等级结构呈现出"金字塔"形态,较高水平和高水平县区数相对较少。具体表现如下。

旅游经济增长较好的地区主要分布在设区的市、自治州政府驻地附近,县域旅游经济增长水平空间分异演化格局与县区高级别旅游资源分布格局及其开发时序密切相关,且呈现出从这些中心县区向外围区域逐渐递减的趋势。从图 5-4 可以看出,旅游经济增长处于较高水平及以上等级的县区主有云岩区、凯里市、雷山县、花溪区、兴义市、荔波县、西秀区等县区,较高水平及以上等级县区数合计占全省比重不到 10%。分析发现,以上所列旅游经济增长较高水平和高水平地区的分布与贵州省旅游资源分布及知名度、区位条件和旅游产业发展起步先后等因素密切相关。例如,云岩区是贵阳市较早和较繁华的中心城区,分布有较为密集的交通中转站场和旅游购物、旅游休闲等服务设施,是贵州省重要的旅游集散中心,其旅游经济增长水平长期处于全省各县区前列;凯里市、花溪区、兴义市、西秀区等县区均是各个州市的首府或者中心城区,拥有较好的客源市场环境和区域经济发展基础,旅游接待能力和配套服务设施较为完善,为县域旅游经济发展提供了良好的基础。同时,我们也发现雷山县、荔波县等县区旅游产业发展起步较早,且拥有高级别旅游资源。如雷山县拥有世界上规模最大的苗族聚居村寨——西江千户苗寨,荔波县拥有"中国南方喀斯特"世界自然遗产地和"世界人与生物圈保护区"两张世界级品牌,被誉为"地球绿宝石"和"全球最美喀斯特"。值得说明的是,以上区域大多是贵州省历届全省旅游产业发展大会举办地,旅游政策倾斜和驱动有力改善了这些县区的旅游发展条件。

此外,红花岗区、都匀市、汇川区、碧江区、七星关区、赤水市、清镇市、乌当区、开阳县、桐梓县等县区旅游经济增长整体处于较低水平,虽整体水平有待提高,但相对周边县区也表现出一定的发展优势,各年份该等级占比大多在15%以内。相对低水平县区而言,处于较低水平的县区拥有一定数量和等级的旅游资源,在旅游资源和产业基础、交通区位方面都有一定的优势;但是这部分县区中大多数旅游产业发展起步相对较晚或者旅游资源禀赋不高,导致县域旅游经济增长仍然处于较低水平,制约这部分县区旅游经济增长的主要因素可能与其旅游产业基础积累、旅游资源开发程度及起步时序有关。

低水平旅游经济增长县区数量最多,在大多数年份占全省80%以上。进一步分析发现:一方面部分县区远离省会城市或者市州中心城区,较多县区曾经属于国家级或者省级贫困县或者是少数民族聚居区,原有交通基础条件较差、县域经济相对欠发达、旅游资源条件优势不明显、居民可支配收入较低等因素限制了旅游市场的发展,如贞丰县、剑河县、台江县、麻江县、天柱县、道真自治县、晴隆县、正安县、岑巩县、罗甸县、普安县、望谟县等;另一方面,部分县区虽然拥有一定数量旅游资源或者拥有较好的经济产业基础,但是旅游产业在地区国民经济中占比较低,旅游产业发展起步较晚,发展水平依然处于追赶的最后一梯队,如以能源资源开发起家的铜仁市万山区就是其中的重要代表。

此外,笔者也观察到2020年受疫情冲击,全省旅游人次出现断崖式跌落,但是从空间格局上看与2019年基本保持一致,整体上依然保持了2010年以来的总体等级空间格局特征。**总之,贵州省县域旅游经济增长表现出宏观发展格局上的异质性,以上基于贵州省案例的研究结果也证实了前文有关山区旅游经济增长资源指向、"小、散、特"、通道效应以及政策依赖等特征的理论探索。**

第二,空间结构演化上,2010—2020年贵州省县域旅游经济增长空间结构经历了从"单核多点"结构向"双核多点"结构再到"极-轴"结构的转变过程。具体表现如下:2010年至2013年全省旅游经济增长空间结构整体表现为以贵阳市云岩区为核心,兴义市、红花岗区、凯里市—雷山县、荔波县为多中心点的"单核多点"格局;2013年至2016年,凯里市—雷山县组合体发展成为旅游经济增长的第二核心,增长中心的数量也有所增加,西秀区、都匀市、汇川区、花溪区、碧江区等县区相继发展成为新的增长中心,全省旅游经济增长空间结构演化为"双核多点"格局;2016年至2020年,贵阳市—遵义市的轴线开始形成,云岩区和凯里市—雷山县的核心地位进一步加强,同时增长中心的县区数也有一定增加,"极-轴"空间结构基本形成。

云岩区是贵阳市较早的建成区之一,也是贵阳旅游产业活动和旅游资源分布较多的区域。近年来,随着贵阳国家级大数据产业发展集聚示范区和西南地区重要的快速交通枢纽地位的确立,云岩区凭借其所在的贵阳市省会城市优势,在旅游经济中的核心地位进一步强化。黔东南自治州的凯里市—雷山县、黔南自治州的荔波县是贵州省少数民族聚集地区,广布且独特的苗、侗民族村寨资源(西江千户苗寨)和独具特色的喀斯特山水旅游资源(荔波樟江)是该区域旅游发展最重要的资源优势,也是其发展成为贵州省举足轻重的旅游目的地的重要因素。随着"县县通高速"和高速铁路的开通,快速交通使得凯里市—雷山县组合体的外部交通可达性显著提升,旅游经济进入快速发展阶段,一跃成为贵州省第二旅游经济核心。贵阳市—遵义市轴线上的县区在2016年后,旅游经济增长速度加快,分析发现:一是贵遵同城化和贵遵经济圈一体化发展促进了区域旅游流聚集;同时遵义市加快旅游资源建设,先后新增A级旅游景区等50余处,为该区域旅游经济增长赋能。值得关注的是,铜仁市碧江区、毕节市七星关区也是高铁等快速交通发展红利的受益县区。同时,笔者也发现快速交通产生了较为明显的"虹吸效应",导致2016年后雷山县旅游流出现向周边中心城市(如凯里市)转移的态势,旅游经济地位有所下降,"雷山县"在第二核心中地位式微。安顺市西秀区、黔南自治州都匀市和黔西南自治州兴义市是贵州省旅游开发和开放较早的市州建成区和中心城区,是贵州省重要的二级旅游集散中心。这些县区多依托周边的优质旅游资源(如安顺镇宁自治县黄果树风景名胜区,兴义市马岭河峡谷、万峰林景区等),旅游经济增长水平保持贵州省县区前列。此外,六盘水市是中国重要的煤炭资源型城市,所辖县区旅游经济增长水平在贵州省县区中相对靠后,这是因为六盘水市所辖县区旅游资源开发较晚且知名度不高,旅游接待基础设施配套不到位,其旅游发展一直落后于其他地区。

受疫情影响,全省旅游经济增长格局有所变化,部分交通优势红利县区在疫情防控中优势丧失,但整体格局依然稳定。我们惊喜地发现,遵义市仁怀市2020年的旅游经济增长数据特别亮眼,分析认为这是由于仁怀市推进的"酒文化+旅游"融合发展成效显现,同时以酒文化衍生出的旅游业态也表现出较好的产业韧性。

二、县域旅游经济增长重心空间转移演化特征

以上通过ArcGIS可视化方式描述了2010—2020年贵州省县域旅游经济增长空间等级结构及其演变,为了进一步阐述旅游经济增长重心转移的过程,接下来将引入重心模型探究贵州省县域旅游经济增长重心的空间转移演化过程。根据重心模型计算出2010—2020年贵州省县域旅游经济增长重心的空间地理坐标,借助ArcGIS标注2010—2020年贵州省县域旅游经济增长重心点,并绘制2010年、2013年、2016年和2019年贵州省县域旅游经济增长重心标准差椭圆趋势及重心转移轨迹(见图5-5),以及2010年、2016年和2019年县域旅游经济增长的趋势面拟合图(见图5-6);分年度统计贵州省县域旅游经济增长重心空间转移方向及转移范围(见表5-3)。

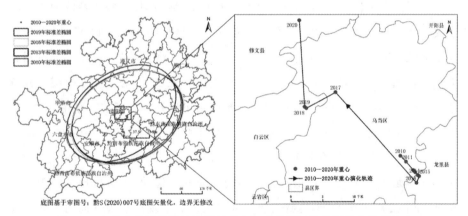

图 5-5 贵州省县域旅游经济增长重心标准差椭圆趋势及重心转移轨迹

图 5-6 贵州省县域旅游经济增长的趋势面分析

表 5-3　2010—2020 年贵州省县域旅游经济增长重心空间转移方向及范围

变动年份	移动方向	移动距离/km
2010—2011 年	东南	1.3141
2011—2012 年	东南	1.7150
2012—2013 年	东南	0.4482
2013—2014 年	东南	0.6418
2014—2015 年	东南	0.2456
2015—2016 年	西南	1.0808
2016—2017 年	西北	16.7003
2017—2018 年	西南	6.8553
2018—2019 年	东南	1.1798
2019—2020 年	西北	14.4986

注：范围按照地理空间距离 111.111 km/(°)计算。

从图 5-5 和图 5-6 可以看出，2010—2020 年贵州省县域旅游经济增长重心主要位于贵阳市及其周边，重心主要落在乌当区（2010—2014 年和 2017 年）、龙里县（2015—2016 年）、白云区（2018—2019 年）、修文县（2020 年），与贵州省地理几何重心、经济重心位置基本相当，整体呈现出"中心-外围"圈层分异特征，贵州省县域旅游经济增长的趋势面拟合结果也基本证实这一结论。

从变化轨迹上看，总体上东西向移动幅度略大于南北向移动幅度，空间上呈现出"西进北退"的变化轨迹特征。时间上表现出两个发展阶段：2010—2016 年县域旅游经济增长重心整体表现为向东南移动，绝对地理空间距离不超过 2 km；2016—2020 年县域旅游经济增长重心呈现出阶段性向西北方向移动的特征。其中，2016—2017 年县域旅游经济增长重心相对前几年有较大变化，且移动方向发生转折，绝对地理空间距离达到 16.7003 km，结合前文分析发现，由于凯里市—雷山县旅游经济中心相对没落和贵阳市—遵义市轴线快速发展，旅游经济增长重心向西北转移。随后几年旅游经济增长重心虽有所波动，但整体依然表现出向西北移动的趋势，但是以贵阳市为中心的县域旅游经济发展核心依然没有发生根本性的改变。这一研究结果进一步证实了贵州省县域旅游经济在时间演化上的阶段性特征，从空间上再次验证了贵州省县域旅游经济增长空间结构从"单核多点"（贵阳市核心）结构向"双核多点"（贵阳市和凯里市—雷山县双核)结构再到"极-轴"(贵阳市发展极、贵阳市—遵义市发展轴)结构的转变过程。

通过贵州省县域旅游经济增长水平测算结果和旅游经济发展现实调研,结合前文对山区旅游经济传导模式的理论推导,笔者认为:"毕节—贵阳—荔波"(成贵—贵广高铁)轴线和"铜仁—凯里—贵阳—安顺—盘州"(沪昆高铁)轴线当前虽尚未连点成线,但在可预见的将来,这两条轴线必将发展形成贵州省新的旅游发展轴,届时贵州省旅游经济增长结构将进一步演化成为"多点状网络"格局。这些产业发展事实也会为前文理论推导提供论据。

第四节 县域旅游经济增长影响因素分析

根据古典主义经济学理论,区域经济发展水平是区域经济发展内生要素和政策规制共同作用的结果。山区旅游经济是区域经济的重要组成部分,其发展必然受到区域经济发展水平、资本(人力资本和金融资本)、市场化水平等因素的影响;同时,山区旅游经济增长和演化过程与其所处的自然环境和社会经济条件密切相关,其独特的地理环境可能是山区旅游经济发展的不可忽视的影响因素。

一、影响因素探测分析

根据地理探测器模型,将TR(旅游资源)、TRI(旅游接待能力)、ROA(交通条件)、POL(政府投资)、STR(产业结构水平)、CON(社会消费水平)等影响因子的数据处理后,检验2010年、2016年和2019年这些影响因子对贵州省县域旅游经济增长的作用强度及其变化特征。单因子探测结果如表5-4所示。

表5-4 贵州省县域旅游经济增长的影响因子探测

影响因子	2010年	2016年	2019年	均值
TR(旅游资源)	0.3162**	0.1372*	0.2141***	0.2225
TRI(旅游接待能力)	0.7670***	0.6561***	0.6559***	0.6930
ROA(交通条件)	0.1317	0.1730	0.2953*	0.2000
POL(政府投资)	0.2758***	0.3288***	0.3479***	0.3175
STR(产业结构水平)	0.5440***	0.5709***	0.5403***	0.5517
CON(社会消费水平)	0.5416***	0.4469***	0.5980***	0.5288

从表5-4可以看出：2010年和2016年的交通条件(ROA)未通过显著性检验，其他年份各个影响因子对县域旅游经济增长的影响均通过显著性检验。根据王劲峰等(2017)阐述，地理探测关注的是地理空间层的相互关系，因此，即使影响因子未通过显著性检验，依然存在其物理意义。

（一）旅游资源(TR)

旅游资源对贵州省县域旅游经济增长的影响强度总体表现出波动下降的态势。对比2010年、2016年和2019年旅游资源q值，先快速下降后略有提升。研究表明旅游资源依然是贵州省县域旅游经济增长的重要影响因子，但是其影响强度与旅游资源开发过程密切相关。分析认为，贵州省喀斯特地貌独特，少数民族风情多彩，是我国重要的旅游资源大省，早期贵州省一些重要的旅游目的地大多是依托旅游资源而形成的(如安顺黄果树瀑布等)，旅游资源开发进程一直影响着贵州省县域旅游经济发展，一度影响着贵州省县域旅游经济增长的空间格局。2012年在《国务院关于进一步促进贵州经济社会又好又快发展的若干意见》文件的支持下，贵州省县域旅游资源得以迅速开发，众多新旅游景区(景点)进入建设行列(如2013年起六盘水市先后完成野玉海、梅花山、哒啦仙谷等景区建设)。到2016年前后，贵州省基本完成传统旅游资源开发，景区建设基本进入尾声，一定程度上导致旅游资源驱动县域旅游经济增长的强度有所下降；但随着贵州省旅游经济总量的快速增长，贵州省大力推进全域旅游发展，更多的要素被纳入旅游资源的范畴并得以开发，同时原有旅游资源在全域旅游发展理念下获得新的开发机遇，这在很大程度上减缓了旅游资源对县域旅游经济增长影响强度的下降。

（二）旅游接待能力(TRI)

对比其他影响因子，2010—2019年旅游接待能力对贵州省县域旅游经济增长影响的q值一直是最大的，且呈现逐年下降态势。这表明旅游接待能力是2010—2019年贵州省县域旅游经济增长最重要的影响因子，但旅游接待能力对县域旅游经济增长的驱动效应有所减弱。分析认为，贵州省旅游接待设施(如旅行社和酒店)一直是贵州省旅游产业发展的短板，接待能力一定程度上限制了贵州省旅游经济的增长，这充分解释了旅游接待能力对县域旅游经济增长的强有力影响。同时，我们也注意到2013年后，贵州省以省市县各级旅游发展大会的形式强力推进区域旅游基础设施建设，旅游接待能力在全省范围内得以快速提升,接待能力对县域旅游经济增长的影响随着全域接待能力的提升而下降。此外,随着贵州省经济社会的快速发展,贵州省旅游业开始步入智慧旅游、全域旅游和休闲旅游时代,新的旅游要素加入使得传统旅游基础条件的影响力相继减弱。

(三)交通条件(ROA)

从因子探测 q 值及其显著性检验结果可以看出,2010年(q值=0.1317)和2016年(q值=0.1730)交通条件对贵州省县域旅游经济增长的影响相对较小且未通过显著性检验,这表明交通条件对当时贵州省县域旅游经济增长的影响较小;在2019年的因子探测中交通条件的影响持续增大(q值=0.2953),且通过10%置信水平的显著性检验。分析认为,一直以来受制于山区自然条件限制,贵州省交通基础设施特别是县域交通条件较差,在旅游产业发展初期,交通条件对县域旅游经济增长的作用强度尚未充分显现,交通条件对县域旅游经济增长的影响仅集中在交通基础相对优越的地区,这种非线性关系正是未通过显著性检验的原因所在。2015年底,贵州省实现"县县通高速",2017年实现"村村通硬化路""村村通客运",随后,贵州省县域交通持续优化,逐渐突破山地自然限制形成的相对封闭性,交通条件对县域旅游经济增长的影响呈现出正态分布规律,影响强度随之有所提升。这一发展过程也充分证实了前文关于交通条件对山区旅游经济格局的通道效应和扩散效应的理论判断。

(四)政府投资(POL)

2010年、2016年和2019年政策投资对贵州省县域旅游经济增长的影响强度 q 值持续上升,表明政府投资和政策支持可以有效促进县域旅游经济增长。分析发现,2009年以来贵州省将旅游产业作为全省战略性支柱产业予以扶持,积极推动全省旅游产业发展,全省旅游产业发展进入政策红利期。据统计,2009年以来贵州省用于旅游产业建设的固定投资增长了3倍,行政手段调控和政府资金的投入有力推进了贵州省县域旅游经济增长。

(五)产业结构水平(STR)

从探测三年的 q 值看,区域产业结构水平对县域旅游经济增长的影响一直保持较高强度(q值>0.5400),其 q 值均值位于探测因子第二位,这表明区域产业结构水平是县域旅游经济增长的关键性影响因素之一。分析认为,区域产业结构高级化可以有效促进县域旅游产业自身结构的调整,同时也有利于旅游产业融合发展,实现旅游产业转型升级。

(六) 社会消费水平(CON)

社会消费水平对县域旅游经济增长的影响也保持较高强度(q值=0.5288),q值虽然在2016年有所下降(q值=0.4469),但在2019年又回归高位(q值=0.5980)。在县域研究尺度,本地市场消费水平一定程度上制约了区域旅游产业规模化发展。进一步分析发现,近年来贵州省周边游(休闲游)逐渐兴起,特别是乡村旅游市场快速发展,本地消费市场为县域旅游经济增长提供了重要动力。

整体上看,政府投资、产业结构水平、社会消费水平等外生支撑要素对县域旅游经济的支撑、调控和刺激效应更加突出,随着时间推移,其作用强度有明显的上升趋势,而旅游资源、旅游接待能力和交通条件等内生传统要素的改善对县域旅游经济增长的影响略有削弱。这种作用强度的转换反映了贵州省县域旅游经济发展环境的转变,即在较早发展时期,县域旅游经济增长受制于其所在的自然环境,旅游资源和旅游接待能力可能成为其较为重要的影响因子(李琼,2016);随着交通网络等的不断完善,原有的因自然条件形成的束缚效应(如资源指向聚集、交通约束效应等)逐渐减弱,在政府调控和市场引导下,县域旅游经济增长表现出更加明显的市场指向和政策指向特征。贵州省这一探测结果证实了前文山区旅游经济发展独特性及其演化的理论判断。

二、影响因素交互探测及其作用机理分析

为了进一步探测贵州省县域旅游经济增长影响因素的交互作用关系,整理出因子交互探测结果,如图5-7所示。根据贵州省县域旅游经济发展时间变化特征,2016年是贵州省县域旅游经济发展的重要转折点,因此,将2016年作为重要时间节点,在影响因素交互探究中选择用2010年、2016年和2019年作为研究节点进行展示。

从图5-7可以看出,贵州省县域旅游经济增长的影响因子交互作用后,所有探测因子的交互q值均有较大提升,表明贵州省县域旅游经济增长是多因素共同作用的结果。因此,制定县域旅游经济增长政策时,要充分关注影响因子的组合效应,最大限度地发挥影响因子"1+1>2"效应。

2010年	TR	TRI	ROA	POL	STR	CON
TR	0.3162					
TRI	0.8459	0.7670				
ROA	0.4872	0.8409	0.1317			
POL	0.5394	0.8504	0.4402	0.2758		
STR	0.7184	0.8189	0.7299	0.6777	0.5440	
CON	0.7004	0.8108	0.6690	0.6513	0.6453	0.5416
2016年	TR	TRI	ROA	POL	STR	CON
TR	0.1372					
TRI	0.6981	0.6561				
ROA	0.3506	0.7651	0.1730			
POL	0.4718	0.7295	0.4669	0.3288		
STR	0.7147	0.8001	0.7006	0.6179	0.5709	
CON	0.6579	0.7617	0.6156	0.5624	0.6631	0.4469
2019年	TR	TRI	ROA	POL	STR	CON
TR	0.2141					
TRI	0.8343	0.6559				
ROA	0.4732	0.8414	0.2953			
POL	0.3473	0.7747	0.2934	0.3479		
STR	0.7316	0.8674	0.6871	0.5076	0.5403	
CON	0.6963	0.7533	0.7750	0.5991	0.7467	0.5980

图例　■ 双因子增强　▨ 非线性增强

图 5-7　贵州省县域旅游经济增长影响因子的交互探测结果

影响因子交互后主要表现出双因子增强和非线性增强两种类型的结果，其中与交通条件（ROA）交互增强的类型均为非线性增强，其他因子交互增强类型多为双因子增强。深入观察发现，交通条件单因子对县域旅游经济增长的作用强度较小，但是与旅游资源、旅游接待能力、政府投资、产业结构水平和社会消费水平等因子交互后，作用强度显著提升，这表明交通条件作为基础设施，其对旅游经济增长的作用需要其他因子参与才能产生更大的影响效应。进一步结合单因子探测显著性检验结果，交通条件未通过显著性检验，其交互探测结果表现出非线性关系，这也进一步说明交通对旅游经济增长的作用机制依然存在区域差异，具体表现就是交通通道约束效应。

从图 5-7 可以看出，在探测的三个年份中发现几个比较有趣的现象：旅游接待能力因子（TRI）与其他因子交互的 q 值均位于前列，这表明其他影响因子可以通过促进旅游接待能力提升进而促进旅游经济增长，这进一步证实旅游接待能力是影响贵州省县域旅游经济增长的核心因子的客观事实；同时，政府投资(POL)既对县域旅游经济增长有较强作用,同时还可以通过市场规模扩张、促进产业结构调整、旅游资源开发、交通条件改善实现对县域旅游经济增长的贡献;产业结构水平(STR)对县域旅游经济增长的作用强度较大,同时其与政府投资、社会消费水平的组合会产生更明显的影响效果;而旅游资源(TR)和交通条件(ROA)的交互探测结果显著大于单因子探测结果,说明旅游资源和交通条件等内在核心要素对县域旅游经济增长的影响需要与其他外部要素组合。

为了进一步总结贵州县域旅游经济增长影响因子作用过程,探究其影响机理,结合前文有关山区旅游经济增长特征相关理论分析,以及影响因子间作用路径和交互作用强度变化,本书将影响因子划分为3类,即核心因子(旅游接待能力)、主要因子(产业结构水平、社会消费水平、政府投资)、其他因子(旅游资源、交通条件),并绘制贵州省县域旅游经济增长影响因素作用路径及其机理框架(见图5-8)。

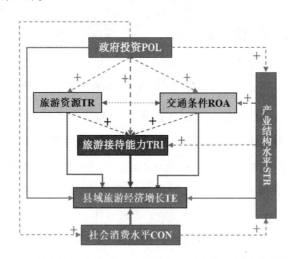

图5-8 贵州省县域旅游经济增长影响因素作用路径及其机理框架

第五节 本章小结

本章选择典型山地省区——贵州省88个县区为研究对象,构建县域旅游经济增长水平评价指标体系,利用改进熵值法测算2010—2020年贵州省县域旅游经济增长水平,运用标准差、变异系数、重心模型等分别从时间序列、空间分异、空间结构演化视角分析贵州省县域旅游经济时空演化特征;基于前文理论研究,选择山地旅游资源、旅游接待能力、交通条件等作为影响因子,利用地理探测器探测贵州省县域旅游经济增长的影响因子,揭示贵州省县域旅游经济增长空间结构演化特征及其影响机制。主要研究结论有:

(1)从整体上看,贵州省88个县区旅游经济增长水平整体偏低且差异明显,县域旅游经济增长水平与其地理区位条件和旅游资源条件密切相关。测度结果显示,仅有29个县区(占总县域单元的32.95%)旅游经济增长水平高于全省旅游经济增长水平均值;排名第一的云岩区2020年的旅游经济增长水平指数(0.4045)是最后一位望谟县(0.0096)的42.14倍。旅游经济增长水平较高县区主要是行政中心或者拥有较为知名的旅游资源的县区;旅游增长水平较低的县区多为距离行政中心较远、产业经济发展相对落后或者旅游资源较为贫乏的县区。

(2)从时间变化上看,贵州省县域旅游经济增长总体向好且呈现出较为明显的阶段性特征。贵州省县域旅游经济增长水平指数从2010年的0.0362上升到2020年的0.0772,旅游经济增长水平整体呈现增长趋势,在发展阶段上表现出较为明显的平稳快速增长(2010—2015年)和波动高速增长(2016—2020年)两个阶段性发展特征。贵州省县域旅游经济增长以2016年为界呈现出两个发展阶段,前期旅游经济增长趋于平稳,随后呈现振荡增长态势。2010—2020年贵州省县域旅游经济增长水平指数绝对差异整体扩大、相对差异有所缩小,表明贵州省近年来旅游经济绝对差异显著扩大而相对差异有所改善的总体发展态势。研究认为:贵州省内区域经济发展水平相对不平衡、旅游资源禀赋空间差异显著、旅游产业发展起步先后差异以及县域旅游经济政策刺激差异等综合因子的影响是贵州省县域旅游经济增长整体上表现出非均衡特征的原因。观察期内旅游经济增长的阶段性态势是旅游产业发展政策、产业经济运行环境共同作用的结果。

(3)在空间分布格局上,贵州省县域旅游经济增长非均衡性特征显著且有显著的层级性,各等级结构呈现出"金字塔"形态,较高水平和高水平县区数相对较少。具体表现为:旅游经济增长较好的地区主要分布在设区的市、自治州政府驻地附近,县域旅游经济增长水平空间分异演化格局与县区高级别旅游资源分布格局及其开发时序密切相关,且呈现出从这些中心县区向外围区域逐渐递减的趋势。在空间结构演化上,2010—2020年贵州省县域旅游经济增长空间结构经历了"单核多点"结构向"双核多点"结构再到"极-轴"结构的转变过程。具体表现为:贵州省县域旅游经济增长空间结构从"单核多点"(贵阳市核心)结构向"双核多点"(贵阳市和凯里市—雷山县双核)结构再到"极-轴"(贵阳市发展极、贵阳市—遵义市发展轴)结构的转变过程。基于地理重心空间转移演化的研究结果再次验证了这一结论。

(4)县域旅游经济增长的影响因子按照作用强度和地位依次为核心因子(旅游接待能力)、主要因子(产业结构水平、社会消费水平、政府投资)、其他因子(旅游资源、交通条件),但外生支撑要素对县域旅游经济的支撑、调控和刺激效应更加突出,且随着时间推移其作用强度有明显的上升趋势。在政府调控和市场引导下,县域旅游经济增长表现出更加明显的市场指向和政策指向特征。

第六章
贵州省县域旅游经济增长空间溢出效应及空间衰减边界

  传统经济学分析或者一般计量模型的假设通常忽视了空间效应的两个重要来源:空间依赖性和空间异质性。ESDA模型可以从空间的视角考察经济现象的交互作用,空间计量模型为测度空间效应的全域关系提供了方案。然而,既有研究无论是采用空间面板回归模型还是地理加权回归模型都只是从总体上或者局部解释了旅游经济的空间溢出现象,但弄清这一溢出现象的空间边界问题对于制定产业发展政策和实现空间协同具有重要意义。基于以上分析,本章基于经济外部性和地理学第一定律两大假说,利用2010—2020年贵州省88个县区的旅游经济时空面板数据,综合运用ESDA模型考察县域旅游经济增长与区域经济发展水平的空间关联特征,构建空间面板杜宾模型(SPDM)考察县域旅游经济增长对区域经济发展水平的空间溢出效应,并结合时空地理加权回归(GTWR)模型从时空视角探索县域旅游经济增长对区域经济发展水平的局域效应,揭示不同研究单元空间溢出效应的作用方向和大小;最后通过给定不同距离的空间权重探测县域旅游经济溢出效应的空间衰减边界。通过研究,本书试图证实以下问题:①县域旅游经济增长对区域经济发展是否存在空间溢出效应,如果存在,其空间溢出效应强度有多大,是否存在空间差异(异质性);②县域旅游经济增长对区域经济发展的空间溢出效应是否存在空间衰减规律,衰减边界在哪里。

第一节 县域旅游经济增长和经济发展水平空间自相关检验

第五章研究结果表明贵州省县域旅游经济增长表现出显著的空间非均衡性特征,既有研究也表明贵州省县域经济发展水平存在空间差异性(蔡永龙,2021;高长春,2020;朱士鹏,2013)。在进行空间计量模型检验之前,需要判断本章研究的两个核心变量之间是否存在空间关联,这也是进一步检验空间溢出效应的前提条件。空间自相关检验模型是研究变量之间空间关联关系的重要模型,有单变量和双变量两种检验方式。第一,通过单变量空间自相关检验,可以探索研究变量自身的空间相似特征,然而其不能反馈双变量之间的空间关系;第二,双变量空间自相关检验为描述和分析两个变量之间的空间关联和空间依赖特征提供了技术支撑(李平星等,2014)。因此,本节首先采用单变量空间自相关检验模型分别检验贵州省县域经济旅游增长与区域经济发展水平是否存在空间自相关,进一步采用双变量空间自相关检验模型对贵州省县域旅游经济增长和区域经济发展水平进行全局自相关检验和局域自相关检验,为后文开展空间计量回归分析提供依据。

一、全局自相关检验

为了掌握贵州省县域旅游经济增长和区域经济发展水平的全局自相关关系,根据全局自相关公式(第四章式4-8),借助OpenGeoDa 1.20软件,检验贵州省县域旅游经济增长和区域经济发展水平是否存在空间自相关。为了保证数据检验的稳健性,在基于地理空间距离的权重矩阵($W2$)、基于交通可达性的地理空间距离的权重矩阵($W3$)两种权重矩阵下,将观察期2010—2020年贵州省县域旅游经济增长、区域经济发展水平的全局自相关单变量和双变量检验结果统计如表6-1所示,并绘制全局自相关单变量和双变量Moran's I值曲线(见图6-1)。

表6-1 全局自相关检验统计结果

变量	年份	W2			W3		
		Moran's I	p	Z	Moran's I	p	Z
县域旅游经济增长	2010年	0.1316	0.0240	2.2175	0.0686	0.0921	1.3467
	2011年	0.1267	0.0250	2.1319	0.0621	0.0880	1.3644

续表

变量	年份	W2			W3		
		Moran's I	p	Z	Moran's I	p	Z
县域旅游经济增长	2012年	0.1213	0.0310	2.0362	0.0551	0.0931	1.0983
	2013年	0.1197	0.0310	2.0076	0.0532	0.0930	1.0591
	2014年	0.1178	0.0330	1.9782	0.0476	0.0951	0.9650
	2015年	0.1167	0.0320	1.9562	0.0502	0.0942	1.0362
	2016年	0.0965	0.0550	1.6419	0.0883	0.0854	0.9126
	2017年	0.1258	0.0200	2.2158	0.1047	0.0370	2.0106
	2018年	0.1768	0.0080	2.9826	0.1081	0.0330	2.0722
	2019年	0.1844	0.0070	3.0496	0.1199	0.0250	2.2328
	2020年	0.1717	0.0110	3.2902	0.1209	0.0260	2.5799
区域经济发展水平	2010年	0.3841	0.0010	6.6570	0.4319	0.0010	6.6621
	2011年	0.3973	0.0010	6.8334	0.4425	0.0010	6.7766
	2012年	0.3968	0.0010	6.7735	0.4457	0.0010	6.8227
	2013年	0.3958	0.0010	6.6837	0.4505	0.0010	6.8518
	2014年	0.4148	0.0010	7.0115	0.4668	0.0010	7.0922
	2015年	0.4046	0.0010	6.7798	0.4653	0.0010	7.0493
	2016年	0.3954	0.0010	6.6122	0.4549	0.0010	6.9158
	2017年	0.4756	0.0010	7.1589	0.4195	0.0010	6.9607
	2018年	0.4674	0.0000	7.0832	0.4166	0.0010	6.9525
	2019年	0.2289	0.0030	3.6958	0.2618	0.0010	4.6478
	2020年	0.3991	0.0010	6.2980	0.3551	0.0010	6.0088
县域旅游经济增长和区域经济发展水平双变量	2010年	0.2126	0.0010	4.2755	0.1669	0.0020	3.6413
	2011年	0.2053	0.0010	4.1311	0.1634	0.0020	3.5670
	2012年	0.2038	0.0010	4.1228	0.1656	0.0020	3.6129
	2013年	0.2040	0.0010	4.1336	0.1633	0.0020	3.5489
	2014年	0.2004	0.0010	4.0511	0.1631	0.0030	3.5396
	2015年	0.1980	0.0010	4.0278	0.1547	0.0030	3.3692
	2016年	0.1803	0.0020	3.6937	0.1432	0.0040	3.1207
	2017年	0.2510	0.0010	4.9287	0.2228	0.0010	4.7745
	2018年	0.3019	0.0010	5.7605	0.2470	0.0010	5.1765
	2019年	0.2226	0.0010	4.3265	0.2003	0.0010	4.3339
	2020年	0.2576	0.0010	5.1033	0.2072	0.0020	4.4173

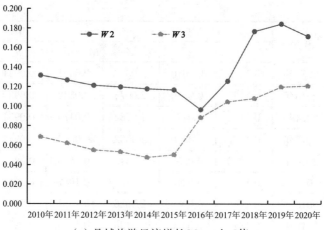

(a) 县域旅游经济增长 Moran's I 值

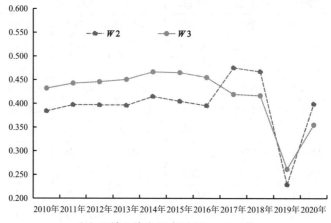

(b) 区域经济发展水平 Moran's I 值

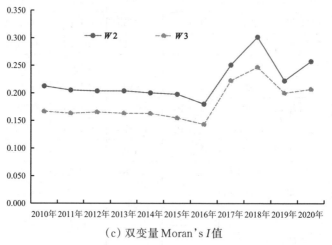

(c) 双变量 Moran's I 值

图 6-1 全局自相关检测单变量和双变量 Moran's I 值曲线

从单变量检验结果来看，在不同的空间权重矩阵下，2010—2020年贵州省县域旅游经济增长和区域经济发展水平单变量Moran's I值均大于0。其中，县域旅游经济增长在基于地理空间距离的权重矩阵（$W2$）中所有年份均通过5%置信水平的显著性检验，在基于交通可达性的地理空间距离的权重矩阵（$W3$）中虽有部分年份仅通过10%置信水平的显著性检验，但总体来看，县域旅游经济增长存在正向空间自相关性。区域经济发展水平全部通过1%置信水平的显著性检验，表明2010—2020年贵州省88个县区的经济发展水平具有显著的正向空间自相关性，证实了贵州省县区经济发展存在空间依赖性。**从双变量检验结果来看**，在不同空间权重矩阵下，双变量Moran's I值均大于0，且全部通过1%置信水平的显著性检验，表明县域旅游经济增长与区域经济发展水平空间关联的正向效应显著。

进一步观察Moran's I值时序变化曲线（见图6-1(a)、图6-1(b)），无论是县域旅游经济增长还是区域经济发展水平的Moran's I值，均表现出时间上的阶段差异性，具体表现为以2016年为界可以划分为稳定发展阶段（2010—2016年）和波动发展阶段（2017—2020年）。其中，2010—2016年县域旅游经济增长和区域经济发展水平均表现出较为稳定的空间聚集效应。2017—2020年区域经济发展水平的Moran's I值总体呈现先下降后上升的发展态势，总体上空间聚集态势有所下降。进一步分析发现，2017年以来贵州省发力脱贫攻坚行动，到2019年底57个贫困县实现脱贫摘帽，一定程度上冲击了全省经济发展水平空间聚集效应。与区域经济发展水平不同的是，2017—2020年贵州省县域旅游经济增长的Moran's I值持续增长，空间聚集效应和空间正相关关联特征进一步增强。

从双变量Moran's I值发展趋势上看（见图6-1(c)），双变量Moran's I值整体上呈现上升态势，表明2010—2020年贵州省县域旅游经济增长水平的提升对区域经济发展水平的改善具有正向促进效应。具体来看，2010—2016年，双变量Moran's I值整体保持稳定，2016年后双变量Moran's I值上升幅度增大，这一变化趋势与单变量检验结果一致。

总之，2010—2020年贵州省县域旅游经济增长与区域经济发展水平整体上具有显著的正向空间自相关性，然而这个正向自相关关系是否源于县域旅游经济增长对区域经济发展水平的空间溢出依然需要通过空间计量模型进行进一步检验。

二、局域自相关检验

由于全局自相关检验反映的是贵州省总体特征,贵州省88个县区之间是否都存在这种空间关联关系,全局自相关检验无法解释。由于县域旅游经济增长和区域经济发展水平存在空间异质性(高长春,2020;朱士鹏,2013),在实际研究过程中部分县区的空间关联关系可能与全省整体检验结果情况相反(刘安乐,2021)。为进一步探讨各县域旅游经济增长和区域经济发展水平的空间相互关系,利用 OpenGeoDa 1.20 软件分别计算 2010—2020 年贵州省88个县区旅游经济增长和经济发展水平局域自相关 Moran's I 值,并生成县域旅游经济增长和区域经济发展水平双变量局域自相关 LISA 聚类图①。在可视化结果展示上,本章选择研究的起始年份 2010 年和终止年份 2020 年,以及重要转折节点 2016 年(在第四章和全局自相关检验中均得到证实)作为展示节点;同时考虑 2020 年受疫情影响,补充展示 2019 年,以便更加全面地展示局域自相关空间演化特征。需要说明的是,单变量 LISA 聚类分析进一步证实了单变量全局自相关检验的结果,由于版面限制不在本书中报告。由于本书研究的核心问题是县域旅游经济增长对区域经济发展水平的影响效应,采用二者双变量局域自相关更能反映地理要素之间的相互作用关系,因此本书对 2010 年、2016 年、2019 年和 2020 年县域旅游经济增长、区域经济发展水平双变量 LISA 聚类可视化结果进行展示,如图 6-2 所示。

从双变量局域自相关检测可视化结果(见图6-2)可以看出:2010—2020 年贵州省县域旅游经济增长和区域经济发展水平的局域自相关 LISA 聚类主要有高-高型(高县域旅游经济增长和高区域经济发展水平)、低-低型(低县域旅游经济增长和低区域经济发展水平)、低-高型(低县域旅游经济增长和高区域经济发展水平)三种。根据技术扩散理论,分布为低-高型和高-低型的县区单元为异常单元,进一步统计发现异常单元仅占全部研究单元总数的 10% 左右,这也一定程度上为县域旅游经济增长与区域经济发展水平之间具有正向相关性的结论提供了证据。

具体来讲,观察期内高-高型(高县域旅游经济增长和高区域经济发展水平)县区的数量呈现出先减少后增多的发展趋势,总体上主要分布在贵阳市中

---

① 仅展示 W_3 空间权重可视化结果。

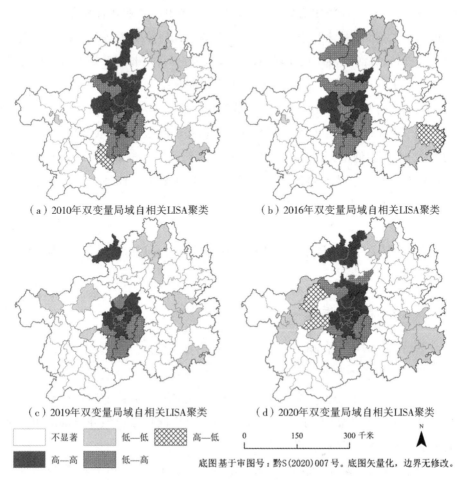

图6-2 县域旅游经济增长和区域经济发展水平双变量局域自相关LISA聚类

心城区、贵阳市—遵义市轴线及其周边县区,部分年份还有零星分布在兴义市。以上地区均是旅游经济发展水平和整体经济发展水平相对较高的地区,表明县域旅游经济增长和区域经济发展之间形成了较好的空间正向关联效应。

低-低型(低县域旅游经济增长和低区域经济发展水平)县区总体平稳,主要分布在黔东北、黔东南和黔西地带的部分县区,围绕高-高型县区形成东、南和西三面相连的三角形分布特征。上述地区旅游经济发展水平和整体经济发展水平相对较低,县域旅游经济增长与区域经济发展协同效应较低。

低-高型(低县域旅游经济增长和高区域经济发展水平)县区呈现出先增加后减少的发展趋势,主要分布在高-高型县区周边。该类型县区大多围绕贵阳市经济中心,受经济中心辐射带动,承接经济中心产业转移任务,区域经济发展相对较好,但是该类型地区由于大多缺乏优质旅游资源且旅游产业受其他产业排挤,旅游经济发展相对滞后,县域旅游经济增长与区域经济发展之间空间正向关联效应较弱,这一定程度上也说明该类型县区的经济发展主要依托其他产业的驱动,旅游经济在该区域经济发展中的带动作用有限。

高-低型(高县域旅游经济增长和低区域经济发展水平)县区单元极少,仅在高-高型和低-低型县区之间有零星分布,说明高水平旅游经济增长和低水平区域经济发展组合类型在贵州省不太常见,这正好从反面证实了县域旅游经济增长水平高的县区可以有效驱动区域经济发展。

第二节　县域旅游经济增长的空间溢出效应检验

一、最优模型选择

全局和局域空间自相关检验结果均表明县域旅游经济增长和区域经济发展水平之间存在空间依赖性,为此本书尝试引入空间计量模型对以上结果进行进一步检验。在进行空间计量分析之前,先对面板数据采用基准空间面板模型(OLS基准模型)进行回归分析,接着选择空间计量模型并对其适用性进行检验。具体模型选择程序如下:

第一,观察LM检验结果:如果LM-lag、LM-error检验均不显著,则返回采用基准回归分析的结果;若二者中有其一显著,则选择对应模型,即空间滞后模型或空间误差模型;如果二者均通过显著性检验,则表明这两种模型都可以选择。第二,为了进一步确认更加合适的空间计量模型,要进一步对比Robust LM-lag、Robust LM-error检验结果。若二者均不显著,则返回采用基准回归分析的结果。若二者均通过显著性检验,则需要比较二者的显著性水平:若Robust LM-lag更加显著,采用空间滞后模型;若Robust LM-error更加显著,则选择空间误差模型。第三,采用似然比(LR)检验和Wald检验确定空间面板杜宾模型是否可以简化为空间滞后模型或者空间误差模型,如果通过显著性检验,则可以选择更复杂的空间面板杜宾模型。第四,在空间计量模型固定效应和随机效应的选择上,根据Lee和Yu(2010b)、Beenstock和Felsenstein(2007)等研究论述,在常规空间回归模型中,因为无法判断样本抽样的随机性,采用固定效应在参数估计中可以得到更加稳健的效果;而在空间面板计量模型中采用固定时间、固定空间的双固定效应可以得到更优的检验结果,也更加方便。

根据 Elhorst(2014)对空间计量模型选择的论述,分别统计基于地理邻接关系的权重矩阵($W1$)、基于地理空间距离的权重矩阵($W2$)和基于交通可达性的地理空间距离的权重矩阵($W3$)的检验结果,如表6-2所示。

表6-2 模型选择检验

检验方法	$W1$	$W2$	$W3$
LM-spatial lag	25.330***	17.405***	18.305***
LM-spatial error	21.943***	12.860***	15.351***
Robust LM-spatial lag	4.369***	9.118***	10.118***
Robust LM-spatial error	0.982	4.572***	7.572***
Joint Fixed effect(spatial)	1475.321***	1247.349***	1243.349***
Joint Fixed effect(time-period)	186.328***	176.937***	179.652***
Wald-spatial lag	16.750***	22.812***	23.207***
Wald-spatial error	18.372***	21.613***	22.352***
LR- spatial lag	16.6319***	22.6184***	24.7239***
LR-spatial error	18.441***	25.652***	26.355***

注:*、**、***分别表示在10%、5%和1%置信水平上显著。

通过检验发现:第一,LM-spatial lag、LM-spatial error、Robust LM-spatial lag 检验在不同空间权重矩阵下均通过1%置信水平的显著性检验,但是 Robust LM-spatial error 检验在基于地理邻接关系的权重矩阵($W1$)下未通过显著性检验,说明空间面板滞后模型(SPLM)比空间面板误差模型(SPEM)更能准确检验县域旅游经济增长对区域经济发展的空间溢出效应;第二,LR检验和 Wald 检验在不同空间权重矩阵下均通过1%置信水平的显著性检验,检验均拒绝了空间面板杜宾模型(SPDM)可以简化为一般空间面板模型(SPLM、SPEM),因此可以选择采用空间面板杜宾模型(SPDM)作为本书研究的最优模型;第三,空间固定效应联合显著性 Joint Fixed effect(spatial)在不同空间权重矩阵下均通过1%的显著性检验,表明在空间计量模型中应该考虑采用空间固定效应;同时,时间固定效应联合显著性 Joint Fixed effect(time-period)在不同空间权重矩阵下通过1%的显著性检验,表明在空间计量模型中应该考虑采用时间固定效应。结合上述检验结果，本书应该考虑时间和空间双固定效应的面板模型。笔者在对研究变量县域旅游经济增长（TE）和区域经济发展水平（PGDP）的原始数据进行整理时发现，研究变量（TE和PGDP）既存在空间分异，同时表现出时间序列上相互关联的发展过程。因此，本书最终确定选用双固定空间面板杜宾模型考察县域旅游经济增长对区域经济发展水平的空间溢出效应。

二、空间溢出效应估计结果分析

利用Matlab R2018b软件，运用空间面板杜宾模型（SPDM）检验县域旅游经济增长对区域经济发展水平的空间溢出效应，并将结果整理如表6-3所示。

表6-3　空间计量模型检验结果统计

变量	OLS基准模型 （1）	SPDM(*W*1) （2）	SPDM(*W*2) （3）	SPDM(*W*3) （4）
TE	0.2652*** （3.1370）	0.1903*** （4.6290）	0.1949*** （4.5140）	0.1953*** （4.7704）
LFE	0.1040*** （3.2506）	0.1071*** （2.9760）	0.1079*** （3.0101）	0.1499*** （4.2068）
STR	0.0751 （0.8440）	0.0375** （1.8241）	0.0369* （1.7831）	0.0333 （1.5980）
CON	0.1746*** （7.6368）	0.1559*** （6.7625）	0.1582*** （6.8977）	0.1658*** （7.2845）
W*TE		−0.0186 （−0.2491）	0.0776 （1.0033）	0.0687 （0.9529）
W*LFE		0.3001*** （5.4098）	0.3394*** （6.2721）	0.3446*** （0.8510）
W*STR		0.0178 （0.3756）	0.0498 （1.1471）	0.0500 （1.2016）
W*CON		0.0842** （1.9947）	0.1267** （3.0897）	0.1246** （3.1635）
ρ		0.3480*** （8.5523）	0.2740*** （6.4186）	0.2720*** （6.3222）
R^2	0.7000	0.9466	0.9455	0.9454
simga^2	0.0054	0.0042	0.0042	0.0039

续表

变量	OLS基准模型 (1)	SPDM($W1$) (2)	SPDM($W2$) (3)	SPDM($W3$) (4)
Log-likelihood	1237.3197	1312.0491	1307.9728	1039.7438
N	968	968	968	968

注：*、**、***分别表示在10%、5%和1%置信水平上显著，括号内为t统计量。

从检验结果可以看出，第一，在第(1)列报告了基准空间面板模型的回归结果。从基准模型的检验结果可以看出，县域旅游经济增长对区域经济发展水平的影响在1%置信水平上通过显著性检验，且回归系数为0.2652，说明贵州省县域旅游经济增长对区域经济发展水平具有显著的正向促进作用。

第二，为了对比基于不同空间权重矩阵的检验效果，在表6-3的第(2)列、第(3)列和第(4)列分别报告了基于地理邻接关系的权重矩阵($W1$)、基于地理空间距离的权重矩阵($W2$)、基于交通可达性的地理空间距离的权重矩阵($W3$)的检验结果。其中，县域旅游经济增长回归系数在不同地理空间权重矩阵下均通过1%的显著性检验，进一步证实县域旅游经济增长对本地经济发展水平具有正向效应。同时，我们也观察到，县域旅游经济增长的空间滞后项在不同的地理空间权重矩阵下均未通过显著性检验，且回归系数检验结果均有所变化。根据LeSage和Pace(2009)的研究，解释变量空间滞后项未通过显著性检验并不能说明县域旅游经济增长对区域经济发展不存在空间溢出效应，是否存在空间溢出效应需要分解其影响效应并判断是否显著，在全局回归分析中应该更加关注解释变量是否通过显著性检验。县域旅游经济增长空间滞后项在$W1$矩阵下回归系数为负(-0.0186)，在$W2$矩阵和$W3$矩阵下回归系数为正(分别为0.0776和0.0687)，说明县域旅游经济增长对区域经济发展水平在相邻县区之间可能产生负向效应，而在更大空间距离下二者表现出正向相关性。这种差异可能与旅游经济发展空间屏蔽效应相关(王衍用，1993；许春晓，2001)。进一步分析认为：在$W1$矩阵中，以是否存在空间边界为空间关联的依据，本地旅游经济快速增长可能一定程度上会对相邻县区造成空间上的屏蔽效应，进而导致对相邻县区经济发展形成负向效应，未通过显著性检验说明这种"空间屏蔽效应"仅仅为局部效应；当我们以更加宏观的空间距离尺度去检验这一效应时，县域旅游经济增长空间溢出的负向效应逐渐转"正"。这是由于旅游经济的综合性和广泛的产业关联性，可以促进物流、人流和信息流在一定的地理范围内实现空间聚集效应,进一步导致县区旅游经济增长对周边县区经济发展水平形成正向空间溢出效应。基于以上分析,采用基于交通可达性的地理空间距离的权重矩阵($W3$)的检验模型可能更加符合研究案例实际。以上检验结果也初步证实了研究假设1的基本推断,具体变量的空间溢出效应的大小问题尚需进一步探究。

三、空间效应分解结果分析

值得注意的是,空间面板杜宾模型的回归结果只能从全局视角探测县域旅游经济增长是否存在空间溢出,我们尚不能从上述检验的回归系数中获得其空间溢出效应的大小。因此,利用 LeSage 和 Pace(2009)提出的采用偏导的方式将影响效应分解为直接效应、间接效应和总效应。利用 Matlab R2018b 软件,采用 Donald J. Lacombe 编写的命令,将县域旅游经济增长对区域经济发展水平的影响效应进一步分解为本地效应(直接效应)、对周边县区产生的效应(间接效应)。为了比较空间溢出效应的差异,将基于地理邻接关系的权重矩阵($W1$)、基于地理空间距离的权重矩阵($W2$)和基于交通可达性的地理空间距离的权重矩阵($W3$)的分解结果一并展示,如表6-4所示。

表6-4 空间效应分解

矩阵	变量	直接效应		间接效应		总效应	
		Coefficient	t-stat	Coefficient	t-stat	Coefficient	t-stat
W1	TE	0.2229***	5.4499	0.0849	0.82301	0.3079***	2.6686
	LFE	0.1787***	5.1331	0.5117***	8.1547	0.6905***	11.3071
	STR	0.0412*	1.8412	0.0452	0.6748	0.0864	1.1549
	CON	0.1743***	7.4510	0.2038**	3.7545	0.3782***	6.7888
W2	TE	0.2020***	4.8627	0.1727*	1.7508	0.3748***	3.5023
	LFE	0.1721***	4.8258	0.5001***	9.0507	0.6723***	12.8658
	STR	0.0382*	1.7503	0.0791	1.4259	0.1173**	1.9159
	CON	0.1752***	7.5216	0.2284**	4.7585	0.4036***	8.1142
W3	TE	0.2022***	5.1137	0.1605*	1.7544	0.3628***	3.7270
	LFE	0.1712***	4.9037	0.5094***	9.6153	0.6807***	13.5377
	STR	0.0365*	1.6947	0.0762	1.3889	0.1127**	1.8312
	CON	0.1744***	7.6645	0.2230**	4.9047	0.3973***	8.1671

注:*、**、***分别表示在10%、5%和1%置信水平上显著。

在核心变量中：在 $W3$ 矩阵中，县域旅游经济增长对区域经济发展水平的直接效应、间接效应和总效应均为正，且分别通过 1%、10% 和 1% 的显著性检验。其中，县域旅游经济增长对区域经济发展水平影响总效应的回归系数为 0.3628，这表明县域旅游经济增长水平单位量的提升会促进本地和周边县区经济发展水平提升 36.28%，说明县域旅游经济增长对促进本地经济发展具有显著的正向效应，同时通过空间溢出实现对周边地区的溢出和辐射，最后实现对区域经济发展水平的整体提升。

从直接效应看：在 $W3$ 矩阵中，县域旅游经济增长对本地经济发展水平影响的系数为 0.2022，这表明县域旅游经济增长水平单位量增加会促进本地经济发展水平提升 20.22%，与基准空间面板模型估计系数相比较，回归系数降低了 0.0630，这一结果说明基准空间面板模型忽略空间单元对周边的溢出效应，导致县域旅游经济增长的检验结果被高估。与基于地理空间距离的权重矩阵（$W2$）估计系数相比较，回归系数提高了 0.0002，几乎可以忽略不计。

从间接效应上看：在 $W3$ 矩阵中，县域旅游经济增长对周边县区经济发展水平影响的系数为 0.1605，这表明本地县域旅游经济增长水平单位量增加会促进周边县区经济发展水平提升 16.05%；与基于地理空间距离的权重矩阵（$W2$）估计系数相比较，回归系数下降了 0.0122；同时发现在基于地理邻接关系的权重矩阵（$W1$）中，县域旅游经济增长对区域经济发展水平的间接效应未通过显著性检验。分析认为，贵州省为典型山地省区，众多县区之间尽管空间距离很近或者相邻但交通可达条件一般（如晴隆—六枝—六盘水在当前路网中需要绕行，这种现象在贵州较为普遍），如果缺乏可通达的交通条件，区域间沟通和交流可能受到限制，这必然影响空间溢出的效果。因此，间接效应回归系数的降低可能是优化空间权重矩阵中剔除了众多空间距离邻近但实际交通可达性较低的县区形成的噪声。

然而值得关注的是，相对于直接效应检验，间接效应的回归系数较低，且直接效应通过了更为严格的显著性检验。分析认为，县域旅游经济增长对区域经济发展水平的影响与县域旅游产业发展的过程有关。旅游经济增长空间溢出效应一般要经历"示范效应—模仿效应—竞争效应"的发展过程，因此县域旅游经济需要通过自身空间聚集和发展，推动本地经济发展进而形成"示范区"，随着旅游本地效应不断累积，本地旅游发展经验逐渐被周边效仿，同时通过"要素流"（信息、技术、资金）等形式向周边扩散和辐射，进而实现对周边县区旅游经济或者区域经济的溢出。结合本书研究案例可知,研究观察期是贵州省各县区旅游经济正处于从规模扩张(量的积累)向高质量发展(质的提升)的转型阶段。一方面,区域内县域旅游经济快速增长一定程度上促进了经济发展水平的提高,特别是对贫困县区的脱贫摘帽和乡村振兴做出了重要贡献;另一方面,2016年以来贵州省旅游经济实现"井喷式"增长,旅游产业规模实现较大突破,但是一直以来旅游产业发展不均衡和质量有待提升的问题也尚未解决,观察期内贵州省县域旅游经济绝对竞争力依然较弱,以上问题一定程度上限制了县域旅游经济产业在更大的空间范围内实现协同互动,导致旅游经济直接效应可能更为突出。

在控制变量中,财政支出水平(LFE)的直接效应、间接效应和总效应均为正且全部通过1%的显著性检验,回归系数分别为0.1712、0.5094、0.6807,空间溢出效应显著大于直接效应。研究表明,政府有效投资能够促进本地经济发展,同时通过经济聚集实现对周边县区的空间溢出效应,进而实现空间聚集效应。因此,要充分利用好政府宏观经济调控和资金投入政策促进区域经济发展水平的提高,这也体现出财政支出政策的"公平性"调控效应。产业结构水平(STR)直接效应和总效应分别通过10%和5%的显著性检验,间接效应未通过显著性检验;从回归系数上看,直接效应(0.0365)、间接效应(0.0762)和总效应(0.1127)的回归系数大于0,但绝对值较小。这说明县区产业结构调整对本地经济发展的正向效应更加明显,对周边县区发展有正向作用但并不显著。分析认为,某一县区拥有较好的产业结构,则在区域内形成相对产业优势,有利于产业要素在本地聚集,进而导致对周边县区的空间溢出效应被限制。社会消费水平(CON)的直接效应、间接效应和总效应分别通过1%置信水平的显著性检验,回归系数分别为0.1744、0.2230、0.3973,间接效应略大于直接效应,表明社会消费水平对本地经济的刺激效应大于对周边县区的刺激效应,但二者差别不大。分析认为,社会消费具有流动性,消费主体会在一定空间范围内实现流动。

四、稳健性检验

为了保证检验模型的稳健性,本书尝试采用如下方式进行稳健性检验。

(一)剔除部分研究样本

本书研究空间尺度为县域单元,为了体现研究的整体性,以贵州省88个县域单元为样本,其中省会城市的中心城区、地级城市的中心城区和自治州首府等县级单元也包括在内。为了充分剥离城市中心城区、自治州首府对模型评估效果的影响,对县级行政单元样本进行调整,剔除贵阳市南明区等17个县级单元数据[①],并运用Matlab R2018b软件,利用SPDM模型和基于地理空间距离的权重矩阵进行回归检验,回归统计结果见表6-5第(5)列。剔除部分研究样本后的空间回归检验结果显示,核心解释变量通过1%置信水平的显著性检验,核心解释变量回归系数提高到0.2555,相应控制变量的回归系数均有不同程度的下降。分析认为,被剔除的样本单元大多以工业、商贸服务业等为主导产业,旅游业并非当地主导产业,因此剔除这些数据后,原本低估的影响相应被重新评估出来,但是县域旅游经济增长对区域经济发展的作用方向未产生实质性改变。因此,剔除部分研究样本后的稳健性检验表明前文研究结果具有较好的稳健性。

表6-5 稳健性检验结果统计

变量	SPDM (5)	SPDM (6)	SPDM (7)	SPDM (8)
TE	0.2555*** (4.8513)	0.1325*** (4.2403)	0.1444*** (4.3800)	0.1885*** (4.5830)
LFE	0.0954** (2.161)	0.0562** (3.0169)	0.2531*** (8.896)	0.1065*** (2.9962)
STR	0.0046 (0.1067)	0.0332 (0.1776)	0.0292* (0.17784)	0.0343* (1.6718)
CON	0.1294*** (4.6152)	0.0632*** (4.4332)	0.0787*** (4.3194)	0.1662*** (7.2718)
INC				−0.7080*** (−3.2761)
W*TE	0.0894 (0.8064)	0.0042 (0.2489)	−0.2302*** (−2.9262)	0.0851 (1.1109)
W*LFE	0.1439** (1.9801)	0.0725** (2.3521)	0.1013 (1.6412)	0.0578 (0.7627)

① 剔除研究单元包括城市中心城区(南明区、云岩区、花溪区、乌当区、白云区、观山湖区、钟山区、红花岗区、汇川区、播州区、西秀区、七星关区、碧江区、万山区)和自治州首府(兴义市、凯里市、都匀市),共计17个。需要说明的是,六盘水市水城区在2020年设立,平坝区在2015年设立但为远郊城市设区,六枝特区是历史政策延续,并非本文所述城市中心城区,故这3个县区不剔除。

续表

变量	SPDM (5)	SPDM (6)	SPDM (7)	SPDM (8)
W*STR	−0.0191 (−0.2886)	−0.0007 (−0.1621)	0.0302 (0.8723)	0.0389 (0.8943)
W*CON	0.0950** (2.090)	0.0950** (2.090)	0.1304*** (3.639)	0.0637 (1.3988)
W*INC				1.1616*** 4.1541
ρ	0.2360*** (5.2568)	0.1626*** (3.6782)	0.0610 (1.2519)	0.1530*** (3.2685)
直接效应 TE	0.2803*** (5.1760)	0.1766*** (4.5657)	0.1428*** (4.4052)	0.2066*** (4.7757)
间接效应 TE	0.2675* (1.8895)	0.1688* (1.8563)	−0.2363* (−2.9479)	0.1788* (1.8479)
R^2	0.9553	0.9476	0.9850	0.9488
simga^2	0.0029	0.0037	0.0023	0.0036
Log—likelihood	1165.7310	1325.1845	1561.1853	1344.7940
N	781	781	968	968

注：*、**、***分别表示在10%、5%和1%置信水平上显著，括号为t统计量。

（二）工具变量法

本书采用空间面板杜宾模型进行空间效应评估，理论上可以减少遗漏变量造成的评估偏差问题，但是由于社会经济关系的复杂性，解释变量和被解释变量之间可能存在互为因果的内生性问题，进一步导致评估结果可信度降低。为了得到更加稳健的检验结果，本书进一步采用工具变量法进行稳健性检验。参考赵磊(2015)的论述，工具变量的选取必须与内生变量相关且与扰动项无关，他认为客源市场接近度(TMA)是一个相对较好的外生工具变量。本书研究对象为贵州省县域旅游，因此需要对赵磊提出的客源市场接近度(TMA)指数根据贵州省实际进行改进。县域旅游客源既包括远距离的跨省旅游流，还包含大量乡村旅游流和本地或者周边短期旅游流，因此考虑主要客源地时，可能至少要包括研究单元与本省省会城市、最近的其他省会城市、最近的地级市(自治州)和周边县区的距离，可以采用研究单元到最近省会城市(包括本省省会城市)的距离$1/d_{i\,out}$、到省内最近地级市和周边县区的距离$1/d_{i\,in}$的平均值计算客源市场接近度。由于本书研究数据为空间面板数据,为了获取研究时间上的变化性,借鉴黄群慧(2019)的构建逻辑,结合本书研究内容,构建客源市场接近度与当年贵州省县域旅游经济增长水平指数均值($\overline{TE}$)的交乘项作为工具变量(TMA_i)。具体计算公式如下:

$$TMA_i = \overline{TE} \times \frac{1}{2}(\min\frac{1}{d_{i_{out}}} + \min\frac{1}{d_{i_{in}}}) \qquad (6-1)$$

同时,计算客源地距离的目标位置多为中心城区,为了避免中心城区的特殊性造成评估偏差,采用与前文稳健性检验相同的手段剔除中心城区等部分研究单元,运用 Matlab R2018b 软件,同样采用 SPDM 模型进行回归检验,回归统计结果见表6-5第(6)列。工具变量检验结果表明,县域旅游经济增长对区域经济发展水平依然存在正向效应,但其空间滞后项未通过显著性检验。分析认为,在真实市场环境中,周边县区旅游客源市场条件的改善对本地经济发展的影响可能并不明显。因此,基于工具变量的估计结果进一步验证了前文研究的可信度,也一定程度上消除了因果变量的内生性问题。

(三)替换被解释变量

仅从区域经济发展规模的角度选择地区生产总值(GDP)作为新的被解释变量,并运用 Matlab R2018b 软件,利用 SPDM 模型和基于地理空间距离的权重矩阵进行回归检验,验证县域旅游经济增长对区域经济发展水平的影响,结果见表6-5第(7)列。从检验结果可以看出,县域旅游经济增长通过1%水平的显著性检验,县域旅游经济增长对区域经济发展的影响系数略有下降但是方向未变。

(四)增加控制变量法

居民收入水平(INC)是区域经济发展的重要影响因素,也是区域经济初次分配的重要成果,还是区域经济再分配的重要影响因素,同时居民收入水平的提高有利于增强区域经济发展活力,因此考虑增加居民收入水平作为控制变量,运用 Matlab R2018b 软件,采用 SPDM 模型和基于地理空间距离的权重矩阵进行回归检验,结果见表6-5第(8)列。增加控制变量后,核心解释变量县域经济增长通过1%水平的显著性检验,回归系数相比基准回归结果略有下降,其空间滞后项虽未通过显著性检验,但其在方向上持续为正。因此,增加控制变量的检验结果证实前文检验结果的可信度。

通过上述研究我们基本可以得出一个初步结论:基于贵州省88个县区的

空间面板回归检验结果表明,从全局来看,县域旅游经济增长对区域经济发展水平存在空间溢出效应,且检验结果具有较强稳健性,研究假设1得到证实。同时,我们在空间面板回归检验中也发现,不同的地理单元的效应可能存在差异,由此进一步提出一个问题:在不同研究单元和不同研究时间节点(或者发展阶段)县域旅游经济增长对区域经济发展水平的影响效应是否依然存在?是否存在空间异质性?这一问题尚不能在空间面板回归检验中得到解决,需要运用空间局域模型进行进一步解决。

第三节 旅游经济增长空间效应的异质性检验

空间面板杜宾模型(SPDM)仅能从全局视角判断县域旅游经济增长对区域经济发展水平是否存在空间溢出效应,并通过偏微分分解可以获取空间溢出效应的大小、方向和溢出边界,但是对于不同研究单元和发展阶段的影响效应尚不能做出解释。由于研究单元空间差异和发展阶段的不同,不同研究单元县域旅游经济增长对区域经济发展水平的效应必然存在空间异质性。本节通过引入时空地理加权回归(GTWR)模型,解决因时空异质性的存在可能导致的区域总体评估偏差,并通过分解展示具体个体区域空间效应的大小及空间差异。因此,本节将采用时空地理加权回归(GTWR)模型从时序变化和空间差异演化两个视角检验县域旅游经济增长对区域经济发展水平的局域效应和空间异质性。

运用GTWR模型,借助ArcGIS 10.7软件和Huang等(2010)设计的GTWR插件,按照前文解释变量和控制变量选择依据,对2010—2020年贵州省88个县区旅游经济增长对区域经济发展水平的影响进行局域空间效应回归分析,统计核心解释变量县域旅游经济增长(TE)和财政支出水平(LFE)、产业结构水平(STR)、社会消费水平(CON)等控制变量的空间局域回归结果,并将重要回归参数及指标的回归系数结果进行描述性统计(见表6-6)。

表6-6 GTWR相关参数描述性统计

变量	均值	最大值	最小值	标准差	变异系数
截距	−0.4438	2.8980	−3.9946	1.1929	−2.6881
县域旅游经济增长(TE)	0.3811	1.6522	−0.6854	0.3894	1.0217
财政支出水平(LFE)	0.8977	1.4215	0.1797	0.2342	0.2609

续表

变量	均值	最大值	最小值	标准差	变异系数
产业结构水平(STR)	0.1225	1.3988	−0.9790	0.3829	3.1252
社会消费水平(CON)	0.3206	0.9585	−0.0763	0.1808	0.5640
残差	0.0034	0.5309	−0.2817	0.0890	25.9127
带宽	0.1149		R^2		0.9510
残差平方和	7.3807		R^2-Adjusted		0.9508
回归标准差	0.0873		时空距离比		0.3731
AICC	−1750.51		Trace_of_SMatrix		98.3729

从描述统计来看,GTWR模型拟合效果较好(R^2=0.9510,R^2-Adjuested=0.9508)。此外,笔者还利用研究样本进行截面GWR检验和TWR检验,检验结果显示GTWR具有更好的统计检验效果。

一、时序异质性演化特征

为进一步了解研究时间范围内贵州省88个县区各解释变量对经济发展水平空间效应的时序变化过程,运用Origin 2022b软件和Excel 2019软件分别绘制2010—2020年各解释变量回归系数的时间变化箱线图(见图6-3(a)),并根据GTWR空间回归系数均值绘制曲线图(见图6-3(b))。

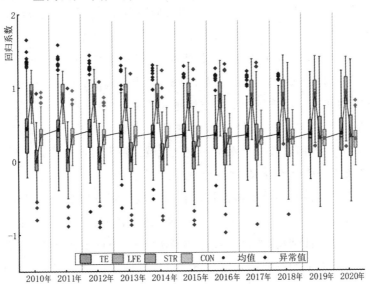

(a)GTWR空间回归系数时序演化箱线图

图6-3　GTWR空间局域回归时序演化

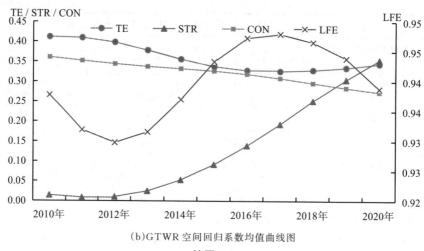

(b)GTWR空间回归系数均值曲线图

续图6-3

从图6-3可以看出,随着时间的推移,各解释变量局域空间回归系数总体分布较为稳定、略有波动。具体来看,县域旅游经济增长(TE)和社会消费水平(CON)回归系数总体保持稳定、略有下降。此处以县域旅游经济增长为例进行说明:从回归系数分布聚集情况上看,县域旅游经济增长对区域经济发展水平的影响系数在25%~75%区间内保持相对稳定,但回归系数的前25%表现出随着时间推移呈现波动下降的趋势,其中回归系数最大值从2010年的1.6887下降到2020年的1.0509。这表明县域旅游经济增长对区域经济发展水平的影响效果存在总体增强态势,但是受部分异常县区影响,总体影响强度尚未发生根本性改变。不同的是,产业结构水平(STR)对区域经济发展水平的影响系数随着时间推移显著增加,数据分布也更加离散,这表明随着时间的推移,产业结构在区域经济发展中的作用越来越强,也进一步证实在高质量发展阶段产业结构水平对区域经济的影响日趋重要。从回归系数大小上看:2010—2020年,政府财政支出水平一直是区域经济发展最大的影响要素,县域旅游经济增长与社会消费水平的影响作用基本相当。

为了观察和检验县域旅游经济增长对区域经济发展水平的时序异质性,通过进一步统计贵州省88个县区2010—2020年各解释变量对区域经济发展水平影响的显著性情况,绘制县域旅游经济增长、财政支出水平、产业结构水平和社会消费水平的回归结果不显著的县区数曲线,如图6-4所示(由于财政支出水平全部通过检验,为了作图简洁,未列入)。

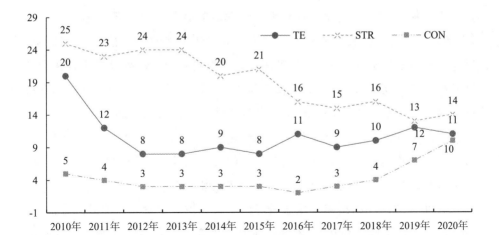

图6-4　GTWR空间局域回归检验不显著县区数统计

回归结果显示:2010—2020年县域旅游经济增长(TE)未通过显著性检验的县区数总体呈现减少态势(从20个减少至10个),具体表现为前期(2010—2015年)快速下降,后期(2016—2020年)在10个单元上下波动,其对区域经济发展水平的影响总体表现出快速优化和相对稳定的发展阶段特征。分析认为,这一变化态势与贵州省旅游经济发展过程保持相对一致。通过梳理贵州省旅游经济发展重要时间节点可以发现,在2011年以前,贵州省虽然拥有优质的旅游资源,但是其旅游发展无论是发展速度还是发展水平仅仅处于全国中等水平;2012年《国务院关于进一步促进贵州经济社会又好又快发展的若干意见》发布以来,旅游产业作为贵州省战略性支柱产业的地位被确立,随后省政府组织制定了全省生态文化旅游规划;2013年后,从省、市、县各级层面构建起旅游改革发展领导机制;到2015年全省实现"县县通高速",多年来的旅游发展短板和痛点被消解,同时旅游产业被列为全省五大新兴产业之一。系列政策有效驱动全省旅游产业进入高速发展阶段,旅游产业的高速发展也为贵州省经济转型发展贡献了力量,其对经济发展水平的影响显著增强。2016年开始,贵州省旅游经济进入"井喷式"发展阶段;2017年旅游收入位列全国前三;2018年旅游业发展为贵州省支柱性产业。特别是在脱贫攻坚中,旅游扶贫成效和实践被誉为"贵州样本",旅游产业持续稳步发展,为经济发展水平的提高带来较为稳定的产业驱动力量。

从控制变量来看:2010—2020年政府财政支出水平(LFE)对区域经济发展水平的影响效应全部通过显著性检验,这进一步说明政府对经济的宏观调控与投资能力一直是贵州省近年来经济发展的稳定驱动要素。这与2012年《国务院关于进一步促进贵州经济社会又好又快发展的若干意见》发布以来，国家和省级等层面从财税、投资等多个方面推出多项政策推进贵州省社会经济赶超发展密切相关，期间财政投资和政策持续驱动贵州省经济发展水平快速提高。产业结构水平(STR)未通过显著性检验的县区数逐年下降，这进一步证实前文有关产业结构水平优化的基本判断；而社会消费水平(CON)未通过显著性检验的县区数表现出相对稳定的态势(4个上下波动)，其中2020年异常增多(10个)，这可能与疫情对社会消费的影响有关。

通过对2010—2020年县域旅游经济增长和控制变量回归结果的分析，可以得出一个初步研究判断：在不同产业发展政策环境下，贵州省旅游产业经济实现发展阶段转变，县域旅游经济增长的不同阶段对区域经济发展水平的影响效应存在差异，这一判断证实了假设2前半部分。

二、空间异质性演化特征

为进一步验证研究期内贵州省88个县区县域旅游经济增长对区域经济发展水平的影响效应是否存在空间异质性，按照1%、5%和10%的显著性水平参考值及不显著(p值大于0.1)4个节点，将各年份县域旅游经济增长对区域经济发展水平影响效应的显著性划分为4个等次，运用ArcGIS 10.7软件进行空间可视化展示(见图6-5第一列)；利用ArcGIS 10.7软件按照小于0(负相关)、(0,1]和大于1将2010—2020年县域旅游经济增长对区域经济发展水平的影响系数划分为3个等次并进行空间可视化展示(见图6-5第二列)。按照前文关于展示节点的解释，绘制并报告了2010年、2016年、2019年和2020年4个年份县域旅游经济增长对区域经济发展水平影响的显著性检验及回归系数空间异质性演化图(见图6-5)。

从显著性检验空间分布上看，2010年未通过显著性检验的县区主要呈带状分布在贵州省南、北省际边界地区。其中，分布在贵州省西北部的主要有赤水市、习水县、仁怀市、七星关区、纳雍县和赫章县等；而南部条带呈现向上平躺的"F"形布局，主要有册亨县、望谟县、罗甸县、平塘县、独山县、三都自治县和延伸至中部的丹寨县、雷山县、凯里市、黄平县、瓮安县和贵定县等。此外，还有盘州市和普安县未通过显著性检验。到2016年，未通过显著性检验的县区转移到贵州省西部，南北条带消失。总体分布格局上呈现出倒置的"Y"字

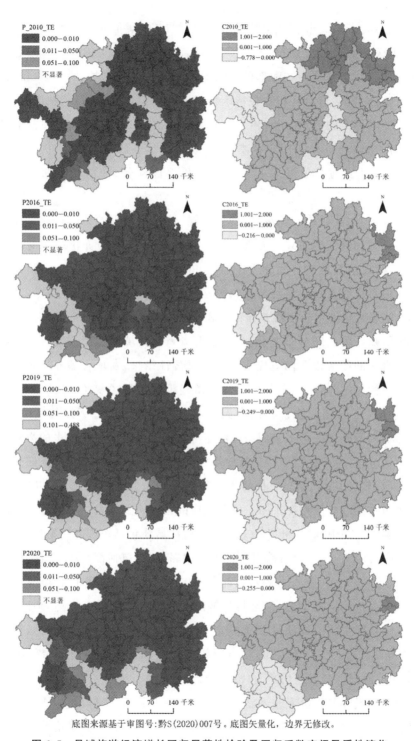

图6-5 县域旅游经济增长回归显著性检验及回归系数空间异质性演化

形布局,主要有兴义市、册亨县、贞丰县、兴仁市、关岭自治县、六枝特区、水城县、钟山区和威宁自治县等,此外还有赤水市和麻江县。2019年,未通过显著性检验的县区主要聚集在南部两个组团,即兴义市、安龙县、册亨县、望谟县、紫云自治县、镇宁自治县和六枝特区组成的西南组团和平塘县、独山县、都匀市组成的南部组团,此外还有赤水市和威宁自治县。2020年未通过显著性检验的县区总体分布和2019年基本一致,仅有少量县区发生变动,例如西南组团中兴义市、安龙县通过了10%水平的显著性检验,南部组团则增加了丹寨县。

整体上看,县域旅游经济增长对区域经济发展水平的影响未通过显著性检验的县区在空间上主要分布在省际边界线附近,方位分布上按照时间顺序依次从"南北边界地带—西部边界地带—南部边界地带"转变。分析认为,省际边界地带存在县域旅游经济增长与区域经济发展水平不匹配问题,其空间转移县域旅游经济增长相对差异转化和区域旅游经济发展演化过程有关。

从回归系数空间分布上看,整体上看贵州省县域旅游经济增长对区域经济发展水平的影响以正向效应主。结合显著性结果,发现有部分县区未通过显著性检验(如赤水市),但是其县域旅游经济增长与区域经济发展水平整体上依然保持正向相关性;同时,我们也发现少量县区通过了显著性检验(如2016年后的盘州市),但其县域旅游经济增长对区域经济发展水平的影响效应为负。从空间分异规律上看,县域旅游经济增长的作用强度(包括正向效应和负向效应)较为均衡,除东北部有部分县区回归系数绝对值大于1以外,其他县区回归系数绝对值均在0~1。负向效应的县区主要是贵州省西部和西南部的部分县区。其中,2010年负向效应集中的区域还包括东中部聚集片区,主要包括黔南自治州、黔东南自治州与贵阳市相邻县区(包括都匀市、麻江县、丹寨县、贵定县、福泉市、瓮安县等),西部聚集区主要分在六盘水市和毕节市南部(包括威宁自治县、赫章县、纳雍县和钟山区、水城县、盘州市等)。2016年后,负向效应县区主要围绕盘州市、普安县、晴隆县、关岭自治县、六枝特区等县区逐步向东南方向扩展,到2020年负向效应县区数覆盖黔西南自治州所有县区、安顺市西部部分县区(镇宁自治县、紫云自治县)。

进一步统计各年份未通过显著性检验名单并将其与对应年份回归系数图叠加,发现县域旅游经济增长对区域经济发展水平影响的空间差异主要表现为两类。

第一类:县域旅游经济增长与区域经济发展水平基本匹配,旅游产业在区域产业结构中占据较为重要的位置,县域旅游经济增长对区域经济发展水平形成正向空间效应,这类县区占据贵州88个县区的85%以上。为了进一步探索内部差异,通过对正向效应中影响系数按照50%等比例进行更加细腻的区间划分,发现回归系数整体呈现出自东北向西南逐步减小的圈层结构特征。

第二类:县域旅游经济增长与区域经济发展水平不匹配,区域经济发展主要依托其他产业支撑或者经济发展水平较低。具体有两种表现,第一种区域经济发展主要依托其他产业支撑或者经济发展水平较高。这一类的代表县区有赤水市、威宁自治县、都匀市、六枝特区等。例如,赤水市虽然旅游产业发展水平较高,但是旅游产业在整个县域内的产业比重较低,对区域经济发展的驱动效应有限,但二者明显存在正向相关性;又如威宁自治县和都匀市分别为典型的农业大县和工业资源型城市,两县区曾表现出负向效应,随着区域旅游产业发展,县域旅游经济增长对区域经济发展水平的负向效应逐步转为正向效应。第二种为区域经济发展相对落后地带,代表县区有册亨县、望谟县、独山县、紫云自治县、晴隆县等。该类县区大多曾经为国家级贫困县,纵然有部分县区(如兴义市等)拥有较好旅游资源,但旅游产业驱动经济发展的能力依然有限甚至出现负向相关性。

通过以上分析,研究认为贵州省县域旅游经济增长对区域经济发展水平主要形成正向空间效应,不同地区县域旅游经济对区域经济发展的空间效应存在空间异质性,假设2后半部分初步得到证实。

为了保证相关检验和推断更加稳健和可靠,运用ArcGIS 10.7软件,结合自然断点分类法,将本书控制变量(财政支出水平、产业结构水平和社会消费水平)的回归结果分别划分为五个等次,按照前文关于展示节点的解释,选择报告了2010年、2016年、2019年和2020年控制变量回归系数空间异质性演化(见图6-6)。

从图6-6中可以看出,控制变量财政支出水平(LFE)对区域经济发展水平的影响系数持续为正,高回归系数聚集区主要分布在贵州省西南地区(如盘州市、普安县、晴隆县、关岭自治县、六枝特区等),黔北也有部分县区分布(如仁怀市、赤水市、习水县等)。分析认为,高影响系数聚集县区主要分为县域经济强大县区(如盘州市、仁怀市等)和县域经济弱小县区(如曾经深度贫困县,望谟县、关岭自治县等),一方面经济强大的县区可以通过强有力的政府财政调

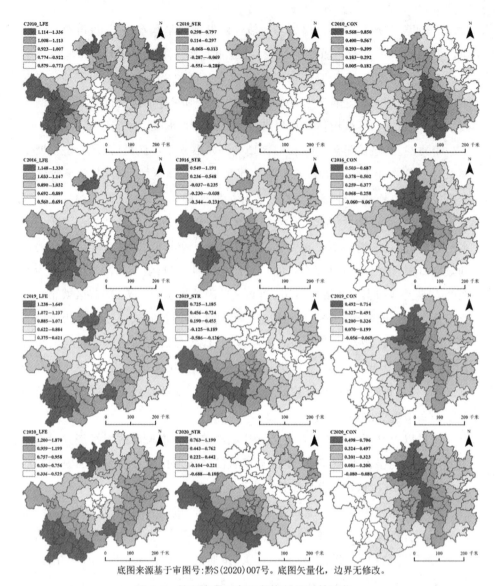

底图来源基于审图号：黔S(2020)007号。底图矢量化，边界无修改。

图6-6 控制变量回归系数空间异质性演化

控和投资有效促进区域经济发展，另一方面经济弱小的县区主要依靠政府财政投资实现经济增长。贵阳城区及周边地区成为影响系数低值聚集区，这是因为以贵阳为中心的县区经济发展水平高，区位条件优越、产业经济类型多样，有效削弱了政府财政支出对经济发展水平的驱动作用。

产业结构水平(STR)对区域经济发展水平的影响效应形成"仁怀市—黎平县"连线低值带（包括负相关和低正相关），并以此为中心向东北和西南延伸影响效应逐渐增强。分析认为，"仁怀市—黎平县"连线的条形地带县区大多表现出产业结构单一性，其中以仁怀市为代表的县区形成工业经济为主的产业结构，而黎平县、剑河县等县区多为以农业或旅游业为主要产业类型，产业结构高级化程度低限制了区域经济发展。因此，建议各县区可以根据县域发展情况调整区域产业结构。

社会消费水平（CON）回归系数表现出以贵阳为轴心的南北轴带向东西两侧逐步降低，整体上东部县区回归系数高于西部县区。这一现象的产生与各县区消费能力和消费规模密切相关。值得关注的是，以盘州市为中心的贵州省西南部县区社会消费水平对区域经济发展水平影响的强度较低，一方面可能是因为该部分县区主要靠政府财政支出和产业结构优化实现对经济发展的驱动，另一方面是因为该部分县区社会消费不足，对区域经济的影响尚不显著。

为了进一步考察县域旅游经济增长对区域经济发展水平影响效应的空间异质性及异质性生成的影响控制条件，本书通过对2010—2020年县域旅游经济增长显著性检验图、县域旅游经济增长回归系数空间格局图和各控制变量回归系数图进行空间叠加，发现如下判断：第一，贵州省县域旅游经济增长对区域经济发展水平存在空间溢出效应，且以正向空间效应为主，各项证据显示上述判断均具有较好的稳健性，进一步验证假设1的推断；第二，基于贵州省时空异质性的实证检验认为，在不同地区和不同发展阶段，县域旅游经济增长对区域经济发展水平的空间效应存在空间异质性，这种空间异质性可能与其经济发展水平、产业结构、消费水平、旅游发展阶段等众多因素有关，假设2相关推断得到证实。

通过上述局域空间效应的检验和论证，我们证实了不同的地理单元和尺度上县域旅游经济增长对区域经济发展水平的空间溢出效应存在差异（假设2）。根据地理学第一定律，进一步提出以下问题：空间溢出效应是否随着地理距离增加而出现衰减规律？是否存在地理衰减边界？这一衰减规律是否具有线性关系？这些问题还需要进一步解决。

第四节 县域旅游经济增长空间溢出的空间衰减规律检验

本章第三节已经证实县域旅游经济增长对区域经济发展水平具有空间溢

出效应,证实了这种空间效应存在时空异质性,并提出县域旅游经济增长对区域经济发展水平的空间溢出效应可能存在地理衰减边界。本节将围绕县域旅游经济增长对区域经济发展水平的空间溢出效应是否存在空间溢出衰减边界、边界在何处、空间衰减曲线有何规律等问题展开讨论。

一、空间溢出效应距离衰减检验结果

根据前文设定,采用空间面板杜宾模型进行回归检验,记录县域旅游经济增长的回归系数、显著性及其 t 值,见表6-7第(9)列。

表6-7　县域旅游经济增长空间溢出系数随距离变化统计

距离/km	基准回归检验 (9)			稳健性检验 (10)		
	系数	t	显著性	系数	t	显著性
30	0.1917	4.4186	0.0000	0.1771	4.1004	0.0000
50	0.1884	4.5347	0.0000	0.1762	4.1613	0.0000
70	0.1825	4.3483	0.0000	0.1700	4.5733	0.0000
90	0.1805	4.4788	0.0000	0.1689	3.9777	0.0001
110	0.1818	4.1087	0.0000	0.1713	4.6273	0.0000
130	0.1883	4.2403	0.0000	0.1837	4.5047	0.0000
150	0.1873	4.4040	0.0000	0.1834	4.6084	0.0000
170	0.1913	4.5770	0.0000	0.1867	4.6893	0.0000
190	0.1966	4.7539	0.0000	0.1718	4.0904	0.0001
210	0.1881	4.5422	0.0000	0.1748	4.1954	0.0000
230	0.1890	4.5401	0.0001	0.1850	4.4411	0.0000
250	0.1985	4.8610	0.0000	0.1783	4.2075	0.0000
270	0.2160	5.2147	0.0000	0.1741	4.1840	0.0003
290	0.2204	5.2099	0.0000	0.1875	4.5388	0.0000
310	0.2274	4.3992	0.0000	0.1806	4.3481	0.0000
330	0.2360	5.3115	0.0000	0.2032	4.9219	0.0000
350	0.2416	5.4603	0.0000	0.1963	4.1813	0.0000
370	0.2332	5.1720	0.0000	0.2014	4.8415	0.0000
390	0.2087	4.7162	0.0000	0.1819	4.3810	0.0000
410	0.2087	4.7101	0.0000	0.1801	4.3254	0.0000

续表

距离/km	基准回归检验 (9)			稳健性检验 (10)		
	系数	t	显著性	系数	t	显著性
430	0.2033	4.5649	0.0000	0.1741	4.1491	0.0000
450	0.2015	4.4861	0.0001	0.1664	4.1988	0.0000
470	0.2090	4.6377	0.0000	0.1788	4.2691	0.0000
490	0.1982	4.8133	0.0000	0.1605	4.3214	0.0000
510	0.2104	4.8955	0.0000	0.1853	4.7068	0.0000
530	0.1949	4.9427	0.0000	0.1886	4.6790	0.0000
545	0.1765	4.8723	0.0000	0.1743	4.5329	0.0000

统计回归结果显示：在研究空间尺度范围内空间溢出系数均通过1%水平的显著性检验，表明县域旅游经济增长对区域经济发展水平的空间溢出效应具有较高可信度。为了更加直观地考察空间溢出系数随着距离阈值增加的变化规律，绘制其变化曲线图（见图6-7）。

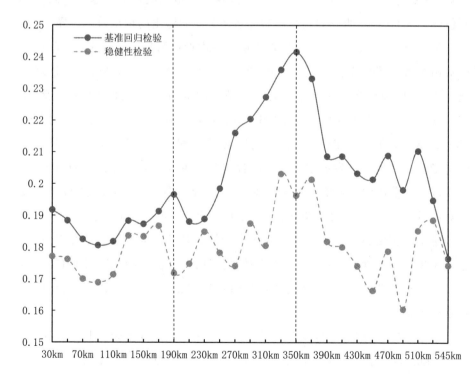

图6-7 县域旅游经济增长空间溢出系数随距离变化情况

从表6-7统计结果和图6-7中可以看出：空间溢出系数变化曲线总体呈现倒"U"形变化结构，大概可以分为小于190 km、190 km至350 km和大于350 km三个不同的变化区间。

第一，在阈值小于190 km时，区间内空间溢出系数在0.1805至0.1966之间。空间溢出系数呈现先下降后上升的变化规律，这时空间权重矩阵中关联单元数较为稳定，空间溢出主要发生在市州内部，空间溢出系数表现出相对稳定状态。进一步观察发现，在70 km至110 km处形成空间溢出的低谷区，分析发现这一区间正好是跨越市州中心城区到外围县区的空间距离范围。空间距离阈值小于90 km时，市州中心城区与周边县区关联逐渐减少，导致空间溢出系数减小。当地理阈值超过90 km这一界线后，市州中心城区与周边县区形成关联，空间溢出系数逐步增大。分析认为：中心城区内部受到多重经济要素影响，县域旅游经济增长对区域经济的影响不足，这一现象在空间异质性检验中得到验证；随着距离增加，中心城区对周边县区的经济发展产生转移扩散影响，导致空间溢出略有提升，并在第一区间内形成"V"字形发展态势。分析认为：这一距离变化区间主要是由中心城区规模和范围决定的。这一空间距离阈值（90 km）正好是贵州省县域旅游经济增长空间溢出的最小溢出边界。

第二，在190 km至350 km地理阈值范围内形成第二区间。这一区间内空间溢出系数整体呈现快速上升态势，且均维持较高空间溢出系数。从地理距离上看，空间溢出完全跨越了所有中心城区的范围。从空间溢出系数看，在350 km处达到空间溢出峰值（0.2416），结合贵州省版图面积和市州分布情况，350 km基本处于市州交界地带。也就是说，在市州交界地带的县区，县域旅游经济增长对区域经济发展水平的空间溢出效应更为显著。分析认为：可能是由于该类地带在地理环境上多为山地县区，曾经大多为贫困县，县域经济发展相对滞后，近年来在外部政策扶持下，县域旅游经济带动经济发展的模式在该类地带迅速扩展；同时，该类地带县区由于缺乏其他产业经济驱动要素，更加趋向于模仿中心地带县区，导致中心地带县区的示范效应在该区间内得到最大发挥。这说明350 km地理阈值是贵州省县域旅游经济增长空间溢出的最优溢出边界。

第三，当地理阈值超过350 km后，空间溢出系数迅速下降。其中，350 km至450 km区间内空间溢出系数呈现直线下滑态势，从0.2416下降到0.2015，并在450 km后出现随机波动态势。分析认为，当阈值距离超过350 km后，空间权重矩阵中空间关联单元迅速减少,空间外溢系数随之快速下降。同时,我们观察到当阈值距离超过 450 km 后,空间权重矩阵中空间关联单元不足 15%,所以空间溢出系数出现较大波动。因此,我们认为 450 km 地理阈值可能是贵州省县域旅游经济增长空间溢出的最大溢出边界。

二、稳健性检验

为了保证空间溢出效应随地理距离变化规律的科学性,本节通过选择人均收入水平(INC)作为控制变量对县域旅游经济增长空间溢出的变化规律进行稳健性检验,因此在稳健性检验模型中加入了人均收入水平作为控制变量,同样采用空间面板杜宾模型进行回归检验,记录相应空间溢出系数和 t 值,并将统计结果和曲线绘制放在表 6-7 和图 6-7 中展示。稳健性检验结果表明:虽然相对于基准回归曲线,稳健性检验曲线存在一些波动和偏移,但是整体的变化规律和变化区间基本未有较大变化,这进一步证实假说 3 是成立的。

总之,**贵州省县域旅游经济增长空间溢出效应存在随着地理距离变化而变化的倒"U"形曲线关系**,在 90 km 至 450 km 的空间地理范围内形成若干地理边界,具体表现为:90 km 是贵州省县域旅游经济增长空间溢出的最小溢出边界,350 km 是贵州省县域旅游经济增长空间溢出的最优溢出边界,450 km 是贵州省县域旅游经济增长空间溢出的最大溢出边界。上述检验证实了假设 3 推断的合理性。分析发现:上述地理衰减边界与贵州省各级行政区边界的空间范围基本一致。这说明行政区边界对山区县域旅游经济增长的空间溢出形成了较为强烈的空间约束效应。我们进一步分析发现:在中国行政边界特别是地市级以上行政区划边界与山脉等自然地理阻隔要素在地理空间上表现出高度一致性和空间重叠性,上述研究结果也从侧面证实了山区县域经济增长效应存在"地形"约束效应。

第五节 本章小结

本章基于经济外部性和地理学第一定律两大假说,利用 2010—2020 年贵州省 88 个县区的旅游经济时空面板数据,综合运用 ESDA 模型,构建空间面板杜宾模型(SPDM),并结合时空地理加权回归(GTWR)模型等考察县域旅游经济增长和区域经济发展的空间关联特征,检验了县域旅游经济增长对区域经济发展的空间溢出效应,并从时空视角探索了县域旅游经济增长对区域经济发展空间溢出效应的时空异质性,揭示了不同研究单元旅游经济增长空间溢出效应的作用方向和大小,探测了县域旅游经济增长空间溢出效应的空间衰减边界。研究主要发现有:

(1)**县域旅游经济增长与区域经济发展水平存在显著正向空间关联且存在阶段差异性。**对2010—2020年贵州省88个县区旅游经济增长和区域经济发展水平进行显著性检验,发现县域旅游经济增长和区域经济发展水平具有显著正向空间自相关性,即二者存在着空间依赖。双变量全局检验显示,在不同空间权重矩阵下二者全部通过1%水平的显著性检验且Moran's I大于0,表明县域旅游经济增长与区域经济发展水平空间关联的正向效应显著。无论是县域旅游经济增长还是区域经济发展水平的Moran's I值均表现出时间上的阶段差异性,具体表现为以2016年为界可以划分为稳定发展阶段(2010—2016年)和波动发展阶段(2017—2020年)。局域自相关检验显示,2010—2020年贵州省县域旅游经济增长和区域经济发展水平的局部自相关空间LISA聚类主要有高-高型、低-低型、低-高型三种。

(2)**县域旅游经济增长对区域经济发展水平具有空间溢出效应。**空间面板杜宾模型(SPDM)双重固定效应检验结果表明:县域旅游经济增长对区域经济发展水平的空间溢出效应在不同地理空间矩阵下均通过1%水平的显著性检验,证实了县域旅游经济增长对本地经济发展水平具有正向效应;县域旅游经济增长对区域经济发展水平影响的直接效应、间接效应和总效应均通过显著性检验,其中总效应回归系数为0.3628,直接效应回归系数为0.2022,间接效应回归系数为0.1605,研究表明县域旅游经济增长对于提升本地经济发展具有显著的效应,同时通过空间溢出实现对周边地区的溢出和辐射,最后实现对区域经济发展水平的整体提升。此外,间接效应的溢出系数低于直接效应,且直接效应通过了更为严格的显著性检验。这一现象的产生是由于贵州省各县区旅游经济在研究期内正处于从量的规模扩张向质的提升(高质量发展)的转型阶段。通过剔除中心城区研究单元、加入工具变量客源市场接近度(TMA)、替换被解释变量为地区生产总值(GDP)和增加居民收入水平(INC)作为控制变量来进行稳健性检验,证实了前文结论的可靠性。

(3)不同地区县域单元和不同发展阶段县域旅游经济增长对区域经济发展水平的空间效应存在时空异质性。GTWR时空异质性检验显示:2010—2020年县域旅游经济增长对区域经济发展水平的影响效应存在总体增强态势,尽管受部分异常县区影响,总体影响强度尚未发生根本性改变。随着时间的推移,各解释变量局域空间回归系数总体分布较为稳定、略有波动,县域旅游经济增长对区域经济发展水平的影响总体表现出快速优化和相对稳定的发展阶段特征。县域旅游经济增长对区域经济发展水平影响未通过显著性检验的县区在空间主要分布在省际边界线附近,方位分布按照时间顺序依次实现从"南北边界地带—西部边界地带—南部边界地带"的转变。整体上看,贵州省县域旅游经济增长对区域经济发展水平的影响以正向效应主,负向效应的县区较少且主要是贵州省西部和西南部的部分县区。研究发现:受县区经济发展水平、产业结构、消费水平、发展历程等众多因素影响,在不同地区和不同发展阶段,县域旅游经济增长对区域经济发展水平的影响效应存在差异。

(4)县域旅游经济增长对区域经济发展水平的空间溢出效应存在空间衰减边界。回归结果显示:贵州省县域旅游经济增长空间溢出系数变化曲线总体呈现倒"U"形变化结构,大概可以分为小于190 km、190 km至350 km和大于350 km三个不同的变化区间。90 km是贵州省县域旅游经济增长空间溢出的最小溢出边界;350 km是贵州省县域旅游经济增长空间溢出的最优溢出边界;450 km可能是贵州省县域旅游经济增长空间溢出的最大溢出边界。上述检验证实了假设3推断的合理性。稳健性检验曲线相对于基准回归曲线存在一些波动和偏移,但是整体结论基本一致,这进一步证实了假设3的推断具有科学性。

综上所述,第一,县域旅游经济增长对区域经济发展水平的影响存在正向空间效应,其中本地效应大于间接效应(假设1可信);不同发展阶段和研究单元的影响效应存在异质性(假设2可信),时间上呈现阶段性总体增强,空间上正负效应呈现"核心-外围"结构。第二,县域旅游经济增长对区域经济发展水平的空间溢出效应存在空间衰减规律,空间衰减曲线呈倒"U"形(假设3可信)。绘制验证模型图如图6-8所示。

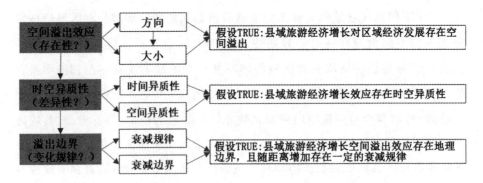

图6-8 县域旅游经济增长空间溢出效应及空间衰减规律验证模型

第七章
贵州省县域旅游经济增长效应传导路径与门槛机制

根据前文理论推导和研究设计,本章引入空间面板多重中介效应模型、空间中介效应模型和面板门槛效应模型,利用2010—2020年贵州省88个县区空间面板数据,检验贵州省县域旅游经济增长的中介传导效应,提出贵州省县域旅游经济增长的最优传导路径,揭示县域旅游经济增长的门槛条件及其非线性影响机制。本章通过研究试图证实以下问题:①旅游经济通过何种途径实现对区域经济发展的影响,对本地和区域间传导路径有何差异;②旅游经济增长对经济发展水平的影响效应是否存在门槛条件。

第一节 县域旅游经济增长对区域经济发展水平的传导路径检验

根据中介效应检验流程,首先对县域旅游经济增长对区域经济发展水平的影响效应进行基准回归检验(模型(1)),第五章检验结果显示县域旅游经济增长对区域经济发展水平具有显著影响,因此可以进行下一步检验。整个检验主要分为多重并行中介效应检验、多重链式中介效应检验两个板块,具体检验如下。

一、基于普通面板模型的多重并行中介效应检验

根据多重并行中介效应检验流程,对就业机会(EMP)、城乡居民收入差异(GAP)、财政收入(FER)三个中介机制分别进行检验,同时运用Bootstrap方法按照1000次自抽样检验,并反馈中介效应95％置信区间检验结果,统计检验结果见表7-1。其中,模型(2)、模型(3)反馈的是就业机会中介效应检验结果;模型(4)、模型(5)反馈的是城乡居民收入差异中介效应检验结果;模型(6)、模型(7)反馈的是财政收入中介效应检验结果。

表7-1 就业机会、城乡居民收入差异和财政收入的并行中介效应检验结果

变量	基准回归	就业机会		城乡居民收入差异		财政收入	
	PGDP	EMP	PGDP	GAP	PGDP	FER	PGDP
	(1)	(2)	(3)	(4)	(5)	(6)	(7)
TE	0.2652*** (3.137)	0.2094* (1.865)	0.1400** (2.406)	−0.5497*** (−2.642)	0.3119*** (3.413)	0.1643* (1.985)	0.1578*** (3.390)
EMP			0.5977*** (12.199)				
GAP					0.0850** (2.485)		
FER							0.6538*** (6.141)
LFE	0.1040 (0.844)	0.4813*** (3.788)	−0.1837** (−2.135)	−0.7132*** (−4.388)	0.1646 (1.404)	0.1272 (1.077)	0.0208 (0.266)
STR	0.0751 (1.012)	−0.0091 (−0.102)	0.0806** (2.564)	0.0276 (0.252)	0.0728 (1.034)	0.2272 (1.304)	−0.0734 (−1.052)
CON	−0.8160*** (−5.539)	−0.9648*** (−6.937)	−0.2394** (−2.088)	−0.7558*** (−4.805)	−0.7518*** (−4.987)	−0.8977*** (−6.193)	−0.2292* (−1.721)
时间固定	是	是	是	是	是	是	是
县区固定	是	是	是	是	是	是	是
截距	6.6332*** (20.017)	4.4604*** (12.369)	3.9673*** (13.233)	10.1407*** (12.507)	5.7710*** (11.346)	6.1051*** (10.231)	2.6420*** (3.976)
N	968	968	968	968	968	968	968
R^2	0.700	0.549	0.833	0.621	0.711	0.699	0.859
R^2 Adjusted	0.699	0.547	0.832	0.620	0.709	0.698	0.858
Bootstrap_1		0.0788***(z=4.41)		0.0687***(z=4.83)		0.1118***(z=4.08)	
Bootstrap_2		0.1169***(z=2.32)		0.1270***(z=2.64)		0.0838***(z=2.25)	

续表

变量	基准回归	就业机会		城乡居民收入差异		财政收入	
	PGDP	EMP	PGDP	GAP	PGDP	FER	PGDP
	(1)	(2)	(3)	(4)	(5)	(6)	(7)
中介效应		部分中介效应47.19%		中介效应14.98%		部分中介效应40.31%	

注:*表示$p<0.1$,**表示$p<0.05$,***表示$p<0.01$。

(一)就业机会中介效应检验

从模型(2)、模型(3)的检验结果可以看出,县域旅游经济增长对区域经济发展水平的就业机会中介效应显著。县域旅游经济增长对就业机会、区域经济发展水平的影响分别通过10%和5%的显著性检验,就业机会对区域经济发展水平的影响通过1%的显著性检验。进一步通过Bootstrap检验显示,就业机会中介效应通过1%的显著性检验,中介效应比例达到47.19%。这表明贵州省县域旅游经济增长有利于增加就业机会和促进劳动力转移就业,随着人力资源不断累积和合理转移流动,人力资源要素得到合理配置,进而有利于区域经济发展水平的提升。此外,贵州省在旅游扶贫过程中,积极推进旅游就业人口职业业务技能培训,有效促进了旅游从业人员整体素质提升,有利于扩大人力资源资本积累红利效应,实现对经济发展水平的促进作用。因此,**假设4a作用路径得到检验**。

(二)城乡居民收入差异中介效应检验

从模型(4)、模型(5)可以看出,县域旅游经济增长对城乡居民收入差异产生了遮蔽效应。具体来看:县域旅游经济增长对城乡居民收入差异的影响在1%置信水平下显著为负,回归系数为-0.5497,说明县域旅游经济增长能够促进城乡居民收入提高,缩小了城乡居民收入差距,这一结论与李如友(2016)研究结论相一致。检验结果同时显示:城乡居民收入差异对区域经济发展水平的影响表现出弱正向显著性,说明城乡居民收入差距的扩大对区域经济发展水平的提高有微弱的促进作用。分析认为,这一方面可能是受"先富带动后富"效应机制的影响,另一方面可能是绝对收入水平的提高促进了区域经济发展水平的提高。为了进一步证实上述结论,对贵州省县域旅游经济增长与城镇居民可支配收入、农村居民纯收入进行面板回归检验,发现二者均能通过1%的显著性检验,且县域旅游经济增长对农村居民纯收入的提升作用显著(0.2456),而对城镇居民可支配收入表现出负向效应。结合贵州省旅游产业近年来发展的客观现实发现:一方面在脱贫攻坚背景下,旅游产业作为扶贫的重要途径在广大农村地区快速发展,广大乡村居民在旅游发展中获得较大旅游增收红利,而城镇居民因为政府政策红利被挤压,一定程度上丧失了部分旅游发展红利;另一方面,由于乡村旅游的火热,在市场机制作用下,旅游效应在乡村表现得更为明显。王明康等(2018)基于城镇化门槛效应的研究也支持上述推断。进一步通过Bootstrap检验显示,城乡居民收入差异中介效应通过1%的显著性检验,但直接效应与中介效应符号相反,说明城乡居民收入差异在旅游经济增长的经济效应中表现出遮蔽效应,遮蔽效应比例达到14.98%。分析认为:贵州省县域旅游经济增长通过抑制城乡居民收入差异实现对经济发展的积极效应,但是城乡居民收入差异的扩大一定程度上冲抵了旅游增长对经济发展水平的积极效应。因此,**假设4b作用路径得到检验**。

(三)财政收入中介效应检验

从模型(6)、模型(7)的检验结果可以看出,县域旅游经济增长对财政收入、区域经济发展水平的影响分别通过10%和1%的显著性检验,财政收入对区域经济发展水平的影响通过1%的显著性检验。Bootstrap检验显示,财政收入中介效应通过1%的显著性检验,中介效应比例达到40.31%。这表明贵州省县域旅游经济增长有利于促进财政收入提高,随着地区财政收入提高,政府通过投资和资源配置实现对经济发展的有效驱动。因此,**假设4c作用路径得到检验**。

为了更加清晰地展示中介效应检验作用路径,并与表7-1检验结果与理论模型结合,绘制多重并行中介效应作用路径图(见图7-1)。

至此,有关假设4及其次级假设4a、4b、4c的相关推论初步得到证实,即**县域旅游经济增长可能存在增加就业机会、抑制城乡居民收入差异和增加财政收入的三重并行中介效应**。由于县域旅游经济增长对区域经济发展水平的影响已经被证实具有空间溢出效应,接下来本书基于空间计量模型进一步检验其多重并行中介效应。

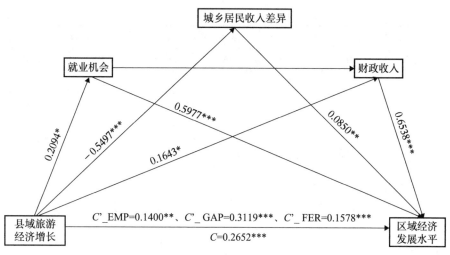

图 7-1 基于普通面板模型的多重中介效应作用关系图

二、基于空间面板杜宾模型的多重并行中介效应检验

根据基于空间面板杜宾模型的多重并行中介效应模型设定,借助Matlab R2018b软件,首先按照中介效应检验三步法,分别对就业机会机制、城乡居民收入差异机制和财政收入机制进行回归分析,统计回归结果见表7-2。表7-2中,模型(8)和模型(9)反馈的是基于空间面板杜宾模型的就业机会中介效应检验结果;模型(10)和模型(11)反馈的是基于空间面板杜宾模型的城乡居民收入差异中介效应检验结果;模型(12)和模型(13)反馈的是基于空间面板杜宾模型的财政收入中介效应检验结果。

表 7-2 基于空间面板杜宾模型的多重并行中介效应检验结果

变量	就业机会		城乡居民收入差异		财政收入	
	EMP	PGDP	GAP	PGDP	FER	PGDP
	(8)	(9)	(10)	(11)	(12)	(13)
TE	0.0951** (2.612)	0.1835*** (3.095)	0.4473* (1.812)	0.1594** (2.097)	0.1466*** (2.040)	0.1758**** (3.343)
EMP		0.1826*** (3.130)				
GAP				0.0790** (2.196)		

续表

变量	就业机会		城乡居民收入差异		财政收入	
	EMP	PGDP	GAP	PGDP	FER	PGDP
	(8)	(9)	(10)	(11)	(12)	(13)
FER						0.2253** (2.141)
W*TE	−0.1391 (−1.458)	−0.1335 (−1.348)	−1.1342** (−2.464)	−0.0954 (−0.817)	−0.1588 (−1.559)	−0.0316 (−0.303)
W*EMP		−0.0186 (−0.295)				
W*GAP				−0.0768* (−1.969)		
W*FER						0.2288*** (2.711)
ρ	0.8541*** (20.293)	0.6273*** (5.793)	0.7846*** (9.134)	0.7695*** (11.417)	0.7297*** (9.211)	0.3551** (2.394)
控制变量	控制	控制	控制	控制	控制	控制
时间固定	是	是	是	是	是	是
县区固定	是	是	是	是	是	是
截距	0.3623* (1.781)	1.5278*** (3.164)	2.3891** (2.182)	1.1649*** (2.916)	1.1134* (1.710)	1.3230*** (3.824)
N	968	968	968	968	968	968
R^2	0.897	0.899	0.849	0.898	0.874	0.904
R^2-Adjusted	0.896	0.898	0.848	0.897	0.873	0.902
simga^2	0.0038	0.0045	0.0256	0.0045	0.0068	0.0042
对数似然比	1294.5681	128.0333	395.9590	1240.7618	1059.6598	1318.3800

基于空间面板杜宾模型的中介效应检验结果显示:核心解释变量县域旅游经济增长(TE)对中介变量(就业机会、城乡居民收入差异和财政收入)的影响均通过显著性检验;同时,就业机会(EMP)、城乡居民收入差异(GAP)和财政收入(FER)对区域经济发展水平(PGDP)的影响也通过显著性检验。第六章研究已经证实县域旅游经济增长对区域经济发展水平具有正向显著效应,按照中介效应检验三步法的程序和豆建民等(2020)关于空间中介效应模型的

解释,可以初步判断:县域旅游经济增长可以通过就业机会、城乡居民收入差异和财政收入等中间机制影响区域经济发展水平。这也进一步证实了普通面板中介效应模型检验结果的可信度。

从回归系数符号(正负)和大小来看:在纳入中介变量后,县域旅游经济增长对区域经济发展水平影响的回归系数均有所下降,根据刘震等(2022)提出的比较回归系数检验法的解释,中介变量可能发挥部分中介作用。进一步观察发现:在表7-2模型(10)中县域旅游经济增长对城乡居民收入差异的影响通过显著性检验且回归系数为正,但这并不一定说明县域旅游经济增长导致城乡居民收入差异扩大。根据LeSage和Pace(2009)的介绍,空间面板杜宾模型检验中由于加入解释变量和被解释变量的空间滞后项,回归系数可能会受到空间滞后项的影响,我们应该更加关注解释变量的显著性检验结果,其回归系数需要进一步分解才具有更加科学的经济学意义。因此,本章采用偏微分方法将解释变量和中介变量的影响进一步分解为直接效应_Spat、空间溢出效应和总效应_Spat(见表7-3),进一步分析空间效应的中介机制路径。

表7-3 空间效应的中介机制路径分解

效应类型	TE→EMP	EMP→PGDP	TE→GAP	GAP→PGDP	TE→FER	FER→PGDP
直接效应_Spat	0.0927*** (2.1449)	0.1814*** (5.0245)	0.4172*** (3.6400)	0.0827*** (6.0009)	0.1485*** (2.7346)	0.1664*** (8.0012)
空间溢出效应	0.2945*** (2.0325)	0.2885*** (5.5647)	−1.1973*** (−2.6215)	−0.0474* (−1.7586)	−0.1356*** (−1.7810)	0.2279*** (3.8498)
总效应_Spat	0.3873*** (2.3618)	0.4699*** (10.2818)	−0.7800 (−1.5200)	0.0228 (0.8710)	0.0129 (0.7003)	0.4479*** (6.7409)

注:直接效应_Spat、空间溢出效应、总效应_Spat为中介效应检验步骤对应空间面板计量检验的空间效应分解值,主要用来解释中介传导过程是否存在空间溢出问题。

从表7-3空间效应分解结果可以看出:中介效应所有作用路径均通过1%水平的显著性检验,说明本地县域旅游经济增长不仅通过三个中介变量对本地经济发展水平产生影响,同时还通过中介对邻近地区经济发展水平形成空间中介效应。此外,进一步对比普通面板中介效应检验结果,中介变量对区域经济发展水平影响的回归系数也有不同程度的下降,这为可能存在空间溢出中介效应提供了证据。

就业机会中介机制：所有效应的回归系数均显著为正，这证明县域旅游经济增长可以通过增加就业机会实现对本地经济发展水平和周边经济发展水平的影响，假设4a得到进一步验证。

城乡居民收入差异机制：县域旅游经济增长对城乡居民收入差异的直接效应系数为正，但是其空间溢出效应系数显著为负，且总效应系数为负，这表明县域旅游经济增长可以缩小总体城乡居民收入差异，同时对周边城乡居民收入差异的抑制效应特别显著。进一步分析认为：贵州省曾是贫困人口和贫困县区分布较多的地区之一，旅游扶贫成为化解贫困问题的重要手段。近年来，贵州省积极推进旅游产业发展，特别加强对贫困地区旅游产业的扶持和投入，乡村地区收入增长明显，有效缩小了城乡居民收入差距；同时，旅游产业发展具有复制性强和门槛较低的特点，旅游扶贫形式较容易被周边地区效仿，贵州省贫困县区大多分布较为集中，旅游扶贫的收入差异抑制效应较容易实现空间传递。基于以上分析，假设4b基本推论依然可以得到支持。

财政收入机制检验：县域旅游经济增长对财政收入的空间溢出效应在1%水平上显著为负，表明本地旅游产业发展一定程度抑制周边地区财政收入增长，这与经济发展实际相符；同时，县域旅游经济增长对财政收入的直接效应_Spat、总效应_Spat为正，同时财政收入对区域经济发展水平的空间效应（包括直接效应_Spat、空间溢出效应和总效应_Spat）均显著为正，这说明尽管本地县域旅游经济增长可以对周边县区财政收入产生抑制作用，但这一负向作用被本地直接效应所抵消，整体上看县域旅游经济增长可以通过财政收入的中介效应实现对区域整体经济发展水平的促进作用。因此，假设4c基本推论在空间视角也得到证实。

需要说明的是，在空间中介效应模型检验中，豆建民等（2020）采用的三步检验法和刘震等（2022）的比较回归系数检验法均存在统计意义缺陷，因此，本章采用更具稳健性的Sobel检验和Bootstrap检验对上述中介效应路径的显著性进行检验，并判别三重中介机制的中介效应类型，检验结果统计见表7-4。

表7-4　Sobel检验、Bootstrap检验及中介效应识别

效应检验	就业机会	城乡居民收入差异	财政收入
Goodman-1	0.0652*** (z=4.567)	0.0295*** (z=2.936)	0.0544*** (z=4.223)

续表

效应检验	就业机会	城乡居民收入差异	财政收入
Goodman-2	0.0652*** (z=4.611)	0.0295*** (z=3.007)	0.0544*** (z=4.255)
Bootstrap_1	0.0146* (z=1.73)	0.0191*** (z=2.25)	0.0548*** (z=3.18)
Bootstrap_2	0.1056*** (z=2.02)	0.0983*** (z=2.03)	0.0630** (z=1.76)
中介类型	部分中介	部分中介	部分中介

从表 7-4 可以看出,三重中介效应的 Sobel 检验和 Bootstrap 检验全部通过至少 10% 的显著性检验,检验结果证实:县域旅游经济增长存在增加就业机会、抑制城乡居民收入差异和增加财政收入的三重并行中介效应。

三、多重链式中介效应的进一步检验

多重并行中介效应模型检验结果表明,贵州省县域旅游经济增长可以通过就业机会、城乡居民收入差异和财政收入三重中介机制对区域经济发展水平产生影响。在此基础上,进一步提出就业机会、城乡居民收入差异、财政收入三个中介变量之间是否可能存在因果关系的问题。

为此,本部分将运用多重链式中介效应模型对该问题进行检验,检验结果见表 7-5。

表 7-5 多重链式中介效应检验结果

变量	EMP (14)	GAP (15)	FER (16)	PGDP (17)
TE	0.2094* (1.865)	−0.5308** (−2.605)	0.1108* (1.712)	0.1454*** (3.385)
EMP		−0.0905 (−0.845)	0.6249*** (14.107)	0.3407*** (4.468)
GAP			0.1408*** (4.799)	0.1391** (2.095)
FER				0.4256*** (3.476)

续表

变量	EMP	GAP	FER	PGDP
	(14)	(15)	(16)	(17)
控制变量	控制	控制	控制	控制
时间固定	是	是	是	是
县区固定	是	是	是	是
截距	4.4604*** (12.369)	10.5445*** (9.856)	1.8899*** (3.338)	2.1187*** (5.327)
N	968	968	968	968
R^2	0.549	0.622	0.835	0.884
R^2-Adjusted	0.547	0.620	0.834	0.883

注：* 表示 $p<0.1$，** 表示 $p<0.05$，*** 表示 $p<0.01$。

从表 7-5 可以看出，相较于多重并行中介效应检验，多重链式中介效应检验中县域旅游经济增长的回归系数的显著性及方向均未发生改变，这进一步证明了研究假设 4a、4b 和 4c。同时，我们也观察到县域旅游经济增长对区域经济发展水平的直接效应回归系数（0.1454）显著变小，间接传递过程的回归系数也有不同程度的变小，这说明链式中介效应模型控制了更多可能存在的遗漏变量，能够更加准确地反映经济发展现实，具有更精确的估计效果。但是，中介变量之间是否存在链式关系以及作用路径如何需要通过 Bootstrap 检验来确定。通过 Bootstrap 进行 500 次自抽样检验，链式路径在 95% 置信区间均包括 0，表明上述中介变量之间不存在链式中介效应。

为了进一步从总体宏观事实证实本节研究结论，笔者对贵州省"十二五"特别是"十三五"以来旅游产业发展的做法与成效进行了梳理，主要总结如下三点。

第一，旅游促进就业成效明显。在《国务院关于进一步促进贵州经济社会又好又快发展的若干意见》的春风下，贵州省开始将旅游产业作为主导产业，并纳入生态旅游区发展规划，旅游产业发展势头迅猛。据统计，"十二五"期间，有 230 万余人通过旅游产业实现直接就业，约 470 万人通过间接就业共享"旅游红利"。"十三五"期间，贵州省委、省政府积极推动旅游产业持续"井喷式"发展。2017年贵州省文旅产业促进社会就业成效取得全面开花的效果,带动就业人口100万人次以上。

第二,旅游促进产业脱贫和居民增收。针对贵州省县区产业底子薄、贫困程度深的问题,旅游扶贫紧抓"产业输血"目标,仅"十三五"期间就推动累计66个县区近300个旅游景区建设以及约1000个贫困村开展乡村旅游建设。此外,贵州省率先在全国开展乡村旅游标准制定以及乡村旅游标准化建设和评选工作,极大地激发了乡村旅游发展潜能。通过开发旅游项目,113万余建档立卡人口实现增收,如丹寨万达小镇仅开业一年后,接近16000人的收入水平得到提高。

第三,旅游产业发展促进财政收入稳步提升。贵州省旅游总收入和总人次从2010年前后的全国中等水平提升到2019年的全国第一方阵。"十三五"期间,通过召开各类旅游产业发展大会、专项项目现场办公会、项目推介会等,实现文旅投资近1000亿元。随着贵州省文旅形象的快速树立和传播,旅游产业发展态势高歌猛进,旅游引"人"引"财"效果凸显,仅文旅产业营业收入接近730亿元,旅游收入实现从2014年的0.28万亿元增长到2019年的1.2万亿元,2019年贵州省旅游产业增加值占全省GDP比重达11.6%;同时,通过产业发展,培育和扶持乡村旅游企业(经营场所)5000余家,文旅规上企业1000家,旅游产业发展极大地促进了贵州省财政收入提升。

总之,贵州省旅游产业发展客观事实证明:发展旅游产业,增加就业岗位数量和转移高效就业机会,提高贵州省居民特别是贫困居民收入水平,能够有效缩小城乡收入差异,促进旅游产业经济效能转型和政府财政收入增加。这一结论与张大鹏(2020)研究相一致。特别需要说明的是,2010—2020年是贵州省经济转型和赶超发展的"黄金十年",也是贵州省实现全面脱贫的十年。贵州省经济实现了从一个典型的"产业洼地"逐步发展成为"经济平地",甚至部分产业成为全国"高地"(如大数据存储、旅游产业等)。在10多年新路探索过程中,贵州省不走寻常路,在旅游助力脱贫攻坚和产业发展中形成了整村脱贫的"华茂路径"、扶贫搬迁的"野玉海经验"、"互联网+旅游扶贫"的"好花红模式"和"民族文化+旅游"的"西江样本"。这些路径的探索,共同构成了贵州省旅游扶贫的"贵州样本"。

第二节 县域旅游经济增长对区域经济发展水平的门槛效应检验

一、门槛效应检验

按照前文有关门槛效应的推理设想,本节首先选择县域旅游经济增长(TE)作为门槛变量,检验县域旅游经济增长不同水平特征对区域经济发展水平的影响效应及其作用的非线性机制;其次,分别选择旅游发展条件(TEC)、社会消费水平(CON)、政府投资(POL)为门槛变量,检验不同约束条件下县域旅游经济增长对区域经济发展水平影响的非线性机制。根据Hansen提出的面板门槛模型检验流程,分别以县域旅游经济增长(TE)、旅游发展条件(TEC)、社会消费水平(CON)、政府投资(POL)为门槛变量,TE为门槛依赖变量,运用Stata 16.0软件,采用Bootstrap 1000次重复抽样,分别对上述变量在单门槛、双门槛和三门槛模型中是否通过显著性检验进行估计,检验结果见表7-6,进一步统计门槛估计结果及95%置信区间(见表7-7)。

表7-6 门槛效应Bootstrap自抽样检验结果

变量	模型	F值	Bootstrap次数	临界值			结论
				10%	5%	1%	
TE	单门槛	56.88**	1000	36.2530	43.7200	65.6863	接受
	双门槛	54.63**	1000	31.9965	41.0613	81.0224	接受
	三门槛	23.98	1000	78.4434	90.6528	114.5989	拒绝
TEC	单门槛	12.64	1000	19.6122	23.6157	32.5409	拒绝
	双门槛	10.84	1000	16.2636	20.8353	39.3959	拒绝
	三门槛	5.53	1000	21.0610	24.8316	53.0736	拒绝
CON	单门槛	69.63**	1000	46.6639	56.6471	87.3889	接受
	双门槛	43.77	1000	38.6016	44.8969	62.9411	拒绝
	三门槛	6.65	1000	26.9011	30.3194	39.2144	拒绝
POL	单门槛	100.45***	1000	49.9126	54.1243	66.9356	接受
	双门槛	41.82	1000	35.8550	43.3604	66.4404	拒绝
	三门槛	33.58	1000	84.6532	93.9832	116.1930	拒绝

表7-7 门槛估计结果及其置信区间

变量	模型	门槛估计值	95%置信区间
TE	第一门槛	0.0037	[0.0035,0.0040]
	第二门槛	0.5191	[0.5180,0.5254]
CON	第一门槛	4.1822	[4.1567,4.1826]
POL	第一门槛	5.6089	[5.5977,5.6094]

注:社会消费水平和政府投资的门槛值均为取以10为底自然对数的值,对应的实际值分别为15212.3593元、40.6318亿元。为了行文方便,后文均用对数值。

从表7-6的门槛效应自抽样检验结果可以看出:县域旅游经济增长(TE)在单门槛和双门槛模型中均通过显著性检验,表明县域旅游经济增长对区域经济发展水平存在不同发展阶段的双重门槛效应。进一步识别和检验门槛估计值(见表7-7)发现,县域旅游经济增长存在两个结构拐点,均落在95%置信区间内,门槛估计值分别是0.0037和0.5191。**这初步证实假设5a的基本判断。**

旅游发展条件(TEC)门槛变量未通过显著性检验,未发现显著结构拐点,表明旅游发展条件约束下县域旅游增长对区域经济发展水平不存在非线性关系,整体呈现出线性发展关系,因此**拒绝了研究假设5b**。分析认为:包括旅游资源、旅游接待能力和交通条件在内的旅游发展条件是区域旅游经济增长的重要内生条件,上述发展要素的提升可以增强旅游经济对区域经济发展的影响。这一结论也与第四章的研究结论相互印证,即旅游资源、交通条件和旅游接待能力是贵州省县域旅游经济增长的稳健性的增长要素,进一步证实山地省区县域旅游经济增长的一般特征。

社会消费水平(CON)和政府投资(POL)均在单门槛模型中通过显著性检验,表明社会消费水平、政府投资约束下县域旅游经济增长对区域经济发展水平的影响效应存在非线性机制,其对应的门槛值分别是4.1822和5.6089。**这初步证实研究假设5c、5d的基本判断。**

二、门槛效应检验结果分析

根据前文门槛效应模型及其门槛值,分别以县域旅游经济增长(TE)、社会消费水平(CON)、政府投资(POL)为门槛变量进行门槛回归,对应结果分别统计在表7-8的(18)~(20)列。

表 7-8 基准门槛面板模型回归结果

变量	PGDP		
	(18)	(19)	(20)
TE≤0.0037	−0.0481** (−2.311)		
0.0037<TE≤0.5191	0.1565*** (2.722)		
TE>0.5191	−0.8542*** (−5.208)		
CON≤4.1822		0.2113*** (3.399)	
CON>4.1822		0.6046*** (7.762)	
POL≤5.6089			−0.4703*** (−4.845)
POL>5.6089			0.3131*** (5.084)
LFE	0.1427*** (3.257)	0.0957** (2.187)	0.0418 (0.962)
STR	0.0308 (0.928)	0.0574* (1.728)	0.0539 (1.649)
CON	−0.8799*** (−22.551)	−0.8683*** (−22.135)	−0.7519*** (−19.293)
截距	6.8367*** (42.647)	6.9109*** (44.250)	6.8169*** (44.627)
N	968	968	968
R^2	0.764	0.762	0.779
R^2-Adjusted	0.739	0.737	0.756

注:* 表示 $p<0.1$,** 表示 $p<0.05$,*** 表示 $p<0.01$。

(一)县域旅游经济增长的门槛效应

县域旅游经济增长在不同水平阶段对区域经济发展水平影响的边际效应整体呈现出先减后增再减的曲线特征(见表 7-8(18)列)。具体表现如下:

(1) 当 TE≤0.0037 时,回归系数为负(-0.0481),表明县域旅游经济增长水平较低时,会对区域经济发展水平产生弱抑制作用。这一抑制作用的产生可能是由于在旅游产业的发展初期阶段,县域旅游经济发展水平过低,难以在区域经济发展过程中充分发挥正向促进作用;同时,旅游产业的发展需要大量财政投资来完成旅游早期建设,导致二者呈现出负向效应。进一步统计发现:TE≤0.0037 的研究样本有 13 个,仅占总体样本的 1.3%。具体分别是 2010—2015 年的万山区、2017—2020 年的望谟县,以及 2017 年、2018 年和 2020 年的岑巩县。万山区曾是"三线建设"重要矿业基地——万山特区,是典型的矿业资源城市,旅游产业在地区经济中地位较低;随着资源型城市转型发展,在 2015 年后区内旅游资源开发建设较为积极,其中以万山矿业工业遗产为基础开发的朱砂古镇于 2015 年建成,随后其旅游经济增长对区域经济发展水平的影响效应由负转正。望谟县和岑巩县旅游产业发展水平极低,曾经是国家级贫困县,在旅游产业发展初期,其对经济发展的效应难以发挥。这也说明旅游产业在区域经济发展水平较低的情况下,难以实现"雪中送炭"效应,甚至会出现"雪上加霜"负向效应。

(2) 当 0.0037<TE≤0.5191 时,县域旅游经济增长对区域经济发展水平影响的回归系数显著为正,说明随着县域旅游经济增长水平的提高,其有力地促进了区域经济发展水平的提高,这一结论与张大鹏(2020)、赵磊(2017)等结论基本趋同。统计发现处于这一区间的研究样本达 927 个,约占总体样本的94.02%,这一结论与前文的全局回归检验结果基本相符。研究表明,2010—2020 年,随着贵州省县域旅游经济整体水平的提升,县域旅游经济增长对区域经济发展水平的积极效应逐渐显著,这与贵州省近年旅游产业和经济发展双向稳步提升的客观事实相符。进一步分析发现:贵州省在《国务院关于进一步促进贵州经济社会又好又快发展的若干意见》的支持下,10 多年来旅游产业实现从全国中等水平步入第一方阵,地方经济发展在"十三五"期间实现经济增速领先全国平均水平,贵州省作为一个典型的山地落后省份实现赶超发展。"十三五"以来,贵州省在脱贫攻坚的大背景下,积极发展旅游经济,凭借旅游产业的综合带动效应,区域内交通、旅游接待等各项基础设施逐步完善,旅游产业与文化产业、工业和农业融合发展,形成了贵州省旅游产业多业态融合发展的新格局,走出了一条有别于东中部地区的"旅游产业发展新路"。这也说明旅游产业对区域经济发展水平的影响更多表现出"锦上添花"效应。

(3)当 TE>0.5191 时,县域旅游经济增长对区域经济发展水平影响的回归系数为负,说明随着县域旅游经济增长水平的提高,其对区域经济发展水平的提高产生一定的抑制作用。统计发现,落入这一区间的县区多为中心城区,约占研究样本的 4.67%,具体包括 2010—2019 年的南明区、云岩区、凯里市,2010—2017 年的花溪区,2016—2019 年的兴义市,以及 2017 年的红花岗区和 2020 年的仁怀市。分析认为,第一,长期来看旅游经济的经济刺激作用可能出现"疲软"。贵阳市中心城区(南明区、云岩区、花溪区)、凯里市和兴义市均是贵州省重要的传统旅游目的地,长时间的旅游产业发展不可避免出现旅游消费"时间衰减";加上旅游产业结构更新不及时,引发"审美疲劳",进一步导致边际效应下降。第二,其他产业的"挤出效应"可能影响旅游产业对区域经济发展水平的贡献效率。仁怀市是重要的酿酒工业城市,旅游产业发展环境被挤压,一定程度抑制了旅游产业的经济效应。第三,旅游基础设施建设富余、政府投资不足和社会消费削减也可能影响二者的相互关系。

(二)社会消费水平、政府投资的门槛效应

第一,社会消费水平提高有利于强化县域旅游经济增长对区域经济发展水平的影响效应(见表 7-8(19)列)。具体表现如下:当 CON≤4.1822 时,回归系数显著为正(0.2113,略低于全样本回归系数),说明在旅游经济增长过程中,社会消费水平的提高能够促进区域经济发展水平的提高,但导致县域旅游经济增长的经济发展效应被低估。当 CON>4.1822 时,回归系数显著为正且明显增大(0.6046),说明社会消费水平的提高能够显著增强县域旅游经济增长对区域经济发展水平的驱动作用,证实了社会消费水平是县域旅游经济增长间接影响区域经济发展水平的门槛条件。结合原始资料分析发现,人均社会消费品零售总额低于 15212.3593 元的研究样本约占总样本的 89.76%,空间上主要分布在除了中心城区以外的县区,表明贵州省县区整体人均社会消费水平较低,高社会消费水平县区主要是以贵阳市为主的中心城区和 2016 年以后的其他地市州的中心城区。当整体社会消费水平较低时,旅游活动更加趋向于简单的观光活动,旅游消费动机不足,旅游活动难以转化为经济动能。随着居民生活水平和消费水平的提高,旅游活动的消费能力和消费动机显著提升,旅游活动能够显著转化为经济动能,从而提高县域旅游经济增长对区域经济发展水平的正向驱动作用。分析认为:贵州省大多数县区为山地县区,社会经济发展水平相对滞后,社会人均消费相对较低,社会消费不足,不利于旅游

产业对经济发展促进效应的发挥,这也进一步证实在不考虑政府扶持和投资等影响变量的情况下,社会经济发展水平较低的县区旅游经济难以实现"雪中送炭"效应。因此,山区县域盲目开发旅游项目可能面临适得其反的境遇。综上,**县域旅游经济增长对区域经济发展水平存在社会消费水平的门槛效应(研究假设5c可信)**。

第二,县域旅游经济增长对区域经济发展水平存在政府投资约束的"U"形门槛效应(见表7-8(20)列)。具体表现如下:当POL≤5.6089时,回归系数显著为负(-0.4703),说明政府投资量较小时县域旅游经济增长对区域经济发展水平有抑制作用;当POL>5.6089时,回归系数显著为正(0.3131),说明旅游投资达到一定规模时,县域旅游经济增长水平的提高对区域经济发展水平表现出正向影响作用。分析认为,这与贵州省旅游开发与建设的现实密切相关,区域旅游资源开发建设不仅需要良好的旅游资源条件,同样需要配套建设大量的基础设施,如便利的交通设施、大量的接待服务设施、良好的环境保护设施等,这些项目的改善需要投入大量的资金。因此,当投资量不够时,旅游投资回报被显著拉低。贵州省大多数县区拥有良好的自然和文化旅游资源条件,但是由于地处山区,交通投资成本高、建设难度大,很长一段时间内交通成为旅游产业发展瓶颈;同时,在旅游发展过程中改善旅游接待服务设施也需要大量投入。当政府投资超过一定门槛,也就是完成相关基础设施建设后,旅游产业凭借较强的行业关联属性,可以有效撬动区域经济发展。因此,从贵州省研究案例可以推测:旅游产业并非"低投入高产出"产业,而是"高投入高产出"的产业部门。这一实证检验证实和解释了社会普遍认知观点"低投入高产出"理解偏差的根源。**因此,县域旅游经济增长对区域经济发展水平存在政府投资约束的"U"形门槛效应,假设5d得到证实。从本质上讲,这一观点依然指向旅游产业的"锦上添花"效应。**

三、进一步的研究

根据以上评估结果,县域旅游经济增长对区域经济发展水平存在社会消费水平、政府投资的门槛效应。但是,上述门槛效应检验尚不能说明在外在变量(社会消费水平、政府投资)约束条件下同一县域旅游经济增长水平的样本组内是否存在非线性问题。为此,本部分进一步提出一个问题:**在社会消费水平、政府投资约束下县域旅游经济增长对区域经济发展水平的影响效应是否**

存在非线性关系?

为解决上述问题,按照高社会消费(CON＞4.1822)、低社会消费(CON≤4.1822)和高政府投资(POL＞5.6089)、低政府投资(POL≤5.6089)分别与高县域旅游经济增长(TE_Hig)、中等县域旅游经济增长(TE_Mid)和低县域旅游经济增长(TE_Low)分类进行组合统计,统计结果见表7-9。

表7-9 样本组样本量统计

约束样本	CON＞4.1822 高社会消费	CON≤4.1822 低社会消费	POL＞5.6089 高政府投资	POL≤5.6089 低政府投资
TE_Low	2	11	5	8
TE_Mid	65	844	628	281
TE_Hig	34	12	46	0

从表7-9样本组合情况可以看出:社会消费水平在中等、高县域旅游经济增长水平阶段表现出非线性关系,但是在低县域旅游经济增长水平阶段表现出"低社会消费水平—低经济增长水平"组合特征;政府投资水平在中等、低县域旅游经济增长水平阶段存在非线性关系,但在高县域旅游经济增长水平中表现出"高政府投资—高旅游经济增长"组合特征。总体来看,社会消费水平和政府投资规模差异在中等县域旅游经济增长阶段表现出最为显著的非线性关系,但两个极端发展阶段均表现出线性关系。这说明社会消费水平和政府投资在县域旅游经济增长对区域经济发展水平影响的非线性关系中起调节作用,与前文主要研究结论基本相符,证实前文研究结论可靠。

第三节 本章小结

本章以经济增长理论和TLGH为主要研究起点,围绕如何进一步丰富和深化研究假说提出的"**县域旅游经济增长通过何种传导路径实现效应传导及其是否存在非线性关系**"等核心问题和设想开展探究,尝试为TLGH提供一份山地省区县域尺度研究样本的证据。为此,本章引入空间面板多重中介效应模型和面板门槛效应模型,利用2010—2020年贵州省88个县区空间面板数据,检验贵州省县域旅游经济增长的中介传导效应,提出贵州省县域旅游经济增长的最优传导路径,揭示县域旅游经济增长的门槛条件及其非线性影响机制;检验并回答了县域旅游经济通过何种途径实现对区域经济发展水平的影响,阐述了县域旅游经济增长对区域经济发展水平的非线性关系的内在机制。验证与检验结论如下:

(1)县域旅游经济增长存在增加就业机会、抑制城乡居民收入差异和增加财政收入的三重并行中介效应(假设4可信)。基于时空双视角的中介效应模型检验发现:旅游经济通过对人力资源的"转移"与"供应"效应实现对本地经济发展水平和周边经济发展水平的影响;旅游产业发展通过抑制城乡居民收入差异影响经济发展,同时对周边城乡居民收入差异的抑制效应特别显著;旅游通过直接或者间接经济活动增加财政收入实现对经济发展的贡献。多重链式中介效应模型进一步检验了上述结论的稳健性,但是三者之间不存在链式中介关系。

(2)县域旅游经济增长对区域经济发展水平的影响存在自身发展水平的双重门槛效应(假设5a可信)。县域旅游经济增长在不同水平阶段对区域经济发展水平影响的边际效应整体呈现出先减后增再减的曲线特征。县域旅游经济增长水平较低时,会对区域经济发展水平产生弱抑制作用。随着县域旅游产业整体水平的提升,县域旅游经济增长对区域经济发展水平的积极效应逐渐显著。县域旅游经济增长水平越过第二门槛后,会对区域经济发展水平的提高产生一定的抑制作用。

(3)社会消费水平(CON)和政府投资(POL)门槛条件下县域旅游经济增长对区域经济发展水平的影响存在非线性关系,但是旅游发展条件约束下县域旅游增长对区域经济发展水平的影响不存在非线性关系(假设5b不可信、假设5c和假设5d可信)。第一,社会消费水平提高有利于强化县域旅游经济增长对区域经济发展水平的影响效应。随着社会消费水平的提高,回归系数显著为正且明显增大,社会消费水平的提高能够显著增强县域旅游经济增长对区域经济发展水平的驱动作用。第二,县域旅游经济增长对区域经济发展水平的影响存在政府投资约束的"U"形门槛效应。当旅游投资达到一定规模时(固定投资大于40.6318亿元),县域旅游经济增长对区域经济发展水平表现出正向影响作用。

综上所述:第一,县域旅游经济增长可以通过增加就业机会、抑制城乡居民收入差异和增加财政收入等中介路径对区域经济发展水平产生影响;第二,县域旅游经济增长对区域经济发展水平的影响存在自身发展水平的门槛效应

（假设5a可信），县域旅游经济增长对区域经济发展水平的影响存在社会消费水平、政府投资的门槛效应（假设5c、5d可信），但是旅游发展条件约束下县域旅游经济增长对区域经济发展水平的影响不存在非线性关系（假设5b不可信）。绘制验证模型图如图7-2所示。

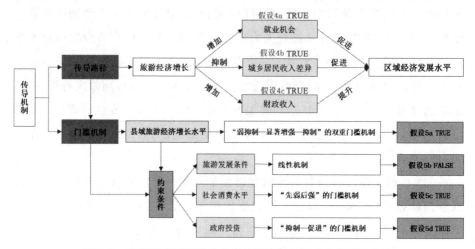

图7-2 县域旅游经济增长效应传导路径与门槛机制验证模型

第八章
研究结论、启示与展望

前文从理论分析和实证检验两方面分析了县域旅游经济增长特征与影响因素,以及县域旅游经济增长的空间溢出效应及其空间衰减规律、传导路径及门槛机制等问题。本章将对全书主要研究结论与观点进行总结,结合研究发现提出本书研究政策启示,最后就本书研究创新之处及未来持续研究方向进行讨论。

第一节 研究结论

本书围绕山地省区县域旅游经济增长有何特征、其影响要素是什么,山地省区县域旅游经济增长对区域经济发展水平的影响是否存在空间溢出及空间衰减有何特征,山地省区县域旅游经济增长促进区域经济发展的中介路径是什么及其是否存在非线性机制等问题进行理论探究,构建了改进熵值法、重心模型、地理探测器、ESDA、SPDM、GTWR模型、多重中介效应模型和面板门槛效应模型等多个学科研究方法交叉的评价模型,借助 Matlab R2018b、ArcGIS 17.0、Stata 16.0、GTWR插件、SPSS、Origin 2022b 等研究工具,以2010—2020年贵州省88个县区的面板数据进行实证检验。主要研究结论如下:

(1)从空间结构演化、空间溢出规律、内在机理(传导路径、非线性机制)三个方面构建了山地省区县域旅游经济增长效应研究的理论框架。理清了三个主要研究问题的内涵、区别与内在关联,构建了山地省区县域旅游经济增长效应研究的理论模型,提出三大研究板块、七大研究问题和五大研究假设。第一,山地省区县域旅游经济增长效应研究主要包括空间结构演化(是什么)、空间溢出规律(有何特征)、内在机理(传导路径与非线性机制)三大研究板块。第二,山地省区县域旅游经济增长效应研究包括空间结构演化模式、独特性(影响因素分析)、空间溢出存在性及其大小、空间溢出时空异质性、空间溢出的衰减规律、旅游经济增长效应的传导路径、旅游经济增长效应的门槛机制七大研究问题。第三,提出了山地省区县域旅游经济增长效应研究的五大研究假设:县域旅游经济增长对区域经济发展存在空间溢出效应(假设1);不同发展阶段和地理单元县域旅游经济增长对区域经济发展的空间溢出效应存在差异(假设2);县域旅游经济增长的空间溢出效应可能存在地理边界,随着距离增加,空间效应衰减存在一定的规律性(假设3);县域旅游经济增长可以通过就业机会、城乡居民收入差异和财政收入的中介效应影响区域经济发展水平(假设4);山地省区县域旅游经济增长对区域经济发展水平的影响效应可能存在非线性关系(假设5)。

(2)典型山地省区县域旅游经济增长空间结构经历了从"单核多点"到"双核多点"再到"极-轴"的转变,旅游接待能力、产业结构水平、社会消费水平是主要影响因子。为了回答和证实山地省区县域旅游经济增长的空间结构演化特征及其影响因素,选择山地旅游省区贵州省进行实证检验。第一,县域旅游经济增长水平整体偏低且差异明显,呈现阶段性演化特征。整体上看,贵州省88个县区旅游经济增长水平整体偏低且差异明显,旅游经济增长水平与其所在地理区位条件和旅游资源条件密切相关。旅游经济增长水平较高县区主要是行政中心或者拥有较为知名的旅游资源的县区等;旅游经济增长水平较低县区多为距离行政中心较远、产业经济发展相对落后或者旅游资源较为贫乏的县区。时间上看,贵州省县域旅游经济增长总体向好且呈现出以2016年为界,前期趋于平稳、随后呈现振荡增长的两个阶段;县域旅游经济增长水平绝对差异显著扩大而相对差异有所改善。第二,县域旅游经济增长空间结构演化经历了"单核多点"结构向"双核多点"结构再到"极-轴"结构的转变过程。贵州省县域旅游经济增长非均衡性特征显著且有明显的层级性,各等级结构呈现出"金字塔"形态。空间结构演化经历了"单核多点"(贵阳市核心)结构向"双核多点"(贵阳市和凯里市—雷山县双核)结构再到"极-轴"(贵阳市发展极、贵阳市—遵义市发展轴）"结构的转变过程。近年来贵州省县域旅游经济增长特征是旅游资源禀赋空间差异、旅游产业发展起步先后、旅游产业发展政策、产业经济运行环境等因素共同作用的结果。第三，旅游接待能力、产业结构水平、社会消费水平、政策投资、旅游资源和交通条件是主要影响因子。外生支撑要素（社会消费水平、政策投资）对县域旅游经济的支撑、调控和刺激效应更加突出，且随着时间推移作用强度有明显上升的趋势。在政府调控和市场引导下，县域旅游经济增长表现出更加明显的政策指向和市场指向特征。

（3）**县域旅游经济增长存在正向空间溢出效应且其存在时空异质性，空间溢出效应随着地理距离增加呈倒"U"形曲线规律**。第一，县域旅游经济增长对区域经济发展水平的影响存在正向空间溢出。贵州省实证检验结果显示：县域旅游经济增长对区域经济发展水平的影响既存在对本地的直接效应（0.2022），同时存在对周边县区的间接效应（0.1605）；但间接效应的溢出系数低于直接效应，且直接效应通过了更为严格的显著性检验。这一现象是2010—2020年贵州省各县区旅游经济正处于从规模扩张（量的积累）向高质量发展（质的提升）转型的阶段性特征决定的。第二，县域旅游经济增长空间溢出效应存在时空异质性。贵州省2010—2020年县域旅游经济对区域经济发展水平的影响效果存在总体增强态势，县域旅游经济增长对区域经济发展水平的影响以正向效应为主，负向效应的县区较少且主要是贵州省西部和西南部的部分县区。县区经济发展水平、产业结构、消费水平、发展历程等因素是县域旅游经济增长对区域经济发展水平的影响效应存在差异的原因。这进一步证实了TLGH在山地省区的有效性。

（4）**贵州省实证检验结果显示：贵州省县域旅游经济增长空间溢出系数变化曲线总体呈现倒"U"形变化结构**。90 km是贵州省县域旅游经济增长空间溢出的最小溢出边界，350 km是贵州省县域旅游经济增长空间溢出的最优溢出边界，450 km是贵州省县域旅游经济增长空间溢出的最大溢出边界。该结论为揭示地理学第一定律在旅游经济增长空间溢出规律中的应用提供了证据。

（5）**就业机会、城乡居民收入差异和财政收入是县域旅游经济增长效应的中介条件**。旅游经济通过对人力资源的"转移"与"供应"效应实现对本地经济发展水平和周边经济发展水平的影响（假设4a接受）；旅游产业发展通过抑制城乡居民收入差异影响经济发展，同时对周边城乡居民收入差异的抑制效应特别显著(假设4b接受);旅游通过直接或者间接经济活动增加财政收入实现对经济发展的贡献(假设4c接受)。但是中介机制之间尚未形成链式效应。

(6)**县域旅游经济增长效应存在自身和社会消费水平、政府投资约束的门槛效应,"锦上添花"效应更加显著。**第一,县域旅游经济增长对区域经济发展水平的影响效应存在"抑制—促进—抑制"变化过程(假设5a接受)。县域旅游经济增长水平较低时,会对区域经济发展水平产生弱抑制作用;随着县域旅游产业整体水平的提升,县域旅游经济增长对区域经济发展水平的积极效应逐渐显著;县域旅游经济增长水平越过第二门槛后,会对区域经济发展水平的提高产生一定的抑制作用。第二,社会消费水平和政府投资门槛条件下县域旅游经济增长对区域经济发展水平的影响存在非线性关系,但是旅游发展条件约束下县域旅游增长对区域经济发展水平的影响不存在非线性关系(假设5b不接受、假设5c和5d接受)。第三,社会消费水平提高有利于强化县域旅游经济增长对区域经济发展水平的影响效应。第四,县域旅游经济增长对区域经济发展水平的影响存在政府投资约束的"U"形门槛效应。**上述结论形成一个重要研究指向:在旅游经济发展处于较低水平的山地省区县域,旅游经济增长对区域经济发展的影响效应尚不能发挥"雪中送炭"作用,更多表现出"锦上添花"效应。**

第二节 相关讨论与政策启示

一、相关讨论

(1)**山地省区县域旅游经济增长及其空间结构演化过程与区域内旅游经济增长的模式密切相关。**第一,受贵州省内区域经济发展水平相对不平衡、旅游资源禀赋空间差异、旅游产业发展起步早晚以及县域旅游经济政策刺激差异等综合因子影响,贵州省县域旅游经济增长整体上表现出非均衡特征。同时,由于旅游业发展存在显著的"惯性"机制和"自我强化"的内生机制,贵州省县域旅游经济增长的绝对差异扩大也成为必然。在较早发展时期,县域旅游经济增长受制于其所在的自然环境,旅游资源和接待能力可能成为其较为重要的影响因子(李琼,2016)。随着交通网络不断完善,原有的因自然条件形成的束缚效应(如资源指向聚集、交通约束效应等)逐渐减小,在政府调控和市场引导下,县域旅游经济增长表现出更加明显的市场指向和政策指向特征。以上研究结果也从贵州省的案例证实了前文有关山区旅游经济增长资源指向、"小、散、特"、通道效应以及政策依赖等特征的理论探索。第二,结合前文对山区县域旅游经济增长传导模式的理论推导,笔者认为:"毕节—贵阳—荔波"(成贵—贵广高铁)轴线和"铜仁—凯里—贵阳—安顺—盘州"(沪昆高铁)轴线当前虽尚未连点成线,但在可预见的将来,这两条轴线必将发展形成贵州省新的旅游发展轴,届时贵州省旅游经济增长结构将进一步演化成为"多点状网络"格局。

(2)**县域旅游经济增长对区域经济发展水平具有总体宏观正向效应,但时间和空间上存在差异**。既有研究和实践都表明旅游发展可以促进区域经济增长(Brida,2010;Balaguer,2002;Pulina,2009)。本书以贵州省88个县区的研究案例也继续支持和丰富了赵磊等(2014)关于TLGH在中国有效的结论。但是我们在研究中依然发现,在自然条件、发展环境和产业结构共同影响下不同县区旅游经济增长对区域经济发展水平的影响效应存在差异,这也从更小的研究尺度印证了王佳莹(2021)基于全国面板数据研究的结论:旅游经济发展对缩小区域经济的非均衡性在东部地区具有更强的效应。

(3)**根据客观现实科学认识旅游溢出效应,并科学制定县域旅游驱动经济发展方案**。本书研究指出县域旅游经济增长对区域经济发展水平具有总体宏观正向效应,这里我们也要清晰地认识到县域旅游经济增长对区域经济发展水平的影响,特别是将旅游产业作为一个地区重要支柱产业在普遍意义上是有难度的,也是危险的。我们在研究中也初步发现在经济发展水平极其低下的县区,旅游经济对县域经济的带动效应是有限的(李治,2020),这在经济发展水平较低的山地县区表现尤为突出。因此,各县区应该根据县域经济社会发展客观现实确立县域产业发展战略部署,实现"宜旅则旅,宜商则商,宜工则工",而不是"一哄而上"地发展旅游产业。然而,对于暂时尚无法找到合适主导产业但确有一定可供开发的旅游资源存量的山地县区而言,可以尝试通过外部政策性扶持推动县域旅游经济发展,进而实现区域经济带动效应,这一实践路径曾在贵州省旅游扶贫实践中得到验证,但这些县区旅游发展可持续性问题还有待时间检验。

(4)**行政边界和地形阻隔依然是山区县域旅游经济增长空间溢出效应的**

约束条件。研究发现县域旅游经济增长的本地效应大于空间溢出效应,表明旅游产业发展在区域协同发展中还有较大的提升空间;同时,地理衰减边界与贵州省各级行政边界的空间范围基本一致,行政边界对山区县域旅游经济增长的空间溢出效应形成了较为强烈的空间约束效应。中国行政边界特别是地市级以上行政区划边界与山脉等自然地理阻隔要素在地理空间上表现出高度一致性和空间重叠性,这也从侧面证实了山区县域旅游经济增长效应存在"地形"约束效应。因此,山区县域在旅游产业空间协同发展过程中要进一步改善区域交通通达条件,冲破自然条件约束,削减行政壁垒,最终实现区域旅游产业协同发展。

(5) TLGH在中国山地省区依然具有适用性,但更多表现出"锦上添花"效应。在Pablo Romero和Molina(2013)研究基础上,赵磊等(2017)以中国省级面板数据证实了TLGH在中国有效(指出了中国旅游产业尚未完全跨越资源资本驱动门槛,旅游产业对经济发展的边际效应需要进一步促进低→高效机制转换)。这一研究较为深刻地揭示了中国旅游经济对经济增长的非线性机制,为既有研究提供了一份世界上最大的发展中国家的实证样本。然而,对于中国内部而言,区域发展不平衡不充分的问题依然存在,西部山区特别是以贵州省为代表的山地省区内部是否存在旅游经济发展非线性机制问题是有必要深入探讨的重要问题。本书研究结果证实了TLGH在中国山地省区依然具有适用性,我们也指出在旅游经济发展较低水平的山地省区县域,旅游经济增长对区域经济发展水平的影响效应尚不能发挥"雪中送炭"作用,更多表现出"锦上添花"效应。

二、政策启示

(一)合理使用政策调控和市场机制,促进区域协同发展

第一,引导贵州省县域旅游经济在现有政策指向和市场指向下趋于均衡发展。通过政府政策调控提高旅游资源开发效率,促进旅游产业发展后发地区实现跨越发展;通过市场机制促进贵州省县域旅游经济从量的扩张向质的提升转型;进一步优化旅游产业发展条件(交通、旅游接待服务设施等),促进贵州省县域旅游经济向更高级的结构形态转变。

第二,冲破自然环境约束,化解行政边界壁垒,促进县域旅游经济增长效

应在空间合理溢出。山区县域在旅游产业空间协同发展过程中要进一步改善区域交通通达条件,冲破自然条件约束,为经济要素自然流动创造更加通畅的传导通道;同时要积极地促进区域间协同商议,削减行政壁垒,充分发挥市场调节机制,最终实现区域旅游产业协同发展。

(二)积极推进非对称性旅游产业发展战略

西部山区县域总体发展水平较低且区域发展差异较大,空间不均衡不充分问题较为显著,在其旅游发展过程中要根据发展阶段需要,在就业增长目标、居民增收目标和财政增收目标等之间合理转换,形成非对称性的发展战略驱动政策,促就业、保增长可能在不同地区和不同发展阶段表现出独特性。对于过去10多年的贵州省而言,经济落后地区的就业问题、居民收入问题可能是要解决的关键问题,贵州省的发展事实也证明这一非对称性发展战略对于发展相对落后地区具有重要意义。在《国务院关于进一步促进贵州经济社会又好又快发展的若干意见》的支持下,贵州省旅游经济发展的重点问题应该转向对区域经济发展水平的促进和自身的高质量发展上。

(三)科学制定县域旅游驱动经济发展方案

当前贵州省大部分县区旅游经济的主要任务依然是强化旅游产业的本地效应。对于经济发展水平较为落后的山区县域而言,发展旅游产业可能并不是实现区域经济增长的首要选择,其重要的任务可能是在区域内寻求更加适合的产业类别以积累经济资本,而将旅游产业充当产业融合发展的"黏合剂"和区域经济发展的"引线人";对于暂时尚无法找到合适主导产业但确有一定可供开发的旅游资源存量的山地县区而言,可以尝试通过外部政策性扶持推动县域旅游经济发展,进而实现区域经济带动效应;对于转型发展城市而言,可以充分挖掘区域内原有产业"遗产"或其他适宜于与旅游融合发展的产业要素,在充分论证情况下,充分利用城市在其他产业积累的经济资本,走"旅游+"和"+旅游"发展模式之路;对于旅游产业发展基础条件优越、政策支撑优势的地区而言,要充分发挥旅游产业联动和要素溢出效应,促进区域经济持续发展,最终实现"共赢"效应。

(四)要警惕过分依赖"要素红利"

随着旅游资源被消耗、发展优势被抹平,旅游产业边际效应会迅速削弱甚至出现抑制作用。因此,要鼓励通过旅游产业联动促进区域经济发展,但是要选择合适的产业发展路径,适时调整产业发展政策,使得旅游经济增长能够始终保持高位溢出。

第三节 研究创新之处

(1)从"空间结构演化""空间溢出效应""中介传导效应"和"门槛效应"视角构建山地省区县域旅游经济增长效应研究框架与系统,拓展了旅游经济增长效应理论的广度与深度,有效回答了旅游经济增长效应空间溢出规律、传导路径、增长的非线性关系;在研究内容上验证经济外部性和地理学第一定律,有效增强了TLGH在山地省区县域旅游经济增长效应上的解释力。本书通过SPDM等模型证实了山区县域旅游经济增长存在空间溢出效应,并基于多尺度空间权重矩阵的检验,回答了山区县域旅游经济增长溢出效应的空间范围及其区域边界,从实证视角证实和验证了经济外部性和地理学第一定律,厘清了山区县域旅游经济增长空间溢出边界问题;从本地传导和空间传导两个视角识别了县域旅游经济增长效应传导介质及其中介效应,检验了县域旅游经济增长效应的多重非线性机制,强化了TLGH在山区县域的解释力。

(2)选择典型山地省区——贵州省为实证检验案例,研究聚焦典型山地省区及县域空间尺度,弥补了山地省区关注的不足,并将尺度细化至县域,相关研究成果揭示了贵州省2010—2020年旅游产业发展及其对区域经济影响的规律,研究发现贵州省县域旅游经济增长对区域经济发展的影响效应尚不能发挥"雪中送炭"作用,更多表现出"锦上添花"效应。进一步通过实证检验证实和解释了社会普遍认知观点"旅游产业低投入高产出"理解偏差的根源,提出旅游产业是"高投入高产出"的产业部门的观点。这对贵州省乃至同类地区协同发展形成了有针对性的指导价值。

(3)将管理学、经济地理学、区域经济学、空间计量经济学等多学科研究工具与方法组合应用于县域旅游经济增长效应研究之中,有利于实现学科交叉融合。

第四节 研究展望

第一,山区县域作为空间叠加概念,其旅游产业发展存在时代发展的特证。山区的封闭性及其旅游产业特性，会随着市场经济冲击而逐渐被打破，这不可避免需要用更加长的周期来观察和证实。本书仅以2010—2020年也就是贵州省赶超发展的"黄金十年"为研究观察期检验其县域旅游经济增长对区域经济发展水平的影响效应，虽然发现了山区县域旅游经济增长效应与其他地区的差异（如发展水平整体较低、依然存在交通束缚效应、政策导向显著、本地效应不足等），然而在理论探究中提到的地形约束效应在基础设施改善和政策扶持中被弱化。因此，未来将进一步拉伸研究观察周期，并对比不同发展周期县域旅游经济增长效应的差异，进一步验证和完善县域旅游经济增长理论。此外，实证检验结果与理论推理的差异也表明，山区县域旅游经济增长效应与一般地区县域旅游经济增长效应之间存在转化机制，本书仅仅发现了这一现象，并未对其深入分析。因此，未来可进一步开展对照性样本检验，进一步揭示和阐释山区旅游经济增长的转换机理。

第二，旅游产业是"高投入高产出"的产业部门还是"低投入高产出"的产业部门在不同发展阶段和发展地区应有不同理解。在旅游产业发展初期，特别是依托自然旅游资源的时期，表面上看发展旅游经济直接投入少、收效快，旅游业成为"绿色经济、外汇经济、低投入高产出经济"的典型代表；然而即使在当时，自然环境冲击造成的环境成本、居民公共福利机会成本等均未作为成本加以考虑。因此，重新审视历史时期旅游经济发展成本及其效应问题将是一个有挑战性的话题。随着旅游产业快速发展，人们对旅游服务提出更高的要求，旅游发展不再能简单地依托自然资源，在发展旅游过程中需要配套大量的旅游接待服务设施和更加细致的服务，同时旅游产业发展通过产业关联与互动极大地促进经济发展。因此，旅游经济增长对经济发展水平的正向影响效应需要建立在高消费市场需求、高额政府投资政策支撑的条件下，这进一步导致旅游产业成为"高投入高产出"产业部门。特别值得关注的是，不考虑宏观经济环境和政策支撑条件盲目上马旅游项目，可能形成旅游投资浪费进而走向"高投入低回报"的错误发展道路。这也是本书实证检验观察的结果。随着旅游产业进入高质量发展阶段，旅游产业与经济发展的关系如何？这也是值得关注的话题。

第三，旅游产业和经济发展均是综合性的概念，其真实的特征可能比理论与实证检验更为复杂。本书通过6个指标构建县域旅游经济增长水平评价指标体系，相对已有单旅游收入指标有所进展，但依然与真实环境有所差异。此外,经济发展水平更是一个庞大的经济系统,本书参考既有研究成果采用人均GDP代理,虽然研究结论基本能够反映现有客观现实规律,但可以肯定的是与真实情况之间可能还是存在差距。因此,未来可考虑仅从经济发展中某一问题(如产业结构、收入水平及城乡收入差异、产业环境、民生问题等)出发探究旅游产业的影响效应,研究结果必将进一步丰富县域旅游经济增长效应理论。

第四,疫情对旅游经济增长和区域经济发展水平有巨大的冲击,在后疫情时代,县域旅游经济发展有何特征值得进一步关注。本书研究受时间跨度与数据可得性限制,在研究过程中尚未考虑疫情的外部冲击,这可能导致本书研究结论未来适用性和指导性有所降低,但是值得肯定的是,本书对山区县域旅游经济增长效应探索的一般框架与规律依然具有指导意义,我们可以进一步关注和跟踪2020年以来的旅游经济数据,检验加入疫情控制变量的情况下县域旅游经济增长效应的特征,进一步丰富相关研究理论和实证检验成果。

参 考 文 献

[1] Adamos A, Clerides S. Prospects and limits of tourism-led growth: The international evidence[J]. Review of Economic Analysis, 2010, 2(3): 287-303.

[2] Akkemik K A. Assessing the importance of international tourism for the Turkish economy: A social accounting matrix analysis[J]. Tourism Management, 2012, 33(4): 790-801.

[3] Anselin L. Spatial econometrics: Methods and models[M]. Dordrecht: Kluwer Academic Publishers, 1988.

[4] Anselin L, Bera A K, Florax R, et al. Simple diagnostic tests for spatial dependence[J]. Regional Science and Urban Economics, 1993, 26(1): 77-104.

[5] Antonakakis N, Dragouni M, Filis G. How strong is the linkage between tourism and economic growth in Europe? [J]. Economic Modelling, 2015, 44 (Jan): 142-155.

[6] Arrow K J. Economic welfare and the allocation of resources for invention[C] // The rate and direction of inventive activity: Economic and social factors. Princeton: Princeton University Press, 1962.

[7] Ashrafi A, Seow H V, Lee L S, et al. The efficiency of the hotel industry in Singapore[J]. Tourism Management, 2013, 37(3): 31-34.

[8] Assaf A G, Tsionas E G. Incorporating destination quality into the measurement of tourism performance: A Bayesian approach[J]. Tourism Management, 2015, 49: 58-71.

[9] Assous M. Roy Forbes Harrod (1900—1978)[R]. Cheltenham: Edward Elgar Publishing, 2016.

[10] Atan S, Arslanturk Y. Tourism and economic growth nexus: An input output analysis in Turkey[J]. Procedia-Social and Behavioral Sciences, 2012, 62 (24): 952-956.

[11] Balaguer J, Cantavella-Jordá M. Tourism as a long-run economic growth factor: The Spanish case [J]. Applied Economics, 2002, 34(7): 877-884.

[12] Balassa B. Exports and economic growth:Further evidence [J]. Journal of Development Economics,1978,5(2):181-189.

[13] Baron R M,Kenny D A. The moderator-mediator variable distinction in social psychological research: Conceptual, strategic, and statistical considerations[J]. Journal of Personality and Social Psychology,1986,51(6):1173-1182.

[14] Bartels C P A, Ketellapper R H. Exploratory and explanatory statistical analysis of spatial data[M]. The Hague:Martinus Nijhoff,1979.

[15] Beenstock M,Felsenstein D. Spatial vector autoregressions[J]. Spatial Economic Analysis,2007,2(2):167-196.

[16] Bo Z, Bi Y, Hengyun L, et al. The spillover effect of attractions: Evidence from Eastern China[J]. Tourism Economics,2017,23(4):731-743.

[17] Krstić B. Tourism industry and national competitiveness: A Sub-Saharan Africa countries perspective[J].ЕКОНОМИКА,2017(1):1-17.

[18] Bottazzi L,Peri G. Innovation and spillovers in regions:Evidence from European patent datal[J]. European Economics Review,2003,47(4):687-710.

[19] Brau R,Lanza A,Pigliaru F. How fast are small tourism countries growing? Evidence from the data for 1980—2003[J]. Tourism Economics, 2007, 13(4):603-613.

[20] Brida J G, Gómez D M, Segarra V. On the empirical relationship between tourism and economic growth[J]. Tourism Management, 2020, 81(Dec): 104-131.

[21] Brida J G,Pulina M. A literature review on the tourism-led-growth hypothesis[Z]. Working paper of Center for North South Economic Research, 2010.

[22] Chia - Ning C. Tourism expansion and economic development: Evidence from the United States and China[J]. Journal of China Tourism Research, 2021,17(1):120-141.

[23] Copeland B R. Tourism, welfare and de-industrialization in a small open economy[J]. Economica,1991,58(232):515-529.

[24] Cortés-Jiménez I,Pulina M,Prunera C R,et al. Tourism and exports as a

means of growth [Z]. Working paper of Research Institute of Applied Economics,2009.

[25] Croes R. The role of tourism in poverty reduction:An empirical assessment [J]. Tourism economics,2014,20(2):207-226.

[26] Domar E D. Capital expansion, rate of growth, and employment[J]. Econometrica,1946,14(2):137-147.

[27] Dritsakis N. Tourism development and economic growth in seven Mediterranean countries:A panel data approach[J]. Tourism Economic,2012,18(4):801-816.

[28] Dwyer L,Forsyth P,Spurr R. Evaluating tourism's economic effects:New and old approaches[J]. Tourism Management,2004,25(3):307-317.

[29] Elhorst J P. Spatial econometrics:From cross-sectional data to spatial panels [M]. Berlin:Springer,2014.

[30] Elhorst J P. Specification and estimation of spatial panel data models [J]. International Regional Science Review,2003,26(3):244-268.

[31] Figini P, Vici L. Tourism and growth in a cross section of countries[J]. Tourism Economics,2010,16(4):789-805.

[32] Fotheringham A S, Brunsdon C. Local forms of spatial analysis[J]. Geographical Analysis,1999,31(4):340-358.

[33] Frechtling D C,Horváth E. Estimating the multiplier effects of tourism expenditures on a local economy through a regional input-output model[J]. Journal of Travel Research,1999,37(4):324-332.

[34] Funk D C,Bruun T J. The role of socio-psychological and culture education motives in marketing international sport tourism:A cross-cultural perspective[J]. Tourism Management,2007,28(3):806-819.

[35] Gunduz L,Hatemi-J A. Is the tourism-led growth hypothesis valid for Turkey?[J]. Applied Economics Letters,2005,12(8):499-504.

[36] Hadad S,Hadad Y,Malul M, et al. The economic efficiency of the tourism industry:A global comparison[J]. Tourism Economics, 2012, 18(5):931-940.

[37] Haller A P,Ionela Butnaru G,Tacu Hârșan G D,et al. The relationship be-

tween tourism and economic growth in the EU-28. Is there a tendency towards convergence?[J]. Economic Research-Ekonomska Istraživanja,2021, 34(1):1121-1145.

[38] Harrod R F. An essay in dynamic theory[J]. The Economic Journal,1939,49 (193):14-33.

[39] Hirschman A O. The strategy of economic development[M]. New Haven: Yale University Press,1958.

[40] Holzner M. Tourism and economic development: The beach disease?[J]. Tourism Management,2011,32(4):922-933.

[41] Hsieh L F,Lin L H. A performance evaluation model for international tourist hotels in Taiwan—An application of the relational network DEA[J]. International Journal of Hospitality Management,2010,29(1):14-24.

[42] Huang B,Wu B,Barry M. Geographically and temporally weighted regression for modeling spatio-temporal variation in house prices[J]. International Journal of Geographical Information Science,2010,24(3):383-401.

[43] Ivanov S,Webster C. Measuring the impact of tourism on economic growth [J]. Tourism Economics,2007,13(3):379-388.

[44] Jiao S,Gong W J,Zheng Y Q,et al. Spatial spillover effects and tourism-led growth: An analysis of prefecture-level cities in China[J]. Asia Pacific Journal of Tourism Research,2019,24(7):725-734.

[45] Katircioglu S T. Revisiting the tourism-led-growth hypothesis for Turkey using the bounds test and Johansen approach for cointegration[J]. Tourism Management,2009,30(1):17-20.

[46] Keller W. Geographic localization of international technology diffusion [J]. American Economic Review,2002,92(1):120-142.

[47] Eleftheriou K,Sambracos E. Tourism-growth nexus and spatial spillovers: Evidence from Greece[J]. Tourism Economics,2019,25(2):297-302.

[48] Kubo Y. Scale economies, regional externalities, and the possibility of uneven regional development[J]. Journal of Regional Science,1995,35(1): 29-42.

[49] Lanza A,Pigliaru F. Why are tourism countries small and fast-growing?

[C]// Fossati A, Panella G. Tourism and sustainable economic development. Boston, MA: Springer US, 2000: 57-69.

[50] Dwyer L, Forsyth P. Economic significance of cruise tourism[J]. Annals of Tourism Research, 1998, 25(2): 393-415.

[51] Lee C C, Chang C P. Tourism development and economic growth: A closer look at panels[J]. Tourism Management, 2008, 29(1): 180-192.

[52] Lee L F, Yu J. Some recent developments in spatial panel data models[J]. Regional Science and Urban Economics, 2010, 40(5): 255-271.

[53] LeSage J, Pace R K. Introduction to spatial econometrics[M]. New York: Chapman and Hall/CRC, 2009.

[54] Lionetti S, Gonzalez O. On the relationship between tourism and growth in Latin America[J]. Tourism and Hospitality Research, 2012, 12(1): 15-24.

[55] Liu H H, Xiao Y, Wang B, et al. Effects of tourism development on economic growth: An empirical study of China based on both static and dynamic spatial Durbin models[J]. Tourism Economics, 2022, 28(7): 1888-1913.

[56] Marshall A. Principles of economics: An introductory volume[M]. 9th ed. London: Macmillan, 1890.

[57] Martin R, Sunley P. Paul Krugman's geographical economics and its implications for regional development theory: A critical assessment[J]. Economic Geography, 1996, 72(3): 259-292.

[58] McKinnon R I. Foreign exchange constraints in economic development and efficient aid allocation[J]. The Economic Journal, 1964, 74(294): 388-409.

[59] Boukas N, Ziakas V. Impacts of the global economic crisis on Cyprus tourism and policy responses[J]. International Journal of Tourism Research, 2013, 15(4): 329-345.

[60] Oh C O. The contribution of tourism development to economic growth in Korean economy[J]. Tourism Management, 2005, 26(1): 39-44.

[61] Krugman P. Increasing returns and economic geography[J]. Journal of Political Economy, 1991, 99(31): 483-499.

[62] Ramukumba T, Mmbengwa K A, Mwamayi J A, et al. Analysis of local economic development (LED) initiated partnership and support services for

emerging tourism entrepreneurs in George municipality, Western Cape Province, RSA[J]. Tourism Management Perspectives, 2012, 2-3:7-12.

[63] Rasool H, Maqbool S, Tarique M. The relationship between tourism and economic growth among BRICS countries: A panel cointegration analysis [J]. Future Business Journal, 2021, 7(1).

[64] Seghir G M, Mostéfa B, Abbes S M, et al. Tourise spending-economic growth causality in 49 countries: A dynamic panel data approach [J]. Procedia Economics and Finance, 2015, 23:1613-1623.

[65] Sinclair M T. Tourism and economic development: A survey [J]. The Journal of Development Studies, 1998, 34(5):1-51.

[66] Smith A. An inquiry into the nature and causes of the wealth of nations[J]. Journal of the Early Republic, 1976, 35(25):115-126.

[67] Surugiu C, Surugiu M R. Is the tourism sector supportive of economic growth? Empirical evidence on Romanian tourism[J]. Tourism Economics, 2013, 19(1):115-132.

[68] Tang C F. Is the tourism-led growth hypothesis valid for Malaysia? A view from disaggregated tourism markets[J]. International Journal of Tourism Research, 2011, 13(1):97-101.

[69] Haibo C, Ke D, Wang F F, et al. The spatial effect of tourism economic development on regional ecological efficiency[J]. Environmental Science and Pollution Research, 2020, 27(10):38241-38258.

[70] Heng T M, Low L. Economic impact of tourism in Singapore[J]. Annals of Tourism Research, 1990, 17(2): 246-269.

[71] Tobler W R. A computer movie simulating urban growth in the Detroit region[J]. Economic Geography, 1970, 46(sup1):234-240.

[72] Tretheway M, Mak D. Emerging tourism markets: Aging and developing economies[J]. Journal of Air Transport Management, 2006, 12(1) :21-27.

[73] Wu T P, Wu H C. Causality between tourism and economic development: The case of China[J]. Tourism Analysis, 2020, 25(4):365-381.

[74] Tu J H, Zhang D P. Does tourism promote economic growth in Chinese ethnic minority areas? A nonlinear perspective[J]. Journal of Destination Mar-

keting & Management,2020,18:100473.

[75] Vanegas M,Gartner W,Senauer B. Tourism and poverty reduction:An economic sector analysis for Costa Rica and Nicaragua[J]. Tourism economics,2015,21(1):159-182.

[76] Vizek M,Stojčić N,Mikulić J. Spatial spillovers of tourism activity on housing prices:The case of Croatia[J]. Tourism Economics,2022,29(5),1376-1390.

[77] Vladimír Baláž. Five years of economic transition in Slovak tourism:Successes and shortcomings[J]. Tourism Management,1995,16(2):143-150.

[78] Wahab S,Cooper C. Tourism in the age of globalizations [M]. London: Routledge,2001.

[79] Po W C,Huang B N. Tourism development and economic growth—A nonlinear approach[J]. Physica A:Statistical Mechanics and its Applications, 2008,387(22):5535-5542.

[80] Wilson K. Market/industry confusion in tourism economic analyses[J]. Annals of Tourism Research,1998,25(4):803-817.

[81] Yang Y. Agglomeration density and tourism development in China:An empirical research based on dynamic panel data model[J]. Tourism Management,2012,33(6),1347-1359.

[82] Kim Y R,Williams A M,Park S,et al. Spatial spillovers of agglomeration economies and productivity in the tourism industry:The case of the UK[J]. Tourism Management,2021,82:104021.

[83] Zhou D,Yanagida J F,Chakravorty U,et al. Estimating economic impacts from tourism[J]. Annals of Tourism Research,1997,24(1):76-89.

[84] 阿弗里德·马歇尔.经济学原理(珍藏本)[M].廉运杰,译.北京:华夏出版社,2012.

[85] 补声荣.高铁时代贵州旅游经济发展差异分析[J].贵阳市委党校学报,2020,38(1):23-29.

[86] 布乃鹏,李娅南,孔海燕.基于fsQCA方法的区域旅游经济发展影响路径研究——以山东省17城市为案例[J].东岳论丛,2020,41(9):180-190.

[87] 蔡永龙,陈琪.贵州县域交通可达性与经济发展水平的特征及其空间格局

[J].贵州科学,2021,39(3):59-66.

[88] 曹芳东,黄震方,吴江,等.城市旅游发展效率的时空格局演化特征及其驱动机制——以泛长江三角洲地区为例[J].地理研究,2012,31(8):1431-1444.

[89] 曹苗苗,杨效忠.安徽大别山片区旅游经济空间格局演变研究[J].巢湖学院学报,2019,21(4):77-84.

[90] 曹兴华.基于耦合模型的民族地区农业生态旅游与农业经济协调发展研究——以四川省甘孜藏族自治州为例[J].中国农业资源与区划,2018,39(8):205-210.

[91] 曾军,崔郁.中国入境旅游经济的区域差异分析[J].经济问题探索,2006(12):94-97.

[92] 柴海燕,任秋颖.高铁时代旅游经济发展的首位驱动力研究[J].国土资源科技管理,2020,37(5):70-82.

[93] 常建霞,李君轶,李振亭,等.秦巴山区旅游资源分布与旅游经济耦合研究[J].陕西师范大学学报(自然科学版),2020,48(1):1-10.

[94] 陈勤昌,夏莉惠,王凯.长江经济带入境旅游经济发展水平省际差异研究[J].世界地理研究,2019,28(2):191-200.

[95] 陈晓艳,徐冬,黄睿,等.浙江省县域旅游经济增长的空间溢出效应[J].地理科学进展,2020,39(9):1512-1521.

[96] 陈怡宁,张辉,朱亮.中国旅游经济研究发展与思考[J].生产力研究,2010(12):285-287.

[97] 陈智博,吴小根,汤澍,等.江苏旅游经济发展的空间差异[J].经济地理,2008,28(6):1064-1067,1076.

[98] 程金龙.中国区域旅游经济差异演变及主导因素分析[J].华东经济管理,2018,32(12):56-62.

[99] 崔峰.上海市旅游经济与生态环境协调发展度研究[J].中国人口·资源与环境,2008,18(5):64-69.

[100] 旦珍.旅游产业集聚水平及其绿色全要素生产率空间溢出效应研究——以"一带一路"沿线省域为例[J].商业经济研究,2022,41(13):179-183.

[101] 邓涛涛,刘璧如,马木兰.旅游产业依赖与全要素生产率增长——基于"资源诅咒"假说的检验[J].旅游科学,2019,33(1):1-17.

[102] 邓祖涛,周玉翠,周玄德.长江中游城市群旅游流空间关联网络及传导机制研究[J].资源开发与市场,2020,36(1):82-88,60.

[103] 丁红梅.旅游产业与区域经济发展耦合协调度实证分析——以黄山市为例[J].商业经济与管理,2013,33(7):81-87.

[104] 豆建民,陶志鹏,汪维.城市紧凑度对空气污染的影响机制[J].经济管理,2020,42(9):5-26.

[105] 樊亚东.山东省旅游经济发展时空差异及其影响因素研究[D].湘潭:湘潭大学,2019.

[106] 方民生,王铁生,葛立成.关于旅游经济的几个理论问题[J].浙江学刊,1984,22(2):2-7.

[107] 方琰,卞显红.长江三角洲旅游资源地区差异对旅游经济的影响研究[J].旅游论坛,2015,8(1):53-60.

[108] 方应波,熊宏涛,张中旺,等.广东省旅游经济区域差异特征研究[J].华中师范大学学报(自然科学版),2014,48(4):601-605.

[109] 方应波.广东省市域旅游经济发展实力综合评价[J].广州大学学报(自然科学版),2017,16(3):83-86,95.

[110] 冯志成,李柏槐.旅游发展对经济增长的门槛效应研究——基于中国省际面板数据[J].经济视角,2020(5):12-21.

[111] 高超,陆玉麒.江苏省旅游经济空间差异研究[J].安徽农业科学,2006,46(24):6690-6691,6693.

[112] 高楠,马耀峰,张春晖.中国丝绸之路经济带旅游产业与区域经济的时空耦合分异——基于九省区市1993—2012年面板数据[J].经济管理,2015(9):122-131.

[113] 高维全,曹洪珍,王玉霞.海岛旅游绩效评价及驱动因子研究——以中国12个海岛县(区)为例[J].数学的实践与认识,2020,50(6):264-273.

[114] 高长春,朱慧方,校韩立,等.贵州省县域经济差异的时空格局演变研究[J].湖南工业大学学报,2020,34(6):34-40.

[115] 朱士鹏,周琳,秦趣.贵州省县域经济实力时空差异分析[J].重庆师范大学学报(自然科学版),2013,30(1):106-111.

[116] 戈冬梅,姜磊.基于ESDA方法与空间计量模型的旅游影响因素分析[J].热带地理,2012,32(5):561-567.

[117] 宫浩兴,胡俊平.西安地区旅游经济效益综合分析研究[J].旅游学刊,1989,4(2):31-37.

[118] 龚艳,张阳,唐承财.长江经济带旅游业效率测度及影响因素研究[J].华东经济管理,2016,30(9):66-74.

[119] 顾乃华.我国城市生产性服务业集聚对工业的外溢效应及其区域边界——基于HLM模型的实证研究[J].财贸经济,2011(5):115-122,44.

[120] 关伟,郝金连,任启龙.东北三省市域旅游经济发展空间分异研究——基于ESDA法[J].旅游论坛,2017,10(5):69-79.

[121] 郭利平,陈忠暖.中国区域旅游经济综合实力分析和类型划分[J].地理学与国土研究,2001(3):88-91,96.

[122] 郭伟,曾祥静,张鑫.高铁网络、空间溢出与区域旅游经济增长[J].统计与决策,2020,36(7):103-107.

[123] 郭向阳,穆学青,丁正山,等.区域旅游交通服务功能对旅游效率的空间溢出效应及其影响机理——以云南省为例[J].地理与地理信息科学,2021,37(1):126-134.

[124] 郭向阳,穆学青,明庆忠.云南省旅游经济与交通系统耦合空间态势分析[J].经济地理,2017,37(9):200-206.

[125] 郭晓东,李莺飞.中国旅游经济与生态环境协调发展水平的空间差异与演变特征[J].中国人口·资源与环境,2014,24(S2):356-359.

[126] 郭政,姚士谋,陈爽,等.长三角城市群城市宜居水平时空演化及影响因素[J].经济地理,2020(2):79-88.

[127] 韩春鲜,马耀峰.基于旅游资源优势度差异的新疆旅游经济发展研究[J].统计与决策,2009(9):73-75.

[128] 韩春鲜.新疆旅游经济发展水平与旅游资源禀赋影响研究[J].生态经济,2009,25(10):62-66.

[129] 黄群慧,余泳泽,张松林.互联网发展与制造业生产率提升:内在机制与中国经验[J].中国工业经济,2019(8):5-23.

[130] 艾伯特·赫希曼.经济发展战略[M].北京:经济科学出版社,1991.

[131] 侯志强.交通基础设施对区域旅游经济增长效应的实证分析——基于中国省域面板数据的空间计量模型[J].宏观经济研究,2018,40(6):118-132.

[132] 候利莉.中国省域旅游经济发展质量的时空差异研究[D].合肥:安徽大学,2016.

[133] 胡朴.浙江省旅游经济发展的空间差异分析[J].四川旅游学院学报,2016(3):46-51.

[134] 胡珊,屠欧阳颖.湖北省市域旅游经济发展水平差异及对策研究[J].市场周刊,2019,42(8):33-35.

[135] 胡文海,孙建平,余菲菲.安徽省区域旅游经济发展的时空格局演变[J].地理研究,2015,34(9):1795-1806.

[136] 黄东明.旅游产业与区域经济发展的耦合协调分析——以湖南省为例[J].经济论坛,2018,32(6):76-79.

[137] 黄潇莹.区域旅游经济空间溢出效应研究——以四川省为例[D].成都:西南财经大学,2014.

[138] 黄秀娟.中国旅游产业经济增长的因素贡献分析[J].技术经济,2009(7):67-72.

[139] 黄云龙.对提高西安地区旅游事业经济效益的几点建议[J].经济学动态,1984(4):21-22.

[140] 黄震方,陆林,苏勤,等.新型城镇化背景下的乡村旅游发展——理论反思与困境突破[J].地理研究,2015,34(8):1409-1421.

[141] 纪小美,陈金华,付业勤.中国入境旅游流的收敛与空间溢出效应分析[J].旅游科学,2015,29(4):47-60.

[142] 冀雁龙.旅游发展对我国产业结构升级的影响——基于中介效应、调节效应分析[J].经济论坛,2022(4):66-81.

[143] 金雪军,张学勇.中国典型旅游上市公司业绩与区域经济的关系[J].地理学报,2005,72(6):33-40.

[144] 李丽丽.基于屏蔽理论的山东省滨海城市旅游形象协调治理研究[D].青岛:中国海洋大学,2014.

[145] 李敏,李涛.我国区域旅游经济发展水平的综合评价[J].统计与决策,2005(6):33-35.

[146] 李琼.贵州省国内旅游市场影响因素分析——基于主成分分析法[J].企业经济,2016,35(2):121-125.

[147] 李如友,郭鲁芳.旅游减贫效应之辩——一个文献综述[J].旅游学刊,

2017,32(6):28-37.

[148] 李如友.中国旅游发展与城乡收入差距关系的空间计量分析[J].经济管理,2016,38(9):161-172.

[149] 李山,王铮.旅游圈时空尺度规模的地理计算研究[C]//中国地理学会,兰州大学,中国科学院寒区旱区环境与工程研究所,西北师范大学,中国科学院地理与资源研究所.中国地理学会2006年学术年会论文摘要集.[出版者不详],2006.

[150] 李山,王铮.旅游业区域溢出的可计算模型及案例[J].旅游学刊,2009,24(07):18-26.

[151] 李师娜,左冰,孙雅彦,等."旅游经济研究前沿"系列笔谈[J].旅游论坛,2021,14(3):1-22.

[152] 李雪松.旅游形象屏蔽理论研究[J].北京第二外国语学院学报,2011(3):1-7.

[153] 李元青,薛东前.山西旅游经济发展水平空间差异研究[J].江西农业学报,2008(3):136-138.

[154] 李正一.旅游经济效益探微[J].兰州商学院学报,1989(2):96-99.

[155] 李治,宋文莉,李国平.旅游减贫的门槛效应实证研究——以陕西省为例[J].科技与管理,2020,22(5):1-10.

[156] 林爽,赵磊.城镇化进程对旅游产业竞争力的门槛效应研究[J].旅游学刊,2020,35(11):27-41.

[157] 刘安乐,杨承玥,鲁芬,等.滇中城市群交通网络与旅游业耦合发展研究[J].世界地理研究,2017,26(1):65-76.

[158] 刘安乐,杨承玥,明庆忠,等.贵州县域乡村旅游发展潜力评价及其空间分异特征[J].桂林理工大学学报,2021,41(3):695-704.

[159] 刘安乐,杨承玥,明庆忠,等.跨省山区陆路交通网络可达性评价——以乌蒙山区为例[J].地域研究与开发,2017,36(1):35-39,90.

[160] 刘安乐,杨承玥,明庆忠.西部山区城市山地旅游资源空间结构研究——以六盘水市为例[J].六盘水师范学院学报,2017,29(6):1-6.

[161] 刘安乐,杨承玥,明庆忠,等.中国文化产业与旅游产业协调态势及其驱动力[J].经济地理,2020,40(6):203-213.

[162] 刘安乐,杨承玥,明庆忠.山地旅游省区旅游经济时空分异及其驱动力演

化——以贵州省为例[J].华中师范大学学报(自然科学版),2021,55(3):494-504.

[163] 刘春济,冯学钢,高静.中国旅游产业结构变迁对旅游经济增长的影响[J].旅游学刊,2014,29(8):37-49.

[164] 刘丹丽,汪侠,吴小根,等.全球贫困国家旅游竞争力与经济发展的耦合协调度及时空变化[J].地理科学进展,2018,37(10):1381-1391.

[165] 刘定惠,杨永春.区域经济-旅游-生态环境耦合协调度研究——以安徽省为例[J].长江流域资源与环境,2011,20(7):892-896.

[166] 刘改芳,杨威,李亚茹.文化资本对地区旅游经济贡献的实证研究[J].东岳论丛,2017,38(2):127-134.

[167] 刘佳,张洪香.山东省旅游消费增长差异时空演化特征与影响因素[J].华东经济管理,2017,31(5):12-18.

[168] 刘佳,赵金金.中国省域旅游经济发展的时空分异特征及其影响因素研究[J].经济问题探索,2012(11):110-116.

[169] 刘佳.基于DEA的城市旅游效率研究[D].西安:陕西师范大学,2010.

[170] 刘世杰,王立纲.旅游事业在国民经济中的地位和作用[J].经济研究,1980(4):77-80.

[171] 刘兆德,王婷婷,刘强,等.山东省旅游经济发展时空差异及其影响因素研究[J].鲁东大学学报(自然科学版),2019,35(1):81-89.

[172] 刘震,杨勇,眭霞芸.互联网发展、市场活力激发与旅游经济增长——基于空间溢出视角的分析[J].旅游科学,2022,36(2):17-43.

[173] 刘致良.资本深化、全要素生产率与中国住宿餐饮业增长[J].旅游学刊,2009,24(6):71-76.

[174] 刘住,张满生,刘堂.旅游经济影响评估——线性规划在旅游决策中的运用[J].旅游科学,2001(3):1-4.

[175] 陆保一,刘萌萌,明庆忠,等.中国旅游业与交通运输业的耦合协调态势及其动力机制[J].世界地理研究,2020,29(1):148-158.

[176] 陆保一,明庆忠.云南省区域旅游经济发展差异的时空格局演变[J].陕西师范大学学报(自然科学版),2018,46(6):28-37.

[177] 陆林,余凤龙.中国旅游经济差异的空间特征分析[J].经济地理,2005(3):406-410.

[178] 陆林.山岳风景区国际旅游经济效益探析——以黄山国际旅游业为例[J].旅游学刊,1991(1):39-43,71-72.

[179] 罗丽.旅游业概念与旅游经济问题——旅游学术座谈会简介[J].经济学动态,1986(5):8-11.

[180] 罗明义.旅游业税收贡献的分类测算方法[J].旅游学刊,2001(2):16-19.

[181] 骆培聪,张莹莹,佘赛芬.福建省旅游经济发展差异的时空尺度分析[J].世界地理研究,2010,19(4):169-176.

[182] 麻学锋.张家界旅游业推动区域产业结构演化研究[D].西安:陕西师范大学,2013.

[183] 马仁锋,倪欣欣,张文忠,等.浙江旅游经济时空差异的多尺度研究[J].经济地理,2015,35(7):176-182.

[184] 马晓龙,保继刚.中国主要城市旅游效率的区域差异与空间格局[J].人文地理,2010,25(1):105-110.

[185] 马子量,郭志仪.城市化发展中的产业升级:集聚推动、溢出效应与空间衰减——基于西北地区的空间计量[J].统计与信息论坛,2016,31(2):42-48.

[186] 麦克·J.斯特布勒,安德烈亚斯·帕帕西奥多勒,M.西娅·辛克莱.旅游经济学[M].2版.林虹,译.北京:商务印书馆,2017.

[187] 毛润泽.中国区域旅游经济发展影响因素的实证分析[J].经济问题探索,2012(8):48-53.

[188] 宓科娜,叶持跃,马仁锋,等.长江三角洲地区旅游经济时空分异演化[J].陕西师范大学学报(自然科学版),2014,42(4):85-90.

[189] 宁士敏.影响中国旅游消费的经济和社会因素分析[J].旅游学刊,2000(3):75-76.

[190] 宁泽群.平衡增长与不平衡增长的价值取向对经济发展的不同意义[J].北京联合大学学报,1998(S1):116-121.

[191] 庞闻,马耀峰,唐仲霞.旅游经济与生态环境耦合关系及协调发展研究——以西安市为例[J].西北大学学报(自然科学版),2011,41(6):1097-1101,1106.

[192] 彭倩,黄震方,牛品一.长三角地区旅游经济发展动力因素研究[J].地域研究与开发,2014,33(3):90-96.

[193] 邱守明.国家公园生态旅游发展对农户收入影响的实证研究[D].北京:北京林业大学,2018.

[194] 申鹏,张晓宇,孙小钧,等.民族地区旅游经济发展对城乡居民收入差距的影响——基于面板门限模型的分析[J].贵州民族研究,2020,41(7):145-152.

[195] 生延超,钟志平.旅游产业与区域经济的耦合协调度研究—以湖南省为例[J].旅游学刊,2009,24(8):23-29.

[196] 盛洪.外部性问题和制度创新[J].管理世界,1995(2):195-201.

[197] 史利江,刘敏,李艳萍,等.汾河流域县域经济差异的时空格局演变及驱动因素[J].地理研究,2020,39(10):2361-2378.

[198] 舒波,程培娴,王韧.京津冀旅游产业对关联产业的空间溢出效应研究[J].燕山大学学报(哲学社会科学版),2022,23(3):52-59.

[199] 宋慧林,韦力.我国旅游业经济效应评价研究综述[J].徐州教育学院学报,2007(4):38-41.

[200] 宋艳.中国城镇化进程对旅游经济发展的影响研究[J].中国管理信息化,2020,23(2):127-128.

[201] 苏建军,孙根年.要素禀赋结构升级对旅游经济发展的影响与地区差异[J].宁夏社会科学,2017(3):71-80.

[202] 苏建军.旅游发展推动城市工业经济"去工业化"研究[J].社会科学家,2019(1):87-95.

[203] 苏建军.区域旅游经济发展水平非均衡演变的时空差异研究——以山西省为例[J].技术经济,2009,28(7):73-76,108.

[204] 苏振,杨永德.世界旅游产业与经济发展水平的关系初探——基于库兹涅茨标准结构分析思想[J].商场现代化,2010(28):127-128.

[205] 孙娟.安徽旅游经济发展潜力区域差异研究[D].合肥:安徽大学,2014.

[206] 孙尚清.发展旅游经济的战略思考[J].管理世界,1989(1):120-125.

[207] 覃成林,金学良,冯天才,等.区域经济空间组织原理[M].武汉:湖北教育出版社,1996.

[208] 唐夕汐,夏青,陈非.云南省旅游经济空间关联及溢出效应测度[J].地域研究与开发,2020,39(6):103-107.

[209] 唐晓云.中国旅游经济增长因素的理论与实证研究[D].天津:天津大学,

2007.

[210] 唐业喜,汤昇,伍招妃,等.武陵山片区旅游经济时空差异与影响因素研究[J].资源开发与市场,2021,37(2):240-245,256.

[211] 陶维荣.武陵山片区湖南县域旅游经济网络结构演化与空间发展模式[J].经济地理,2020,40(12):211-220.

[212] 田瑾,明庆忠.旅游扶贫效率与空间溢出效应测度[J].统计与决策,2021,37(20):85-89.

[213] 田里,刘亮.旅游孤岛效应演化机理研究——以云南普者黑旅游区为例[J].地理科学,2021,41(1):22-32.

[214] 田里,钟晖,杨懿.旅游经济孤岛效应测度及调控研究[J].中国人口·资源与环境,2016,26(S1):281-285.

[215] 童昀,刘海猛,马勇,等.中国旅游经济对城市绿色发展的影响及空间溢出效应[J].地理学报,2021,76(10):2504-2521.

[216] 汪德根,陈田.中国旅游经济区域差异的空间分析[J].地理科学,2011,31(5):528-536.

[217] 汪德根.中国旅游经济的省际比较研究[J].经济地理,2001(S1):278-281.

[218] 王常凯,巩在武."纵横向"拉开档次法中指标规范化方的修正[J].统计与决策,2016(2):77-79.

[219] 王峰,刘安乐,明庆忠.西南边疆山区旅游空间格局演化特征及其驱动机制——以云南省为例[J].云南师范大学学报(哲学社会科学版),2014,46(4):61-68.

[220] 王凤娇.京津冀区域旅游经济差异及影响因素研究[D].秦皇岛:燕山大学,2016.

[221] 王钙镁,关伟,林善浪,等.长江经济带国内旅游经济影响因素研究——基于空间计量模型的比较分析[J].旅游论坛,2019,12(1):9-19.

[222] 王洪桥,袁家冬,孟祥君.东北三省旅游经济差异的时空特征分析[J].地理科学,2014,34(2):163-169.

[223] 王辉,林建国,姜斌.大连市旅游与环境协调发展度分析[J].海洋环境科学,2006,25(1):84-87.

[224] 王佳莹,张辉.旅游发展、空间溢出与区域经济不平衡[J].旅游科学,2021,35(2):73-94.

[225] 王劲峰,徐成东.地理探测器:原理与展望[J].地理学报,2017,72(1):116-134.

[226] 王俊,徐金海,夏杰长.中国区域旅游经济空间关联结构及其效应研究——基于社会网络分析[J].旅游学刊,2017,32(7):15-26.

[227] 王凯,李华,贺曲夫.我国旅游经济发展水平省际差异的空间分析[J].地域研究与开发,2007(1):63-67,94.

[228] 王凯,刘依飞,甘畅.旅游产业集聚对旅游业碳排放效率的空间溢出效应[J].生态学报,2022,42(10):3909-3918.

[229] 王坤,黄震方,曹芳东,等.泛长江三角洲城市旅游经济发展的空间效应[J].长江流域资源与环境,2016,25(7):1016-1023.

[230] 王雷震,张帆,李春光.旅游对区域经济发展贡献度定量测度方法及其应用[J].系统工程理论与实践,2006(5):54-62.

[231] 王立纲.论旅游事业在发展国民经济中的重要作用[J].吉林财贸学院学报,1980(1):55-59.

[232] 王龙杰,曾国军,毕斗斗.信息化对旅游产业发展的空间溢出效应[J].地理学报,2019,74(2):366-378.

[233] 王倩,赵林,于伟,等.中国旅游经济系统韧性的时空变化特征与影响因素分析[J].地理与地理信息科学,2020,36(6):113-118.

[234] 王胜鹏,冯娟,谢双玉,等.中国旅游业发展效率时空分异及影响因素研究[J].华中师范大学学报(自然科学版),2020,54(2):279-290.

[235] 王松茂,何昭丽,郭英之,等.旅游减贫具有空间溢出效应吗?[J].经济管理,2020,42(5):103-119.

[236] 王伟,王萍,车云凤,等.山西省旅游经济时空差异特征研究[J].太原师范学院学报(社会科学版),2017,16(5):61-64.

[237] 王效梅,余正颖,刘小勇.广东省经济增长的扩散回流与市场区效应实证检验[J].地理科学,2020,40(10):1636-1645.

[238] 王昕.重庆旅游经济发展时空分异研究[J].经济地理,2010,30(3):519-523.

[239] 王新越,芦雪静,朱文亮.我国主要旅游城市旅游业发展影响因素分析与评价[J].经济地理,2020,40(5):198-209.

[240] 王雪纯,焦黎.和田地区旅游发展与地区经济发展耦合协调关系研究[J].

新疆师范大学学报(自然科学版),2018,37(1):1-7.

[241] 王衍用.孟子故里旅游开发研究[J].地理学与国土研究,1993(2):50-52.

[242] 王永成,刘承娇,宋子亮,等.云南省旅游经济的时空演变及主导因素分析[J].西南林业大学学报(社会科学),2018,2(5):26-30.

[243] 王永明,王美霞.张家界旅游发展与居民收入的互动效应及影响因素[J].经济地理,2015,35(3):197-202.

[244] 王玉珍.旅游资源禀赋与区域旅游经济发展研究:基于山西的实证分析[J].生态经济,2010(8):41-45.

[245] 王韵迪.文化资本存量时空差异及其对广东省旅游经济发展影响分析[D].广州:华南理工大学,2018.

[246] 王兆峰,霍菲菲.湖南武陵山区旅游产业集聚与区域经济发展关系测度[J].地域研究与开发,2018,37(2):94-98.

[247] 王兆峰,刘庆芳.长江经济带旅游生态效率时空演变及其与旅游经济互动响应[J].自然资源学报,2019,34(9):1945-1961.

[248] 乌铁红,张捷,李文杰,等.中国入境旅游经济发展水平的空间格局演变及成因——基于入境旅游经济区位熵的分析[J].干旱区资源与环境,2009,23(5):189-194.

[249] 吴必虎,唐俊雅,黄安民,等.中国城市居民旅游目的地选择行为研究[J].地理学报,1997,52(2):97-103.

[250] 吴良平,胡健敏,张健.中国省域入境旅游发展的空间计量建模与影响因素效应研究[J].旅游学刊,2020,35(3):14-27.

[251] 吴玉鸣.旅游经济增长及其溢出效应的空间面板计量经济分析[J].旅游学刊,2014,29(2):16-24.

[252] 吴媛.旅游业、新型城镇化对经济增长的影响研究[D].杭州:浙江工业大学,2019.

[253] 吴媛媛,宋玉祥.中国旅游经济空间格局演变特征及其影响因素分析[J].地理科学,2018,38(9):1491-1498.

[254] 向艺,王成璋,苏伟洲.省域旅游经济发展水平测度[J].西南交通大学学报(社会科学版),2014,15(3):11-15+36.

[255] 肖威.数字普惠金融能否改善不平衡不充分的发展局面?[J].经济评论,2021(5):50-64.

[256] 谢磊,李景保.江苏省旅游经济空间差异及影响因素分析[J].兰州财经大学学报,2017,33(1):94-102.

[257] 邢树坤,黄泮光.国内旅游统计问题刍议[J].旅游学刊,1990(4):29-30.

[258] 徐冬,黄震方,胡小海,等.浙江省县域旅游效率空间格局演变及其影响因素[J].经济地理,2018,38(5):197-207.

[259] 徐菁,徐慧琳,靳诚.长三角地区旅游经济等级空间演变及溢出效应[J].地域研究与开发,2021,40(6):94-99.

[260] 徐政,黄柳君.旅游发展与贫困减缓关系——产业结构升级视角[J].华侨大学学报(哲学社会科学版),2021(2):76-86.

[261] 许春晓,董明辉.常德旅游业发展的背景及其意义[J].武陵学刊,1998(2):61-64.

[262] 许春晓.旅游地屏蔽理论研究[J].热带地理,2001(1):61-65.

[263] 许春晓.旅游业空间布局演进规律与案例研究[J].热带地理,2001(3):246-250.

[264] 轩源,周年兴,杨虹霓.耦合协调视角下旅游效率与经济发展水平的时空格局演变——以江苏省为例[J].南京师大学报(自然科学版),2020,43(2):70-77.

[265] 闫敏.旅游业与经济发展水平之间的关系[J].旅游学刊,1999(5):9-15,76.

[266] 杨承玥,刘安乐,明庆忠,等.资源型城市生态文明建设与旅游发展协调关系——以六盘水市为实证案例[J].世界地理研究,2020,29(2):366-377.

[267] 杨宏斌.中国城镇化进程对旅游经济发展的影响分析[J].环渤海经济瞭望,2018(1):17.

[268] 杨宏昌.中国与东盟家区域经济增长的空间溢出效应研究[D].南宁:广西大学,2017.

[269] 杨霞,刘晓鹰.四川省旅游经济的区域差异研究[J].西南民族大学学报(人文社会科学版),2012,33(9):138-142.

[270] 杨懿,田里,钟晖."荷兰病"型旅游地:内涵解析与识别流程[J].当代经济管理,2017,39(4):47-52.

[271] 杨懿,杨先明.旅游地"荷兰病"效应:旅游负面经济影响研究新视角[J].财

经理论与实践,2015,36(5):133-137.

[272] 杨勇.旅游业与我国经济增长关系的实证分析[J].旅游科学,2006(2):40-46.

[273] 杨友宝.东北地区旅游地域系统演化的空间效应研究[D].长春,东北师范大学,2016.

[274] 杨宇民,焦胜,廖婧茹,等.人口规模与交通环境影响的中国城市旅游资源—经济空间错位[J].经济地理,2021,41(1):221-231.

[275] 杨玉珍,闫佳笑,杨洋,等.黄河流域旅游生态效率时空演变及空间溢出效应——基于73个城市数据的分析[J].生态学报,2022(20):1-11.

[276] 杨主泉,张志明.基于耦合模型的旅游经济与生态环境协调发展研究——以桂林市为例[J].西北林学院学报,2014,29(3):262-268.

[277] 佚名.全国首次旅游经济座谈会在北京召开[J].经济学动态,1981(3):10-12.

[278] 于法稳,黄鑫,岳会.乡村旅游高质量发展:内涵特征、关键问题及对策建议[J].中国农村经济,2020(8):27-39.

[279] 于婷婷,左冰,宋玉祥,等.中国旅游业发展对区域经济效率的影响——基于中国283个地级市的实证证据[J].地理研究,2020,39(6):1357-1369.

[280] 于振海,张殿发,马仁锋,等.山东省旅游经济时空差异与极化研究[J].宁波大学学报(理工版),2016,29(4):107-111.

[281] 余凤龙,黄震方,曹芳东,等.中国城镇化进程对旅游经济发展的影响[J].自然资源学报,2014,29(8):1297-1309.

[282] 余刚鹏,徐樵利.山地与平原生态环境的相互作用及其控制[J].华中师范大学学报(自然科学版),1993(3):129-133.

[283] 余泳泽,刘大勇,宣烨.生产性服务业集聚对制造业生产效率的外溢效应及其衰减边界——基于空间计量模型的实证分析[J].金融研究,2016(2):23-36.

[284] 袁华锡,刘耀彬,封亦代.金融集聚如何影响绿色发展效率?——基于时空双固定的SPDM与PTR模型的实证分析[J].中国管理科学,2019,27(11):61-75.

[285] 袁智慧.海南省旅游业发展与农民收入问题研究[D].北京:中国农业科学院,2014.

[286] 张大鹏,王巧巧,涂精华,等.民族地区县域旅游减贫效应研究——基于包容性增长的视角[J].旅游科学,2022,36(2):1-16.

[287] 张广海,秦素贞.中国省际旅游经济时空演变分析[J].地理与地理信息科学,2014,30(2):44-48,55.

[288] 张广海,赵金金.我国交通基础设施对区域旅游经济发展影响的空间计量研究[J].经济管理,2015,37(7):116-126.

[289] 张广瑞.旅游真是产业吗？[J].旅游学刊,1996(1):68-70.

[290] 张海霞,张旭亮.区域旅游经济时空差异研究——以浙江省为例[J].特区经济,2006(2):216-218.

[291] 张洪,潘辉.安徽旅游资源与旅游经济关系实证研究——基于旅游资源优势度视角[J].安徽农业大学学报(社会科学版),2015,24(3):69-75.

[292] 张吉林.旅游业,一个产业化组织的过程[J].财贸经济,1999(2):61-64.

[293] 张莉,张克勇,王润飞.基于ESDA的山西省县域旅游经济空间差异分析[J].林业经济,2016,38(9):89-94.

[294] 张凌云.试论有关旅游产业在地区经济发展中地位和产业政策的几个问题[J].旅游学刊,2000(1):10-14.

[295] 张凌云.我国旅游业地域非均衡性增长研究初论[J].南开经济研究,1998(2):69-72.

[296] 张鹏杨,郑婷,黄艳梅.中国旅游经济效率区域差异及动态演进[J].统计与决策,2021(3):98-102.

[297] 张益,宋洪远.科技创新对农业经济增长的外溢效应及其衰减边界——基于空间杜宾模型的分析[J].农村经济,2022(5):116-124.

[298] 张子昂,黄震方,曹芳东,等.浙江省县域入境旅游时空跃迁特征及驱动机制[J].地理研究,2016,35(6):1177-1192.

[299] 章逸扬.高速铁路对区域旅游经济发展影响研究——以浙江省为例[D].杭州:浙江财经大学,2016.

[300] 赵金金.中国区域旅游经济增长的影响因素及其空间溢出效应研究——基于空间杜宾面板模型[J].软科学,2016,30(10):53-57.

[301] 赵磊,方成,吴向明.旅游发展、空间溢出与经济增长——来自中国的经验证据[J].旅游学刊,2014,29(5):16-30.

[302] 赵磊,方成.旅游业与经济增长的非线性门槛效应——基于面板平滑转

换回归模型的实证分析[J].旅游学刊,2017,32(4):20-32.

[303] 赵磊,毛润泽.旅游发展、门槛效应与经济增长——来自中国的经验证据[J].山西财经大学学报,2013,35(12):69-83.

[304] 赵磊,张晨.旅游减贫的门槛效应及其实证检验——基于中国西部地区省际面板数据的研究[J].财贸经济,2018,39(5):130-145.

[305] 赵磊.改革开放40年中国旅游导向型经济增长假说研究的学术演变[J].旅游学刊,2019,34(1):6-8.

[306] 赵磊.国外旅游发展促进经济增长假说(TLGH)研究综述[J].旅游科学,2012,26(4):77-95.

[307] 赵磊.旅游发展与经济增长——来自中国的经验证据[J].旅游学刊,2015,30(4):33-49.

[308] 赵磊.中国旅游经济发展时空差异演变:1999—2009[J].旅游论坛,2014,7(2):6-15.

[309] 赵书虹,陈婷婷.旅游经济与生态环境空间错位分析:以云南省为例[J].统计与决策,2020,36(17):74-78.

[310] 郑群明,姜奎.湖南省旅游经济的地区差异与动态收敛性研究[J].长江流域资源与环境,2020,29(11):2396-2405.

[311] 郑威,陆远权.创新驱动对产业结构升级的溢出效应及其衰减边界[J].科学学与科学技术管理,2019,40(9):75-87.

[312] 周玉翠.我国入境旅游业的影响因素分析[J].经济问题探索,2010(6):150-154.

[313] 朱承亮,岳宏志,严汉平,等.基于随机前沿生产函数的我国区域旅游产业效率研究[J].旅游学刊,2009,24(7):18-26

[314] 朱士鹏,周琳,秦趣.贵州省县域经济实力时空差异分析[J].重庆师范大学学报(自然科学版),2013,30(1):106-111.

[315] 朱怡婷,熊黑钢,白洋,等.边疆旅游地县域旅游经济时空变迁及驱动机制研究——新疆案例[J].干旱区地理,2019,42(2):392-403.

[316] 庄汝龙,叶持跃,马仁锋,等.旅游经济发展时空差异演进研究——以浙江省为例[J].宁波大学学报(理工版),2014,27(4):71-77.

[317] 邹家红,杨洪,王慧琴.湖南区域旅游发展差异的系统分析[J].热带地理,2009,29(4):379-383.

[318] 邹家红,袁开国,杨洪.湖南旅游经济区域非均衡增长的系统分析[J].世界地理研究,2009,18(1):150-156.

[319] 邹晓明,张坤.旅游业与第三产业收入关系研究——以江西省为例[J].江西社会科学,2007(9):253-256.

[320] 左冰,保继刚. 1992—2005年中国旅游业全要素生产率及省际差异[J].地理学报,2008,63(4):417-427.

[321] 左冰.旅游能打破资源诅咒吗?——基于中国31个省(市、区)的比较研究[J].商业经济与管理,2013,33(5):60-69.

[322] 左冰.去工业化:旅游发展对桂林工业部门的影响研究[J].旅游科学,2015,29(1):25-39.

[323] 左冰.中国旅游经济增长因素及其贡献度分析[J].商业经济与管理,2011,31(10):82-90.

后　　记

　　本书是以本人博士论文为主体内容,在博士后期间修改整理的研究成果。回顾本书的成稿过程,总会想起求学生涯,脑海中关于二十余年求学生涯的场景一一浮现。我从一个放牛娃成长为一名博士,一路走来有来自家庭的关爱、师长的关心和社会的关怀,希望用这段文字感谢生命中所有的友善。

　　首先,必须感谢我的博士研究生导师明庆忠教授,是明老师带我进入旅游学术研究的大门。从硕士入学至今的十余年里,明老师给予我的不仅仅是旅游研究学术上的引导,更有人生规划的引领。明庆忠教授学术风格独特而又视野宏大、授课风格幽默风趣又不失严谨,总能抓住并引领发展前沿。恩师在我的博士论文选题、论证和写作修改过程中倾注了大量心血,您在学术研究上的成就、坚守和探索精神是我和师门团队所有人努力的方向。我想这些宝贵财富必将成为我开展旅游学术研究和授业解惑的指南针。

　　其次,感谢攻读博士学位单位云南财经大学商学院和旅游文化产业研究院导师团队的帮助与指引。感谢段万春教授、王克岭教授、许南垣教授、潘玉君教授、唐雪琼教授、陈亚颦教授、陈刚教授、王嘉学教授、晏雄教授、尚前浪副教授、刘宏芳副教授等在选题论证、文稿逻辑体系修订等方面提出的宝贵意见,以及在学习过程中给予的帮助与鼓励。你们严谨的授业精神我将努力汲取并延续。

　　再次,感谢同门和同学,是你们让我深刻明白团队、团结的强大力量。感谢韩剑磊师兄在学习和生活上的鼓励,感谢田瑾师姐不厌其烦地听我讲博士论文研究设计,并给予大量有益建议与帮助;感谢同届博士生韦俊峰相互扶持,感谢博士同学李美婷,在近10年"互怼"和相互鼓励的路上,我们的友谊依然没有翻船;感谢博士生陆保一师弟、史鹏飞师弟就论文写作框架和学术观点与我讨论至深夜。感谢一起学习、调研、通宵的同门,他们是韩璐、邹建琴、常易、张文娟、赵媛媛、张红梅、吴小同、尹钶莹、谈思、郑伯铭、李婷、赵建平、张轶群、李琴、张忍、骆登山、凌俊杰、李燚、桂荣芳、周智利、杜苏莉、王爱霞、唐雪凝、曾凤鸣、赵小茜等;感谢同级王稳华博士每每就学术问题与我卧谈至深夜。愿你们学术之路开阔明亮,生活美好向前。

此外,还要感谢在本书的写作和调研过程中给予我帮助的同事、领导及有缘人,是你们让我感受到团结互助的力量。感谢六盘水师范学院经济与金融系韦子军老师在Stata软件学习上的帮助,感谢数学与统计学院卢贵慧老师在计量模型原理上的讲解,感谢同事马士彬教授在我电脑频频蓝屏罢工的时候,能够将实验室电脑借给我跑数据模型,是你们的帮助让我博士论文的写作可以顺利进行。还要感谢六盘水师范学院给予我深造的机会,感谢经济管理学院领导的关怀与支持。特别感谢张美竹院长如家长般的叮嘱与关心、代稳教授就论文写作节奏安排的指导。感谢旅游管理系同事在我读博期间分担了大量教学、教研任务。感谢哔哩哔哩、人大经济论坛的博主,解决我论文写作的众多难题;感谢调研过程中给予帮助的领导、旅游企业家和从业人员,是你们为论文研究提供了最真实的研究资料;感谢办公室的躺椅,是它在我深夜写作累的时候让我有一憩之地。

最后,感谢我的家人们,是你们的支持让我理解了幸福的真谛。特别要感谢我的母亲、妻子和儿子,是你们让我学会扶持、学会了爱与被爱。但愿其间所有收获将成为我的人生财富,努力向前,让社会对我的关怀从我这里继续传递。本书研究中引用和借鉴了大量学者的研究成果,在此一并感谢。希望本书研究所提出的观点和思考能对旅游经济研究有所裨益。当然我也深刻地认识到,纵然鄙人对学术之研究,实在是颇有热忱,但此书仅为一家之言,不可避免存在一些不足,还请批评指正。

刘安乐
2024年5月于龙山